VOULOIR... C'EST POUVOIR

TROISIÈME ÉDITION

VOULOIR...
C'EST POUVOIR

OU LA GRAMMAIRE APPRIVOISÉE

TROISIÈME ÉDITION

Cécile Fay-Baulu

Hélène Poulin-Mignault

Hélène Riel-Salvatore

Université McGill

Holt, Rinehart and Winston of Canada
A division of Harcourt Brace & Company, Canada

Toronto Montreal Fort Worth New York Orlando
Philadelphia San Diego London Sydney Tokyo

Canadian Cataloguing in Publication Data

Fay-Baulu, Cécile.
   Vouloir–c'est pouvoir, ou, La grammaire
apprivoisée

3e éd.
ISBN 0–03–922762–6

1. French language–Textbooks for second language
learners–English speakers.*   2. French language–
Grammar–Problems, exercises, etc. I. Riel–
Salvatore, Hélène. II. Poulin Mignault, Hélène.
III. Title. IV. Title: La grammaire apprivoisée.

PC2112.F39 1991 448.2'421 C90–094779–9

Responsable de projet: Heather McWhinney
Éditrice: Jocelyne Pomet
Responsable de la publication: Liz Radojkovic
Responsable de la production: Sue-Ann Becker
Coordinatrice de la publication: Sandy Walker
Préparatrice et marqueuse de copie: Karen Linnett
Graphistes: QED Design Associates
Responsables de la photocomposition: Colborne, Cox & Burns Typographers Inc.
Imprimeur: Webcom Limited

∞ Imprimé au Canada sur papier non-traité à l'acide.

3   4   5   01 00 99 98

Vous voulez mieux parler le français? Vous le pouvez!

Parler une langue, c'est communiquer un message correctement dans une situation donnée.
1. Avoir un message à communiquer? C'est rarement un problème.
2. Correctement? Eh oui, ne nous le cachons pas, il s'agit bien de grammaire!
3. Dans une situation donnée? On ne parle pas de la même façon avec son copain ou son patron, à la brasserie ou au salon mortuaire, quand on est d'humeur taquine ou massacrante!

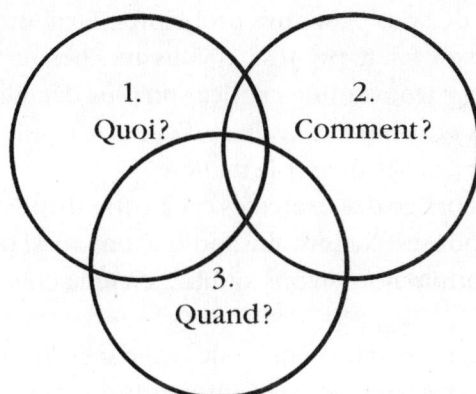

```
        1.              2.
      Quoi?          Comment?

              3.
            Quand?
```

Choisir dans 1, 2 et 3 les éléments qui conviennent, voilà en somme ce dont il est question.

Le «comment» vous donne du souci? Rappelez-vous: pour chaque idée que vous exprimez, vous n'utilisez qu'un petit nombre d'éléments. C'est pourtant le fait d'avoir une connaissance étendue de la grammaire et de la stylistique qui vous permet de comprendre et d'exprimer des idées complexes et d'en saisir toutes les nuances.

Vouloir... c'est pouvoir est né d'une expérience pratique des cours de français fonctionnel et s'adresse à des étudiant(e)s de niveau avancé qui connaissent déjà les règles de base de la grammaire, mais qui éprouvent le besoin d'en faire une révision systématique.

Notre principal souci a été de faire oublier le caractère rébarbatif que peuvent avoir les exercices de grammaire en vous faisant sentir l'aspect pratique et fonctionnel de la langue. C'est pourquoi nous avons cherché à mettre la grammaire «en situation» dans des exercices, textes et dialogues qui traitent de thèmes d'actualité politique, culturelle, etc. et qui présentent, souvent de façon humoristique, des scènes de la vie quotidienne. Il va sans dire que ces exercices ne pourront jamais remplacer la pratique effective de la langue, laquelle doit se faire en situation réelle de communication.

Vouloir... c'est pouvoir, 3e édition, garde le même esprit qui a animé sa conception originale. Cependant, il nous a semblé pertinent de faire quelques transformations afin de répondre encore mieux à vos attentes et à vos besoins.

L'ordre des chapitres a été modifié. Nous avons regroupé d'abord les chapitres portant sur les déterminatifs; vient ensuite le chapitre sur les prépositions qui précède les deux chapitres portant sur les pronoms. La place du chapitre sur les prépositions n'est pas arbitraire; en effet, vous noterez qu'il se termine par le tableau des verbes et de leurs constructions. Or, il est essentiel de savoir si un verbe se construit avec un complément d'objet direct (C.O.D.) ou avec un complément d'objet indirect (C.O.I.) lorsqu'il faut choisir quel pronom employer dans une phrase. Pour finir, nous avons regroupé les chapitres qui portent sur le verbe, ses temps, ses modes et ses formes. Comme la phrase négative n'est qu'une transformation de la phrase affirmative, et que chaque mot négatif a sa contrepartie dans la phrase affirmative, le chapitre sur la négation permet une sorte de révision de tout ce qui a été vu précédemment. Il a donc été placé en dernier. Il est évident que l'ordre des chapitres que nous proposons peut être modifié selon vos besoins.

Au début de chaque chapitre, vous trouverez une brève introduction qui vise à vous remettre en mémoire l'essentiel du point de grammaire traité ou, selon le cas, à en relever les principales difficultés. Dans ces introductions, nous avons aussi voulu vous rendre conscient(e) de l'importance de connaître la nature et la fonction des mots dans une phrase. Notre intention n'était donc pas d'écrire un manuel de grammaire, mais plutôt d'attirer votre attention sur les aspects des règles qui risquent de vous poser des problèmes. En abordant chacun des chapitres, ce sera à vous de juger, après avoir fait le pré-test, si vous avez besoin de consulter le manuel de grammaire de votre choix pour y trouver une explication plus détaillée et plus complète. Le pré-test vous donnera également la possibilité d'évaluer, d'après le résultat obtenu, la quantité de travail que vous aurez à fournir pour maîtriser la matière.

Dans la plupart des cas, le corrigé des exercices est à votre disposition pour vous permettre de vérifier tout de suite vos réponses. Néanmoins, nous avons aussi pensé à ceux qui aiment relever des défis et, à leur intention, nous avons ajouté à chaque chapitre un certain nombre d'exercices sans corrigé.

Dans la mesure du possible, nous avons conçu des exercices de divers modèles qui illustrent un même point de grammaire sous des éclairages différents. Cette variété dans la forme vous encourage à utiliser plusieurs stratégies dans votre apprentissage du français. C'est d'ailleurs dans cet esprit que nous avons conçu les exercices d'un nouveau et dernier chapitre qui se veut à la fois une révision et une synthèse des chapitres précédents. En effet, il s'agit d'exercices de composition qui font appel à votre créativité aussi bien qu'à vos connaissances grammaticales. Il y a donc souvent différentes manières de compléter ces exercices, ce qui explique pourquoi nous ne vous en fournissons pas le corrigé. Si vous faites ces exercices en classe, nous vous suggérons de travailler en petits groupes; vous pourrez, par la suite, comparer vos réponses et, avec l'aide de votre professeur, choisir les meilleures.

À la fin de chaque chapitre, il y a une liste d'expressions idiomatiques courantes ainsi que des notes explicatives de termes que vous ne trouveriez pas forcément dans un dictionnaire. Nous avons indiqué chacun de ces termes à l'aide d'un astérisque (*). Nous avons également ajouté des exercices d'exploitation orale, à faire en classe.

Que vous travailliez seul(e) ou en classe, n'oubliez pas que le principal artisan de vos progrès, c'est vous. Vous seul(e) êtes responsable de votre réussite. Ce cahier n'est qu'un outil mis à votre disposition pour atteindre votre objectif.

Maintenant, tournez la page et apprivoisez enfin cette grammaire qui, vous verrez, n'a rien de redoutable!

Note de l'éditeur aux enseignant(e)s et aux étudiant(e)s

Les auteures et l'éditeur de *Vouloir... c'est pouvoir* vous remercient d'avoir manifesté votre satisfaction en adoptant ce manuel dans sa troisième édition.

Après l'avoir utilisé dans le cadre d'un cours ou selon vos besoins personnels, vous avez certainement des commentaires constructifs à nous transmettre sur *Vouloir... c'est pouvoir*. Vous trouverez à la fin du volume une carte-réponse qui vous permettra de le faire facilement. Nous serions heureux de connaître votre avis.

Nous vous rappelons que le présent ouvrage est protégé par la loi concernant les droits d'auteur dont l'objectif est d'encourager auteurs et éditeurs à continuer de produire et de publier des ouvrages de qualité. Nous vous remercions de nous accorder votre appui en respectant cette loi.

Que penser de la note que vous obtenez au pré-test?

95%   Bravo!

85%   Vous vous défendez bien.

75%   Il vous reste quelques lacunes qui ne demandent qu'à être comblées.

65%   Une révision des règles s'impose.

55%   Ne désespérez pas; la grammaire peut s'apprivoiser. Il suffit de vouloir.

Table des matières

Les articles

Rappelez-vous qu'en français les noms sont presque toujours précédés d'un **article**, soit **défini**, soit **indéfini**, soit **partitif**.

Pour savoir quel article il faut employer, consultez votre manuel de grammaire; vous y trouverez une liste des emplois les plus fréquents des articles.

Quant au genre des noms, aidez votre mémoire en apprenant les nouveaux noms accompagnés de leur article. Cela vous sera d'ailleurs d'une grande utilité puisque **le genre des noms** affecte un très grand nombre de mots qui accompagnent ou remplacent le nom, c'est-à-dire:

- les articles (*le, la; un, une;* ...)
- les démonstratifs et les possessifs (*ce, cette; celui, celle; ma, ton; le sien* ...)
- les adjectifs et les pronoms indéfinis (*certain, chacune, tout,* ...)
- les adjectifs qualificatifs (*petite, joyeux,* ...)
- les pronoms personnels (*le, la, elle, eux,* ...)
- les pronoms relatifs et interrogatifs (*lequel, laquelle,* ...)

Il n'existe pas de règle infaillible pour déterminer le genre des noms; il semble d'ailleurs souvent illogique.

Ex.: **le** féminisme, **la** masculinité

Toutefois, comme la terminaison des noms permet d'identifier leur genre dans un très grand nombre de cas, il est utile que vous appreniez à reconnaître ces différentes catégories. En voici quelques-unes:

FÉMININ		MASCULIN	
– **ance**	la connaissance	– **ail**	le travail
– **ence**	la science	– **aire**	le vocabulaire
– **esse**	la promesse	– **al**	le journal
– **logie**	la psychologie	– **ant**	le restaurant
– **ette**	la tablette	– **et**	le secret
– **té**	la difficulté	– **ème**	le problème
– **tié**	la pitié	– **isme**	le socialisme
– **tion**	la solution	– **ment**	le gouvernement
– **tude**	la certitude	– **oir**	le tiroir
– **ine**	la vitamine	– **age**	le courage
– **eur**	la valeur	– **eau**	le cadeau
– **ie**	la folie		

Pré-test

Complétez le dialogue en mettant, s'il y a lieu, l'article qui convient. Attention aux articles contractés ainsi qu'à la transformation imposée par la négation et les expressions de quantité.

Petit à petit, l'oiseau fait son nid (proverbe)

Sylvie: Eh bien! _____ **1** appartement qu'on vient de visiter ne m'enchante guère!

Martine: C'est vrai qu'il ne casse rien*, mais à 375 $ par _____ **2** mois pour _____ **3** trois

pièces, on aurait tort de faire la fine bouche*, tu ne crois pas?

Sylvie: Au fond, tu as raison. Si on le compare à _____ **4** autres qu'on a visités, il a même

beaucoup _____ **5** avantages.

Martine: Très juste! D'abord _____ **6** pièces sont grandes et claires. On aura _____ **7** soleil toute _____ **8** matinée.

Sylvie: J'ai _____ **9** idée. Au lieu de mettre _____ **10** rideaux, on pourrait suspendre _____ **11** plantes vertes devant _____ **12** fenêtres de _____ **13** salon.

Martine: Génial*! On installerait _____ **14** sofa brun contre _____ **15** mur d'en face, _____ **16** étagères de _____ **17** bibliothèque sur _____ **18** mur de _____ **19** gauche et nos deux bureaux le long de _____ **20** mur, à _____ **21** droite de _____ **22** palmier.

Sylvie: Il nous faudrait aussi _____ **23** affiches pour égayer _____ **24** murs.

Martine: Il y a justement _____ **25** exposition en ce moment à _____ **26** centre social où on vend à _____ **27** prix ridicule _____ **28** magnifiques reproductions de tous _____ **29** grands maîtres contemporains. Quant à _____ **30** cuisine…

Sylvie: Quelle cuisine? Ce n'est pas _____ **31** cuisine; c'est _____ **32** placard. Il n'y a même pas _____ **33** place pour s'y tenir à deux!

Martine: Ce n'est peut-être pas _____ **34** cuisine idéale, mais elle est très fonctionnelle. Il y a _____ **35** place pour tout ranger dans _____ **36** armoires. _____ **37** évier est en acier inoxydable et il est même pourvu de _____ **38** broyeur.

Sylvie: Mais il n'y a pas _____ **39** cuisinière électrique.

Martine: Ne me dis pas que tu as peur de _____ **40** gaz!

Sylvie: J'ai entendu beaucoup _____ **41** histoires horribles à ce sujet.

Martine: Les histoires de _____ **42** autres ne m'effraient pas. Elles n'arrivent qu'à _____ **43** autres justement! As-tu _____ **44** autres commentaires à ajouter?

Sylvie: Tu oublies _____ **45** détail important. Il faudra quand même investir _____ **46** argent pour décorer notre futur logis.

Martine: Pas tant que cela! Tu verras que c'est surtout avec _____ **47** bonne volonté, _____ **48** imagination et _____ **49** goût qu'on fera de cet appartement _____ **50** petit paradis!

Corrigé du pré-test

1. L'	20. du	39. de
2. —	21. —	40. du
3. un	22. du	41. d'
4. aux	23. des	42. des
5. d'	24. les	43. aux
6. les	25. une	44. d'
7. du	26. au	45. un
8. la	27. un	46. de l'
9. une	28. de(s)	47. de la
10. des	29. les	48. de l'
11. des	30. la	49. du
12. les	31. une	50. un
13. du	32. un	
14. le	33. de	**Barème**
15. le	34. la	**47/50** **95%**
16. les	35. de la	**42/50** **80%**
17. la	36. les	**37/50** **75%**
18. le	37. L'	**32/50** **65%**
19. —	38. d'un	**27/50** **55%**

Exercice I

Complétez le texte suivant à l'aide des articles définis **le**, **la**, **l'**, **les**.

L'exode rural au Québec

Pendant tout _____ **1** XIXᵉ siècle, nombreux sont _____ **2** Canadiens français qui ont quitté

_____ **3** campagne pour _____ **4** ville et tous _____ **5** historiens qualifient _____ **6**

phénomène de véritable exode rural. _____ **7** gens venaient à Montréal pour chercher du

travail dans _____ **8** usines, mais ils partaient aussi pour _____ **9** Ouest canadien, _____ **10**

Nouvelle-Angleterre et _____ **11** Mid-West américain. Au début du XIXᵉ siècle, _____ **12**

Québec présentait encore toutes _____ **13** caractéristiques d'une société agricole; il avait

atteint, vers _____ **14** fin du siècle, _____ **15** stade d'une société industrielle en raison de

_____ **16** évolution de ses structures économiques. Cette évolution avait été amenée par

_____ **17** implantation dans _____ **18** province du chemin de fer qui avait profondément

modifié _____ **19** habitudes et _____ **20** économie d'auto-suffisance des agriculteurs.

_____ **21** conséquence en a été _____ **22** échange et _____ **23** production spécialisée de biens et, enfin, l'urbanisation massive qui apportait à _____ **24** industrie naissante tous

_____ **25** bras dont _____ **26** terre n'avait plus besoin. Et c'est ainsi que de nombreuses

manufactures se sont élevées _____ **27** long du Saint-Laurent et ont formé _____ **28**

Montréal du début du XXe siècle.

Exercice II

Complétez le texte suivant en utilisant les articles indéfinis **un**, **une**, **des**, **de** ou **d'**.

Le salon des métiers d'art du Québec

Depuis 1968, chaque année au mois de décembre, la Société des métiers d'art du Québec, qui

regroupe _____ **1** grand nombre d'artisans de toute la province, organise _____ **2** exposition

à la Place Bonaventure à Montréal. Cette exposition connaît _____ **3** succès grandissant et

accueille environ 200 000 visiteurs en quinze jours. _____ **4** artisans venus de tous les coins de

la province présentent _____ **5** objets d'art et d'artisanat de _____ **6** variété et de _____ **7**

qualité remarquables. On y trouve _____ **8** tapisseries originales, _____ **9** belles sculptures

sur bois, _____ **10** émaux, _____ **11** bijoux, _____ **12** vitraux, _____ **13** intéressantes

créations en macramé, _____ **14** jouets, _____ **15** meubles, etc.

Nous assistons à _____ **16** véritable renaissance des arts populaires. On peut se demander

si l'artisanat représente _____ **17** mode passagère ou si ce retour à _____ **18** moyen

d'expression si personnel est _____ **19** cri de protestation dans _____ **20** civilisation où la

consommation atteint _____ **21** niveau psychotique. Et le seul moyen de se défendre contre

_____ **22** standardisation abrutissante des objets est de leur redonner _____ **23** âme en

renouant avec _____ **24** traditions héritées des générations précédentes.

Exercice III

Complétez les phrases ci-dessous en vous demandant si vous devez employer un article partitif ou un article défini précédé d'une préposition. Encadrez les articles partitifs.

1. a) Jacques prend _____ pain.

   b) Jacques vient _____ Nouveau-Québec.

2. a) Leur maison se trouve au bout _____ île d'Orléans.

   b) Les conteurs ont bien _____ imagination.

3. a) C'est impressionnant de se tenir près _____ chutes du Niagara.

   b) Avez-vous déjà passé _____ vacances aux îles de la Madeleine?

4. a) Il me semble que j'entends _____ musique.

   b) Parle-moi _____ vie dans le Grand Nord.

Exercice IV

Complétez le texte suivant en utilisant **de la**, **de l'**, **du** ou **des** et encadrez les articles partitifs.

Le temps des fêtes

Quand je pense au temps des fêtes chez grand-maman Sicotte de Rivière-du-Loup, je vois défiler

devant mes yeux _____ **1** plats si alléchants que l'eau m'en vient à la bouche*. Il y avait

_____ **2** soupe aux pois, _____ **3** pâté de lapin et de canard, _____ **4** ragoût de pattes*,

_____ **5** tourtière*, _____ **6** dinde, _____ **7** jambon, _____ **8** fèves au lard, _____ **9** rôti

de porc et... j'en passe!

Pour arroser toutes ces bonnes choses, on buvait joyeusement _____ **10** cidre, _____ **11**

bière et _____ **12** whisky. Mais moi, ce que j'aimais par-dessus tout, c'était manger _____ **13**

omelette au sirop d'érable, _____ **14** galettes de sarrasin et _____ **15** tarte au sucre! Et pour

terminer joyeusement la soirée, mon oncle Joseph jouait _____ **16** violon, mon grand-père

_____ **17** cuillers, mon père _____ **18** harmonica et toute la parenté se mettait à danser

_____ **19** *reels* et _____ **20** rigodons et à chanter à tue-tête* pendant que les enfants jouaient

à cache-cache* sous la table et dans les placards!

Ah! que j'aimais donc le temps des fêtes chez ma grand-maman Sicotte!

Exercice V

Complétez le texte suivant avec les mots qui manquent. Attention: quel mot suit généralement une expression de quantité?

Le bon vieux temps

Mme Arcand, ma voisine, qui a maintenant plus _____ **1** quatre-vingts ans et qui a été élevée dans une ferme du côté de Joliette, me racontait que, de son temps, la vie était bien différente.

Les parents, à cette époque-là, avaient beaucoup _____ 2 autorité et peu _____ 3 temps pour

s'occuper des enfants. Ce qui ne voulait pas dire qu'ils n'éprouvaient pas _____ 4 amour pour

eux. Mais la mère avait tellement _____ 5 travail dans la maison, et le père aux champs, qu'il

n'y avait tout simplement pas assez _____ 6 heures dans la journée ni assez _____ 7 bras

pour tout faire. Mais en hiver, comme il n'y avait pas autant _____ 8 choses à faire à l'extérieur,

on passait bien _____ 9 soirées avec les voisins au coin du feu: c'était les veillées du bon vieux

temps. La plupart _____ 10 hommes sculptaient de petites figurines en bois et les femmes

filaient la laine ou crochetaient. On sortait alors des bouteilles _____ 11 cidre, des pots _____

12 beurre et quelques douzaines _____ 13 beignes*. On avait tant _____ 14 histoires à se

raconter, _____ 15 chansons à chanter, _____ 16 plaisanteries à se dire que la soirée passait

toujours trop vite.

Mme Arcand, avec un brin de nostalgie dans les yeux, répète à qui veut l'entendre

qu'autrefois on avait moins _____ 17 argent et _____ 18 confort, mais plus _____ 19 amitié

et _____ 20 joie de vivre.

Exercice VI
Complétez les phrases suivantes en vous demandant pourquoi l'article change ou disparaît devant le même mot.

1. Paul aime _____ argent et il voudrait _____ argent, beaucoup _____ argent, mais il

   n'aura pas _____ argent tant qu'il sera étudiant.

2. — Voulez-vous _____ sucre?

   — Non merci, je ne prends pas _____ sucre; je préfère _____ miel.

3. — Prendras-tu _____ épinards?

   — Oh non! je déteste _____ épinards; donc je ne mange jamais _____ épinards.

4. — Voulez-vous _____ aide?

   — Merci, c'est toujours agréable d'avoir _____ aide, malheureusement _____ aide que

   vous m'offrez arrive au moment où je n'ai plus besoin de _____ aide.

5. _____ autres viennent toujours me raconter leurs problèmes. Pourtant, les problèmes

_____ autres ne m'intéressent pas; j'ai _____ autres chats à fouetter*, moi!

6. Je n'aime pas _____ eau, mais j'adore _____ champagne. Je boirais volontiers _____

   champagne tous les jours. Malheureusement, on ne verra jamais _____ champagne couler

   des robinets!

Exercice VII

Complétez les phrases soit avec un article défini, soit avec un adjectif possessif. Découvrez la règle qui détermine l'un ou l'autre emploi avec les parties du corps.

1. Gilles a hoché _____ tête et froncé _____ sourcils.

2. Marielle n'a pas _____ tête sur _____ épaules.

3. Sylvie a _____ yeux bleus, mais _____ cheveux sont noirs.

4. Yves a mal à _____ dents, car _____ dents sont cariées.

5. Ginette s'est cassé _____ jambe en faisant du ski.

6. Les marins avaient tous la pipe à _____ bouche et la casquette sur _____ oeil. _____

   visage était hâlé par le vent.

Exercice VIII

Mettez, s'il y a lieu, l'article qui convient. Attention aux articles contractés et aux transformations imposées par la négation et les expressions de quantité.

1. Je n'aime pas _____ grammaire; il n'y a pas assez _____ règles et beaucoup trop _____

   exceptions.

2. _____ plus difficile, c'est _____ emploi de _____ articles; on ne sait jamais si on doit

   préférer _____ vin ou boire _____ bière!

3. J'ai _____ foule _____ raisons pour faire _____ fautes.

4. J'ai _____ amis qui parlent couramment le français, mais _____ autres qui, comme moi,

   se heurtent encore à _____ problèmes d'articles.

5. Vous croyez qu'apprendre _____ français, c'est facile? J'aimerais vous y voir*!

6. Mon problème, c'est que je cherche _____ belles formules magiques qui, apparemment, n'existent pas.

7. J'aime _____ activités que nous avons en français; souvent, nous allons à _____ cinéma, à _____ théâtre ou à _____ Place des Arts*.

8. _____ matin, avant mon cours de français, je mange _____ croissants avec _____ confiture de groseilles et je bois _____ café au lait en écoutant _____ radio en français.

9. _____ enfants, c'est _____ espoir de demain.

10. _____ couples qui ont _____ enfants doivent s'armer de patience.

11. _____ comble* de _____ malchance, c'est sûrement d'avoir _____ jumeaux.

12. J'ai _____ amis qui prétendent _____ contraire.

13. Ils me présentent toujours _____ très bons arguments pour défendre leur point de vue.

14. Avoir _____ enfants aide _____ parents à rester jeune.

15. Aller à _____ plage et se mettre à _____ soleil aussi, vous savez.

16. Chez nous, _____ aînés s'occupent de _____ plus jeunes.

17. _____ enfants sont _____ bon sujet de conversation; votre fils mange-t-il _____ légumes?

18. En général, _____ enfants n'aiment pas _____ légumes; le mien ne fait pas exception à _____ règle.

19. Tous _____ jours, il faut répéter _____ mêmes rengaines.

20. Lavez-vous _____ mains avant _____ dîner; cessez de faire _____ bruit; buvez plus _____ lait, c'est excellent pour _____ santé. Non, _____ tomates sont _____ fruits; oui, _____ cygne est _____ oiseau; oui, bien sûr, j'aime _____ oiseaux; je sais que ton copain a _____ oiseau. _____ biscuits sont dans _____ armoire, mais tu en mangeras à _____ dessert.

21. J'ai _____ mains propres; je joue de _____ piano, ce n'est pas _____ bruit ça! Pourquoi faut-il toujours boire _____ lait? C'est mauvais pour _____ dents! C'est _____ vérité; on l'a dit à _____ télévision. Je préfère _____ chocolat; je suis sûre que c'est bourré de _____ vitamines. Tu peux téléphoner à _____ mère de Marie; elle sait plein de choses

sur _____ vitamines, mais elle ignore tout de _____ tomates. Est-ce que _____ cygne

est aussi _____ roi _____ animaux? Où sont passés _____ biscuits et _____ gâteaux?

Exercice IX

Mettez, s'il y a lieu, l'article qui convient. Attention aux articles contractés et aux transformations imposées par la négation et les expressions de quantité.

1.   _____ mardi dernier j'ai fait une partie de tennis, mais d'habitude je joue _____

dimanche.

2.   Quand Sébastien se fâche, il baisse _____ tête, fronce _____ sourcils et pointe vers moi

_____ doigt menaçant.

3.   J'ai envie de _____ voiture neuve, mais comme j'ai peu _____ argent, il me faudra

_____ aide pour la payer.

4.   Je compte servir _____ poulet à _____ crème, _____ pommes de terre persillées,

_____ petits pois, _____ belles fraises fraîches et _____ bonne bouteille de vin blanc.

5.   Je comprends tout sans _____ problème, mais je parle encore avec _____ difficulté.

6.   Cette jeune femme est _____ américaine de naissance, mais elle vit à Montréal depuis dix

ans. Son mari est _____ médecin.

7.   Je n'ai pas _____ peur de faire _____ travail que vous réclamez, pourvu que j'aie

_____ temps qu'il faut.

8.   Certaines personnes ont _____ argent, mais voudraient avoir _____ amis; _____

autres n'ont ni _____ argent ni _____ amis. _____ idéal, c'est d'avoir _____ argent et

_____ bons amis.

9.   Mon frère est amateur de _____ photographie; ma mère aime _____ musique classique;

mon père joue de _____ violon, ma soeur de _____ guitare et moi, je joue à _____

tennis.

10.   J'ai passé cet examen sans _____ difficulté, mais il m'a fallu _____ temps et une bonne

dose _____ patience.

Exercice X
(sans corrigé)

Complétez les textes suivants en mettant, s'il y a lieu, l'article qui convient. Attention aux articles contractés et à la transformation imposée par la négation et les expressions de quantité.

1. _____ cholestérol est _____ grand responsable de _____ maladies de coeur, épidémie qui tue chaque année plus de _____ demi-million _____ Nord-Américains. Selon _____ nutritionnistes, nous mangeons trop _____ viandes grasses, _____ oeufs et _____ produits laitiers gras. N'oublions pas, cependant, que _____ excès de table ne sont pas _____ seuls suspects dans «_____ épidémie» cardiaque. _____ manque d'exercice, _____ excès de poids, _____ cigarette et _____ hérédité y sont aussi pour quelque chose*. Sans doute même pour beaucoup!

2. Aimez-vous _____ sucre d'érable? Il n'y a pas que sur _____ crêpes que _____ sirop est bon! Il est excellent battu avec _____ lait chaud, _____ soir avant de se coucher. Il est délicieux avec _____ yogourt nature ou sur _____ fraises. _____ sucre d'érable est _____ richesse naturelle de _____ Québec où on produit 75% de _____ production mondiale. Bien sûr, _____ eau d'érable n'a pas _____ valeur de _____ pétrole, mais _____ temps de _____ sucres*, c'est aussi _____ fête de _____ printemps!

3. _____ français est _____ de _____ trois ou quatre langues internationales, mais il vient assez loin derrière _____ anglais et _____ espagnol en ce qui concerne _____ nombre de ses utilisateurs. Dans _____ plupart de _____ organismes internationaux, _____ usage de _____ français connaît _____ situation alarmante. Cependant, sur _____ plan démographique, _____ situation pourrait s'améliorer grâce à _____ Afrique francophone.

4. _____ futurologie est _____ thème à _____ mode. _____ bestsellers américains ne sont plus _____ romans mais _____ ouvrages de prospective. _____ idées de _____ futurologues sont débattues à _____ télévision et dans _____ presse économique, étudiées dans _____ universités et à _____ direction de _____ partis politiques. Chacun conclut à sa manière que _____ société américaine, qui reste _____ plus dynamique et _____ plus puissante de _____ planète, est actuellement _____ objet de _____ grande métamorphose.

5. À _____ XVIIᵉ siècle, _____ chocolat était _____ boisson faite avec _____ eau et

_____ épices selon _____ coutume espagnole. Ce sont _____ Anglais qui eurent

_____ idée de le préparer avec _____ lait. C'était _____ denrée rare dont tout _____

monde raffolait. _____ grands séducteurs le savaient bien et Casanova en offrait volontiers

à _____ dames! D'ailleurs, _____ coutume s'est maintenue et c'est _____ cadeau très

apprécié à _____ Saint-Valentin. Rien d'étonnant à cela! Saviez-vous qu'il y a _____

relation entre _____ chagrins d'amour et _____ chocolat? En effet, _____ chercheurs

ont découvert que _____ état amoureux produit dans _____ cerveau _____

amphétamine appelée phényléthylamine et que _____ peine d'amour provoque _____

effet contraire. Sachant que _____ chocolat est plein de _____ phényléthylamine, ne

vous demandez plus pourquoi vous vous précipitez sur cette délicieuse substance chaque

fois que vous avez _____ peine d'amour. Cela dit, _____ chercheurs n'ont pas encore

réussi à expliquer pourquoi les amoureux s'offrent _____ chocolat à la Saint-Valentin!

Exercice XI
(sans corrigé)

Complétez le dialogue en mettant, s'il y a lieu, l'article qui convient.
Attention aux articles contractés et à la transformation imposée par la
négation et les expressions de quantité.

Une recette québécoise, la tourtière

Steve: Allô! Hélène? Ça va? Je t'appelle pour te demander ta fameuse recette de _____ **1**

tourtière.

Hélène: Ah! tiens, tiens! Depuis quand est-ce que tu t'amuses à faire _____ **2** cuisine? As-tu

l'intention de te faire engager comme _____ **3** chef cuisinier au Ritz?

Steve: As-tu fini de te moquer de moi! Figure-toi que nous organisons _____ **4** soirée

pour notre classe de français et que chacun doit préparer _____ **5** spécialité.

Hélène: Ah! je comprends! Et tu veux sans doute impressionner _____ **6** filles de ta classe?

Steve: On ne peut rien te cacher! Mais passons à _____ **7** choses sérieuses; je suis prêt à

prendre _____ **8** notes.

Hélène: Bon! Pour commencer, il te faut _____ **9** livre de _____ **10** porc haché maigre,

_____ **11** oignon moyen haché, _____ **12** sel et _____ **13** poivre.

Steve: Mais c'est simple! Je croyais qu'il y avait _____ **14** autres épices.

Hélène: Un instant! Laisse-moi finir! Alors, je disais _____ **15** sel, _____ **16** poivre,

_____ **17** quart de cuillerée à thé de _____ **18** sarriette, _____ **19** pincée de

_____ **20** clou de girofle moulu et _____ **21** feuille de _____ **22** laurier. Voilà

pour _____ **23** ingrédients.

Steve: Parfait! Et quelle est _____ **24** étape suivante?

Hélène: J'y arrive. Prends bien note de _____ **25** déroulement de _____ **26** opérations.

Premièrement, tu mélanges tous _____ **27** ingrédients dans _____ **28** casserole;

puis tu ajoutes _____ **29** quart de tasse d'eau bouillante; tu fais mijoter à

découvert* pendant vingt minutes en remuant de temps à autre.

Steve: Au fait, est-ce que _____ **30** cuisson doit se faire à feu vif*?

Hélène: Voyons, Steve! Tout cuisinier qui se respecte sait que mijoter veut dire cuire à feu

doux*.

Steve: Mais c'est évident! Où est-ce que j'avais donc _____ **31** tête*?

Hélène: Farceur, va! Mais continuons; tu retires ensuite _____ **32** feuille de _____ **33**

laurier et tu dégraisses, si c'est nécessaire. Dégraisser veut dire...

Steve: Enlever _____ **34** graisse! Ça, par exemple, je le savais! Pour qui est-ce que tu me

prends*? Au fait, toi qui sais tout, tu as oublié de me donner _____ **35** recette de

_____ **36** pâte...

Hélène: Minute! Il n'y a pas le feu*! Eh bien voilà! Tu prends _____ **37** farine, _____ **38**

beurre, _____ **39** oeufs, _____ **40** sel et _____ **41** eau froide. Tu disposes

_____ **42** farine en puits* et, à _____ **43** centre, tu mets _____ **44** sel,

_____ **45** oeufs et _____ **46** beurre ramolli. Tu pétris du bout des doigts jusqu'à

ce que tu obtiennes _____ **47** pâte souple et lisse...

Steve: Oh! là là! Tout cela m'a l'air bien compliqué. Je crois que je vais me contenter de

_____ **48** mélange à pâte tout préparé.

Hélène: C'est ça! Toujours _____ **49** solution de facilité...

Steve: Pourquoi pas, après tout? J'en connais déjà assez pour épater _____ **50** plus

difficiles de ma classe.

Exploitation orale

1. Pour réviser l'article partitif

a) Vous organisez un grand dîner pour la classe. Faites le menu. Que proposez-vous?
— comme hors-d'oeuvre?
— comme plat principal?
— comme légumes?
— comme dessert?
— comme vin?...

b) Servez-vous de votre imagination et essayez de trouver «la recette pour vivre à deux».

Quels ingrédients faut-il?
— de l'humour, de la patience, du bon sens...

2. Pour réviser les articles définis et indéfinis

Décrivez un personnage connu: acteur/actrice, politicien/politicienne ou... un(e) de vos professeur(e)s! Vous pouvez également vous décrire les uns les autres.

3. Exercices de synthèse

a) Apportez une annonce publicitaire et demandez aux étudiant(e)s de votre groupe de la décrire:
— il y a une femme très élégante
— elle porte une robe noire
— il y a des meubles de style
— les invités boivent du cognac...

b) Vous pouvez aussi échanger vos recettes de cuisine préférées. Vous remarquerez qu'en préparant la liste des ingrédients vous aurez à utiliser l'article partitif:
— il faut de la farine, du beurre...
Pour faire la recette, vous devrez utiliser l'article défini:
— on mélange les oeufs et le sucre...

Corrigé des exercices

Exercice I

1. le	3. la	5. les
2. les	4. la	6. le

7. Les
8. les
9. l'
10. la
11. le
12. le
13. les
14. la

15. le
16. l'
17. l'
18. la
19. les
20. l'
21. La

22. l'
23. la
24. l'
25. les
26. la
27. le
28. le

Exercice II

1. un
2. une
3. un
4. Des
5. des
6. d'une
7. d'une
8. des

9. de(s)
10. des
11. des
12. des
13. d'
14. des
15. des
16. une

17. une
18. un
19. un
20. une
21. un
22. une
23. une
24. de

Exercice III

1. a) du
   b) du
2. a) de l'
   b) de l'

3. a) des
   b) des

4. a) de la
   b) de la

Exercice IV

1. des
2. de la
3. du
4. du
5. de la
6. de la
7. du

8. des
9. du
10. du
11. de la
12. du
13. de l'
14. des

15. de la
16. du
17. des
18. de l'
19. des
20. des

Exercice V

1. de
2. d'
3. de
4. d'
5. de
6. d'
7. de

8. de
9. des
10. des
11. de
12. de
13. de
14. d'

15. de
16. de
17. d'
18. de
19. d'
20. de

Réponse à la question: après une expression de quantité on utilise *de*. (Exceptions: *bien des, la plupart des*.)

Exercice VI

1. l'; de l'; d'; d'
2. du; de; le

3. des; les; d'
4. de l'; de l'; l'; d'

5. Les; des; d'
6. l'; le; du; de

Exercice VII

1. la; les
2. la; les
3. les; ses
4. aux; ses
5. la
6. la; l'; leur

Exercice VIII

1. la; de; d'
2. Le; l'; des; le; de la
3. une; de; des
4. des; d'; des
5. le
6. de(s)
7. les; au; au; la
8. Le; des; de la; du; la
9. Les; l'
10. Les; des
11. Le; la; des
12. des; le
13. de(s)
14. des; les
15. la; au
16. les; des
17. Les; un; des
18. les; les; la
19. les; les
20. les; le; du; de; la; les; des; le; un; les; un; Les; l'; au
21. les; du; du; du; les; la; la; le; —; la; les; des; le; le; des; les; les

Exercice IX

1. —; le
2. la; les; un
3. d'une; d'; de l'
4. du; la; des; des; de(s); une
5. —; —
6. —; —
7. —; le; le
8. de l'; des; d'; —; —; L'; de l'; de(s)
9. —; la; du; la; au
10. —; du; de

Expressions idiomatiques et notes explicatives

Pré-test

Il ne casse rien: il n'est pas extraordinaire. Expression familière qui s'emploie généralement à la forme négative et qui a un sens péjoratif.

Faire la fine bouche: être difficile, trop exigeant, très critique.

Génial: fantastique, extraordinaire, formidable.

Exercice IV

L'eau m'en vient à la bouche: cela me donne faim.

Le ragoût de pattes: mets typiquement québécois se composant de pattes de porc cuites dans une sauce relevée.

La tourtière: tarte à la viande. Avez-vous des talents de cuisinier? Essayez la recette donnée dans l'exercice XI de ce chapitre. Vous vous en lécherez les doigts!

Chanter à tue-tête: chanter le plus fort possible.

Jouer à cache-cache: jeu universellement connu qui consiste à se cacher et à ne pas se laisser trouver!

Exercice V

Un beigne: sorte de pâtisserie faite de pâte frite qu'on trouve partout en Amérique du Nord. Il y a des beignes au chocolat, au miel, au sucre...

Exercice VI

Avoir d'autres chats à fouetter: avoir d'autres affaires plus importantes en tête.

Exercice VIII

J'aimerais vous y voir: J'aimerais voir comment vous feriez à ma place.

La Place des Arts: édifice qui regroupe trois des principales salles de spectacles de Montréal. L'orchestre symphonique de Montréal (l'OSM), dirigé par Charles Dutoit, y donne ses concerts.

Le comble de quelque chose: le plus haut degré, le maximum de quelque chose. (N.B. *Comble:* construction qui soutient le toit d'une maison.)

Exercice X

Y être pour quelque chose: avoir sa part de responsabilité dans une affaire.

Le temps des sucres: au Québec, festivités qui ont lieu au printemps, au moment où on récolte l'eau d'érable pour en faire du sirop. On profite de l'occasion pour aller à la cabane à sucre où on mange des mets typiquement québécois, copieusement arrosés de sirop d'érable. On finit généralement la partie de sucre en chantant et en dansant.

Exercice XI

Faire mijoter à découvert: faire cuire à feu doux sans couvercle.

Une cuisson à feu vif: cuisson à température élevée.

Cuire à feu doux: cuire à température peu élevée.

Où est-ce que j'avais donc la tête?: expression utilisée pour signifier qu'on a eu une distraction.

Pour qui est-ce que tu me prends?: autrement dit: «Est-ce que tu penses que je suis stupide?»

Il n'y a pas le feu!: ce n'est pas urgent.

Disposer la farine en puits: mettre la farine en tas et creuser un trou au milieu pour y mettre les autres ingrédients.

Les possessifs et les démonstratifs

Les **possessifs** et les **démonstratifs** ne présentent pas de subtilités comme les temps du passé ou le subjonctif. L'application des règles devient mécanique une fois que:

a) vous avez étudié les différentes formes des adjectifs et des pronoms (cf. tableau ci-dessous),
b) vous avez compris la fonction respective de l'adjectif et du pronom (Notez que l'adjectif **accompagne** le nom et que le pronom **le remplace**),
c) vous connaissez le genre des mots (cf. chapitre sur les articles).

Il est clair que ces trois points sont étroitement liés et que si vous n'avez pas réglé les problèmes soulevés dans b) et c), vous continuerez à faire des fautes même si vous avez parfaitement mémorisé les différentes formes des adjectifs et des pronoms.

LES POSSESSIFS
Un seul possesseur

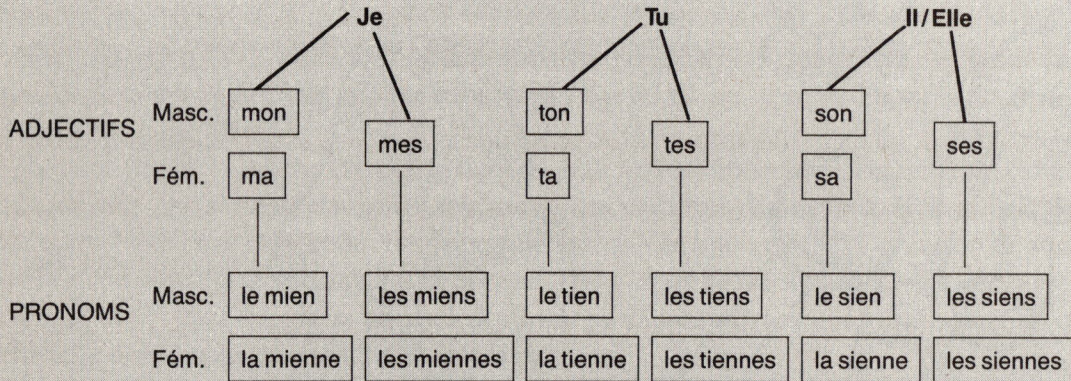

Plusieurs possesseurs

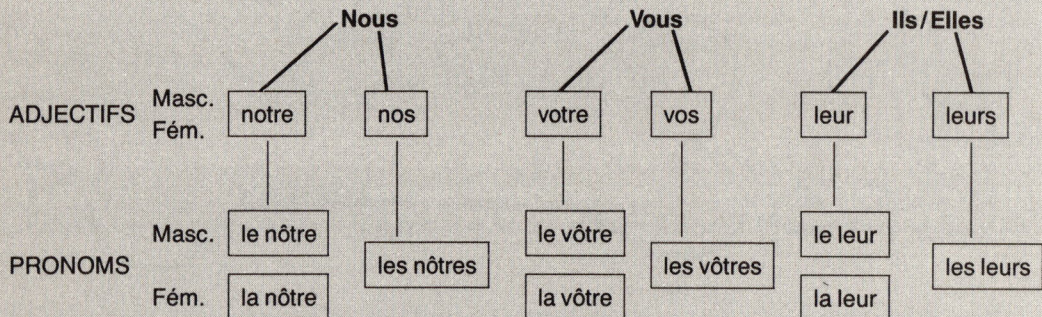

LES DÉMONSTRATIFS

	ADJECTIFS			PRONOMS	
	Masculin	Féminin		Masculin	Féminin
Singulier	ce (cet)	cette	Singulier	celui / ce; c' / ceci / cela; ça } neutre	celle
Pluriel	ces	ces	Pluriel	ceux	celles

Pré-test

Complétez le dialogue en utilisant les possessifs ou les démonstratifs qui conviennent.

Aujourd'hui, tout va mal

Alexandre: Ah! quelle journée! Je n'ai eu que des pépins*. Pour commencer, _____ **1** réveil n'a pas sonné. J'ai dû prendre _____ **2** douche en vitesse et je me suis coupé avec _____ **3** fichu* rasoir que _____ **4** belle-mère m'a offert pour _____ **5** dernier anniversaire. _____ **6** choses-là suffisent à me mettre hors de moi* pour le reste de la journée!

Benoît: Mon Dieu! Tu es de bien mauvaise humeur! Tout _____ **7** n'est pas si grave. _____ **8** n'est pas la fin du monde!

Alexandre: Non, mais attends, _____ **9** n'est pas tout! Figure-toi* que j'avais une réunion très importante au bureau _____ **10** matin. Évidemment, _____ **11** est le moment que _____ **12** voiture a choisi pour faire des siennes*! Il a donc fallu que j'emprunte _____ **13** de _____ **14** femme.

Benoît: Ah bon! Mais j'imagine que tu ne pourras pas faire _____ **15** tous les jours. Débarrasse-toi donc de _____ **16** tacot* et offre-toi _____ **17** moto dont tu as envie depuis _____ **18** dix-sept ans!

Alexandre: _____ **19** est bien ce que je comptais faire! Mais écoute la suite de _____ **20** malheurs; _____ **21** qui me sont arrivés après sont encore pires! J'étais tellement énervé en pensant à _____ **22** réunion, à _____ **23** patron et à _____ **24** mauvaise humeur habituelle, à _____ **25** collègues et à _____ **26** commentaires, que j'ai brûlé un feu rouge*! Bien entendu*, je me suis fait arrêter par un policier. Ah! _____ **27** , je l'aurais bien envoyé au diable* avec _____ **28** contravention! _____ **29** m'a d'ailleurs coûté 100 $.

Benoît: Ma parole*! _____ **30** ressemble à une vraie série noire!

Alexandre: Attends! Si encore _____ **31** n'était que _____ **32**! Mais comme j'arrivais au bureau, rouge de colère, un chauffard* m'est rentré dedans! Tu vois un peu la tête que va faire* Geneviève en apprenant _____ **33** merveilleuse nouvelle! À présent, _____ **34** auto ne vaut guère mieux que _____ **35**.

Benoît: _____ **36** alors! _____ **37** est un comble*!

Alexandre: Oui! On peut dire que _____ **38** est la goutte qui a fait déborder le vase*! J'étais donc d'une humeur massacrante* et je me suis disputé avec _____ **39** patron, _____ **40** collègues et tous _____ **41** et _____ **42** qui se trouvaient sur _____ **43** chemin!

Benoît: _____ **44** pauvre ami! Tu vois, la source de tous _____ **45** problèmes, à Geneviève et à toi, _____ **46** est l'automobile! Achetez-vous donc une bicyclette et pédalez comme _____ **47** maire! Il incarne la jeunesse dorée!

Alexandre: Tu veux rire! Maintenant que j'ai perdu _____ **48** emploi, je n'en ai plus les moyens*!

Benoît: Du calme, voyons! Après tout, rien ne vaut la marche! _____ **49** excellent exercice te fera peut être perdre _____ **50** kilos que tu as en trop depuis que tu te promènes en voiture.

Corrigé du pré-test

1. mon	13. celle	25. mes
2. ma	14. ma	26. leurs
3. ce	15. ça/cela	27. celui-là
4. ma	16. ton/ce	28. sa
5. mon	17. cette	29. Celle-ci/Celle-là/Ça/Cela
6. Ces	18. tes	30. Ça/Cela
7. ça/cela	19. C'	31. ce
8. Ce	20. mes	32. ça/cela
9. ce	21. ceux	33. cette
10. ce	22. ma/cette	34. son
11. c'	23. mon	35. la mienne
12. ma	24. sa	36. Ça

37. C'
38. c'
39. mon
40. mes
41. ceux
42. celles
43. mon
44. Mon
45. vos
46. c'
47. notre
48. mon
49. Cet
50. ces

Les possessifs

Exercice I

Utilisez l'adjectif possessif qui correspond au nom ou au pronom souligné. Attention: on emploie la forme masculine de l'adjectif possessif devant les noms féminins commençant par une voyelle ou un *h* muet.

1. A-t-il vendu _____ maison?

2. Gilles a invité _____ amie au restaurant.

3. Chacun a _____ habitudes.

4. J'ai apporté _____ disques.

5. Est-ce que tout le monde a donné _____ opinion et _____ réponse?

6. J'ai pris _____ voiture pour venir.

7. Quand donneras-tu _____ démission?

8. Est-ce que tu as revu _____ ancienne voisine depuis que tu as quitté _____ village?

9. Est-ce que tu as trouvé _____ clés?

10. Carmen s'intéresse à l'histoire de _____ ancêtres et elle connaît _____ origines (celles des ancêtres).

11. Les Carignan peuvent retracer _____ généalogie jusqu'au XVIIe siècle.

12. Nous vous envoyons _____ meilleurs voeux pour la nouvelle année.

13. Nous avons perdu tout _____ temps à attendre.

14. Vous devriez consulter _____ médecin à ce sujet.

15. On doit présenter _____ carte d'identité et laisser _____ bagages à l'entrée.

Exercice II

Mettez les adjectifs possessifs qui conviennent. Attention: on emploie la forme masculine de l'adjectif possessif devant les noms féminins commençant par une voyelle ou un **h** muet. Les mots dont le **h** est souligné ne suivent pas cette règle ainsi que onze et onzième.

1. Pour Christophe, c'était _____ huitième année dans cette école et _____ année la plus difficile.

2. Elle s'est levée pour prendre la parole* et tout le monde a applaudi _____ heureuse initiative.

3. Dans _____ hâte, j'ai oublié de vous raconter la fin de _____ histoire.

4. Ma chère Élise, je te remercie de _____ hospitalité.

5. Ça suffit, Marielle! J'ai perdu _____ bonne humeur à cause de _____ humeur massacrante.

6. Cet athlète est remarquable. _____ haute performance à la dernière compétition s'explique par _____ incroyable endurance et _____ étonnante capacité de récupération.

7. Je viens d'écouter le dernier disque de Fadiez: même si c'est _____ onzième symphonie qui l'a rendu célèbre, mais c'est _____ huitième que je préfère.

8. Alain, _____ hypothèse sur les trous noirs me paraît vraisemblable; par contre, _____ nouvelle hypothèse sur la venue des extra-terrestres est complètement farfelue!

9. — Tu devrais perdre _____ mauvaise habitude de fumer.

    — Et toi, _____ habitude de toujours critiquer!

Exercice III

Complétez le texte suivant en utilisant les adjectifs possessifs qui conviennent.

La saison de la chasse

Chaque année, au mois de septembre, mon ami Jean-René, qui habite en Abitibi au nord-ouest du Québec, se prépare à aller à la chasse à l'orignal. Il vérifie soigneusement _____ **1** fusil et

_____ **2** cartouches. Il n'oublie jamais _____ **3** bonne vieille boussole qui lui a déjà rendu tant de services ni les provisions de survie que _____ **4** prévoyance lui dicte d'apporter au cas où il se perdrait dans le bois.

Il passe aussi beaucoup de temps à la pêche et à la chasse aux canards avec _____ **5** frère Thomas venu exprès de Montréal. Les deux frères suivent les cours d'eau et font du portage* pour se rendre au fond des bois où ils s'installent avec _____ **6** tente et _____ **7** cannes à pêche au bord de lacs poissonneux. En vrais pêcheurs, ils se vantent toujours de _____ **8** prises phénoménales qu'ils doivent plus à _____ **9** expérience qu'à _____ **10** qu'ils doivent équipement. En effet, Jean-René connaît cette région comme _____ **11** poche* parce qu'il parcourt les bois depuis des années en compagnie de _____ **12** vieil ami, le guide indien qui lui a révélé certains de _____ **13** secrets.

À la fin de la saison de la chasse, Jean-René se retrouve avec _____ **14** congélateur rempli à ras bord* de poisson et de gibier; Thomas retourne en ville, la tête pleine de nouvelles anecdotes qui ne manqueront pas d'épater _____ **15** copains!

Exercice IV
Complétez les phrases en utilisant les pronoms possessifs qui conviennent.

1. Si ce livre est à toi, où est _____ ? Je l'avais encore il y a quelques minutes.

2. Luc porte maintenant le costume de son grand frère, car _____ est devenu trop étroit.

3. Les Guérin vont s'acheter une nouvelle maison; _____ est devenue trop petite depuis l'arrivée de leurs jumeaux.

4. Regarde ces cassettes, je les ai trouvées derrière une pile de livres; est-ce que ce sont _____ ou celles de Cécile?

5. On apporte nos raquettes, alors n'oubliez pas _____ .

6. Rends-lui ce tableau, c'est _____ . Il peut le suspendre où il veut, ça ne regarde que lui.

7. Marc veut emprunter une bicyclette pour faire le Tour de l'île*, car il s'est fait voler

_____ .

8. Ces revues sont à Rachel et à moi; ce sont _____ . Qu'on se le tienne pour dit*!

9. Ils ne perdent jamais une occasion de démontrer que les enfants les plus intelligents et les

plus sages, ce sont évidemment _____ , pas ceux des voisins.

10. Comme j'avais invité mes amis, il a décidé d'inviter aussi _____ .

11. Je pense que mes skis sont de meilleure qualité que _____ , Véronique.

12. D'accord, nous prenons votre auto et nous laissons _____ ici.

13. Ils sont toujours d'accord pour dépenser mon argent mais jamais _____ .

14. Débrouille-toi, mon vieux; après tout, ce n'est pas mon problème, c'est _____ .

15. Vous croyez que vos étudiants parlent bien français; vous n'avez pas entendu

_____ ! Nous n'avons plus rien à leur enseigner!

Exercice V

Complétez les phrases en utilisant les adjectifs ou les pronoms possessifs qui conviennent. Attention aux articles contractés.

1. J'ai donné _____ démission; quand donneras-tu _____ ?

2. J'ai _____ idée; tu as _____ ; n'en parlons plus!

3. J'ai _____ opinions; ils ont _____ , voilà tout.

4. C'est entendu! Si tu me prêtes _____ notes, je te prête _____ !

5. Venez demain soir nous montrer _____ photos de vacances; nous vous

montrerons _____ .

6. Occupons-nous de _____ oignons* et qu'ils s'occupent _____ !

7. Nicole ne sait toujours pas la date de _____ départ; est-ce que vous savez la date

_____ ?

8. Les Gélinas ont passé _____ vacances de Noël dans les Keys, en Floride. Où avez-

vous passé _____ ?

9. Nous avons fait _____ partie de sucre* dimanche dernier et les Poitras vont faire

_____ dans huit jours.

10. Tu prétends que _____ appartement te coûte cher, mais ce n'est rien auprès de

_____ ! Tu sais, ils paient au moins 900 $ par mois!

Les démonstratifs

Exercice I   Utilisez l'adjectif démonstratif requis.

1. _____ enfant est tellement charmant qu'il se ferait pardonner n'importe quoi.

2. _____ auto appartient à ma soeur.

3. As-tu déjà entendu parler de _____ produit miracle?

4. Beaucoup de _____ idées nouvelles viennent de Californie.

5. _____ instrument médiéval s'appelle un luth.

6. _____ projets me paraissent absurdes!

7. _____ armoire en pin est très ancienne.

8. Ce n'est rien, Marielle; je vais dissiper _____ malentendu.

9. Paul, tu devrais offrir à Lucie _____ belle catalogne*.

10. «Ah! _____ jeunes!», disait toujours mon grand-père en nous regardant d'un

air philosophe.

Exercice II   Utilisez le pronom démonstratif requis.

1. _____ qui a volé mon portefeuille doit être bien déçu de n'y avoir trouvé que des

chèques de voyage.

2. — Lequel de ces deux tableaux préfères-tu?

— _____ de Riopelle*.

3. De toutes leurs suggestions, c'est _____ qui me paraît la plus intéressante.

4. Voici deux grammaires: _____ est plus complète mais très compliquée à

consulter; _____ , par contre, est plus accessible sans être la meilleure.

5. Parmi toutes _____ que vous parlez, quelle est la langue qui vous est la plus

familière?

6. Il ne faut pas acheter ces fruits-là; _____ sont bien meilleurs.

7. Parmi tous _____ que se trouvaient rassemblés, il n'a pas été possible de trouver

un seul volontaire.

8. _____ qui vous a dit cela est un sacré menteur!

9. Nous devons nous séparer maintenant; je prendrai cette route et vous prendrez

_____ que vous voyez près du grand chêne.

10. Ils disent aimer les belles choses, mais ils achètent surtout _____ qui coûtent cher!

Exercice III

Complétez les phrases en utilisant les pronoms démonstratifs **ça** (**cela**) et **ce** (**c'**). N'oubliez pas que le pronom **ce** est employé comme sujet du verbe **être**.

1. _____ que j'aimerais en ce moment, _____ est (_____ sont)

des vacances.

2. _____ m'est égal*; fais _____ que tu veux.

3. « _____ est la vie!», dit-il en haussant les épaules d'un air fataliste.

4. Est-ce que _____ vous dérange si je fume?

5. _____ ne sert à rien* de s'énerver, _____ n'est vraiment pas la fin du

monde si on arrive un peu en retard.

6. «Ah! la politique, disait-il d'un air sentencieux, plus _____ change plus

_____ est pareil!»

7. « _____ , _____ est le comble*!», s'écria-t-il d'un air stupéfait en voyant

un inconnu au volant de sa propre voiture.

8. _____ ne vaut pas la peine* d'aller voir ce film; _____ est un vrai

navet*.

9. _____ était un spectacle extraordinaire! _____ sont (_____ est)

les meilleurs danseurs de ballet-jazz que j'aie jamais vus!

10. _____ ne fait rien* si vous ne pouvez pas venir chez nous ce soir; _____

sera pour une autre fois!

Exercice IV

Complétez les phrases en utilisant le pronom ou l'adjectif démonstratif qui convient.

1. _____ exercice s'adresse à tous _____ et à toutes _____ qui ont

des problèmes avec les démonstratifs.

2. _____ pronoms ne sont pas difficiles.

3. _____ adjectifs non plus; il faut simplement se rappeler que « _____ » ne

prend pas de «t» au masculin singulier, sauf s'il précède un nom qui commence par une

voyelle ou un h muet.

4. _____ et _____ qui tiennent compte de _____ détail éliminent

automatiquement la moitié de _____ petites fautes de négligence si fréquentes.

5. Tout _____ devrait vous encourager!

6. _____ dit, passons vite à autre chose. _____ et _____ qui ont

compris ont compris.

7. _____ et _____ qui n'ont pas compris peuvent consulter leur manuel de

grammaire.

8. De tous les exercices que vous avez faits, _____ est le plus facile.

9. Je n'apprécie pas _____ façon irrespectueuse de traiter les démonstratifs!

10. Moi non plus! _____ manque nettement de sérieux!

11. Vous trouvez donc que _____ n'en vaut pas la peine?

12. Voyez, j'ai déjà fait deux exercices semblables: _____ était trop facile, alors que

_____ manquait d'originalité. _____ ou _____ qui éliminera

tous _____ exercices monotones sera assuré(e) de mon éternelle reconnaissance.

Exercice V

(sans corrigé)

Complétez le texte suivant en utilisant les adjectifs et les pronoms possessifs ainsi que les adjectifs et les pronoms démonstratifs qui conviennent.

La psychose de l'ordinateur

Dans un magasin d'ordinateurs

M. Lacroix: Bonjour monsieur. Je voudrais simplement quelques renseignements sur

_____ 1 ordinateurs personnels, c'est-à-dire sur _____ 2

avantages et inconvénients, ainsi que sur _____ 3 prix.

Le vendeur: Ah! mais avec plaisir, monsieur! Avec un ordinateur, la haute technologie

pénètre dans _____ 4 foyer, _____ 5 ne fait pas de doute!

Tenez, je suis sûr d'avoir _____ 6 qui répondra à tous

_____ 7 besoins, même à _____ 8 que vous ne connaissez

pas encore! Regardez, Monsieur, _____ 9 modèle de POM. Un vrai

bijou! _____ 10 circuit, _____ 11 mémoire,

_____ 12 écran, _____ 13 garantie, _____ 14

prix... 1550$ avec _____ 15 imprimante! Et en plus,

_____ 16 imprimante-ci peut se brancher sur tous les modèles!

M. Lacroix: Quoi? Plus de 1000$, _____ 17 fait cher!

Guillaume: Ben, papa, tu sais, _____ 18 est le même que _____ 19 de

notre voisin, monsieur Dumachin...

M. Lacroix: _____ 20 ? Le même? _____ 21 , par exemple! Jamais de

la vie! Je ne veux pas que _____ 22 soit exactement le même que

_____ 23 des Dumachin. Ils diraient que c'était _____ 24

idée et qu'on les a copiés! (*au vendeur*) Et _____ 25 ordinateur-ci,

à _____ 26 gauche? Quelles sont _____ 27 spécifications?

Le vendeur: Ah! _____ 28 est encore meilleur! _____ 29 mémoire est

très puissante. _____ 30 maximum de RAM est de 256 K! Et

laissez-moi vous énumérer _____ 31 autres avantages! Beaucoup

d'accessoires et de logiciels offerts et…

M. Lacroix: Et _____ 32 prix?

Le vendeur: Ah! monsieur, si vous voulez économiser sur le dos de _____ 33

enfants, _____ 34 est _____ 35 responsabilité.

_____ 36 carrière est peut-être assurée, mais vous êtes en train de

briser _____ 37 !!! Voilà _____ 38 opinion. Et toi, mon

petit*, quelle est _____ 39 ?

Guillaume: Oui papa, _____ 40 est vrai, _____ 41 professeur l'a dit:

«L'ordinateur, _____ 42 est la voie du succès, _____ 43

qui nous ouvrira une porte sur l'avenir!»

Le vendeur: Bravo, _____ 44 petit, bien dit! _____ et

_____ 45 qui n'avancent pas avec le progrès reculent!

(*Une heure plus tard et 2300 $ en moins…*)

M. Lacroix: Ouais, ben, _____ 46 est une demande de renseignements qui m'a

coûté cher!

Exploitation orale

1. Réemploi de l'adjectif possessif

 a) La fête de famille (ou une grande réception, etc.). Un(e) étudiant(e) commence à énumérer la liste des invités:

  Ex.: Il y avait mes parents, ma soeur, mon cousin Justin, ma tante de Halifax…

 Les autres étudiants l'interrompent pour demander:

  Ex.: Et ton oncle de Sudbury? Et sa femme? Et leurs enfants…?

 b) Quels objets personnels emporteriez-vous si vous deviez passer un an sur une île déserte? (Cet exercice peut aussi se faire par écrit.)

2. Réemploi de l'adjectif et du pronom possessifs

Un(e) étudiant(e) commence à décrire sa chambre:

 Ex.: Ma chambre est très grande. Mon lit est près de la porte…

Puis il (elle) passe la parole à un(e) autre étudiant(e) en lui disant: «Et la tienne?» Cet(te) étudiant(e) décrit brièvement sa chambre:

 Ex.: La mienne est plutôt petite. Mon bureau est plein de livres… Mes disques traînent partout…

3. Réemploi de l'adjectif démonstratif

Les étudiant(e)s peuvent se faire des remarques sur les vêtements qu'ils portent:

Ex.: Ce pantalon te va très bien. Cette veste a l'air confortable...

4. Réemploi du pronom démonstratif

On procède à la distribution des tâches dans une communauté. Le meneur de jeu demande à la classe:

Ex.: Qui va faire le marché?

Les étudiant(e)s font des suggestions:

— Celui/Celle qui a le plus de temps.
— Ceux qui ont une voiture...

Qui va faire la cuisine?
— Celui/Celle que le groupe va désigner.
— Celui/Celle qui la fait le mieux...

Qui va faire le ménage? Repeindre la cuisine? etc.

Corrigé des exercices

Les possessifs

Exercice I

1. sa	6. ma	11. leur
2. son	7. ta	12. nos
3. ses	8. ton; ton	13. notre
4. mes	9. tes	14. votre
5. son; sa	10. ses; leurs	15. sa; ses

Exercice II

1. sa, son	4. ton	7. Sa, sa
2. son	5. ma, ton	8. ton, ta
3. ma, mon	6. Sa, son, son	9. ta, ton

Exercice III

1. son	6. leur	11. sa
2. ses	7. leurs	12. son
3. sa	8. leurs	13. ses
4. sa	9. leur	14. son
5. son	10. leur	15. ses

Exercice IV

1. le mien	6. le sien	11. les tiens
2. le sien	7. la sienne	12. la nôtre
3. la leur	8. les nôtres	13. le leur
4. les tiennes	9. les leurs	14. le tien
5. les vôtres	10. les siens	15. les nôtres

Exercice V

1. ma; la tienne
2. mon; la tienne
3. mes; les leurs
4. tes; les miennes
5. vos; les nôtres
6. nos; des leurs
7. son; du vôtre
8. leurs; les vôtres
9. notre; la leur
10. ton; du leur

Les démonstratifs

Exercice I

1. Cet
2. Cette
3. ce
4. ces
5. Cet
6. Ces
7. Cette
8. ce
9. cette
10. ces

Exercice II

1. Celui
2. Celui
3. celle
4. celle-ci; celle-là
5. celles
6. ceux-ci
7. ceux
8. Celui
9. celle
10. celles

Exercice III

1. Ce; c'; ce
2. Ça/cela; ce
3. C'
4. ça/cela
5. Ça/cela; ce/ça/cela
6. ça/cela; c'
7. Ça; c'
8. Ça/cela; c'
9. C'; ce; c'
10. Ça/cela; ce/ça

Exercice IV

1. Cet; ceux; celles
2. Ces
3. Ces; ce
4. Ceux; celles; ce; ces
5. cela/ceci/ça
6. Ceci; Ceux; celles
7. Ceux; celles
8. celui-ci
9. cette
10. Ça/cela
11. Ça/cela
12. celui-ci; celui-là; Celui; celle; ces

Expressions idiomatiques et notes explicatives

Pré-test

Avoir des pépins: avoir des ennuis, des problèmes.

Fichu: (avant le nom) détestable, (au Québec) maudit; (avec le verbe être) raté, gâché. (Exemple: *C'est fichu.*)

Me mettre hors de moi: me mettre en colère.

Figure-toi: Imagine-toi. S'emploie beaucoup dans la conversation.

Faire des siennes: causer les mêmes ennuis que d'habitude, s'emploie à la 3e personne du singulier.

Un tacot: terme familier désignant une vieille automobile.

Brûler un feu rouge: passer quand le feu de circulation est rouge.

Bien entendu: évidemment.

Envoyer quelqu'un au diable: repousser quelqu'un avec colère ou impatience. Au Québec on dit aussi *envoyer quelqu'un chez le bonhomme.*

Ma parole!: exclamation de surprise.

Chauffard: le suffixe *-ard* a une connotation péjorative. Ainsi, un chauffard est un mauvais chauffeur, un mauvais conducteur.

La tête que va faire Geneviève: l'expression du visage de Geneviève.

C'est un comble!: expression d'indignation qui indique que quelqu'un ou quelque chose a dépassé la limite acceptable. On peut aussi dire: «*C'est trop fort!*»

La goutte qui fait déborder le vase: la petite chose désagréable qui vient s'ajouter au reste et qui fait qu'on ne peut plus supporter l'ensemble.

Être d'humeur massacrante: être d'humeur détestable.

Je n'en ai plus les moyens: je n'ai plus assez d'argent; *avoir les moyens:* pouvoir se payer quelque chose.

Les possessifs

Exercice II

Prendre la parole: commencer à parler.

Exercice III

Faire du portage: porter une embarcation d'un cours d'eau à l'autre. (*Petit Robert*)

Connaître quelque chose comme sa poche: connaître quelque chose parfaitement.

Rempli à ras bord: rempli jusqu'au bord.

Exercice IV

Faire le Tour de l'île: participer à la grande manifestation sportive annuelle qui consiste à faire le tour de l'île de Montréal avec des milliers d'autres cyclistes.

Se le tenir pour dit: considérer qu'on en a été averti(e).

Exercice V

S'occuper de ses oignons: s'occuper, se mêler de ses propres affaires.

Partie de sucre: au Québec, festivités qui ont lieu au printemps, au moment où on récolte l'eau d'érable pour en faire du sirop. Cette réunion amicale se tient dans la cabane à sucre d'une érablière. On profite de l'occasion pour manger des mets typiquement québécois, copieusement arrosés de sirop d'érable. On finit généralement la fête en chantant et en dansant.

Les démonstratifs

Exercice I

Catalogne: Au Canada, étoffe dont la trame est faite de bandes de tissus généralement multicolores. (*Petit Robert*) Tapis, tenture, dessus de lit en catalogne.

Exercice II

Riopelle, Jean-Paul (1923–   ): peintre québécois contemporain.

Exercice III

Ça m'est égal: ça m'est indifférent, ça n'a pas d'importance.

Ça ne sert à rien (de + infinitif): c'est inutile (de + infinitif).

C'est le comble: cf. explication donnée plus haut.

Ça ne vaut pas la peine: ce n'est pas nécessaire.

Navet: ici, terme familier pour «mauvais film».

Ça ne fait rien: ça n'a pas d'importance.

Exercice V

Mon petit: terme familier pour s'adresser à un enfant.

Ouais: manière familière de dire oui.

Les adjectifs qualificatifs et les adverbes; la comparaison

Nous vous donnons maintenant l'occasion de réviser les formes régulières et irrégulières des **adjectifs qualificatifs** et des **adverbes**, ainsi que de travailler la **comparaison**.

En ce qui concerne les **adjectifs**, rappelez-vous qu'ils accompagnent des noms et qu'ils en prennent le genre et le nombre. Quant aux **adverbes**, ils accompagnent un verbe, un adjectif ou un autre adverbe et ils sont invariables.

N'oubliez pas non plus qu'il y a des règles qui régissent la place des adjectifs et des adverbes. Ainsi, le sens d'une phrase peut varier si l'on change la place de l'adjectif ou de l'adverbe.

> Ex.: **Seuls** les enfants savent ce qu'ils cherchent. (seulement les enfants)
> Les enfants **seuls** savent ce qu'ils cherchent. (les enfants solitaires)
>
> Je ne comprends **vraiment** pas. (pas du tout)
> Je ne comprends pas **vraiment**. (pas tout à fait)

Étant donné qu'il est impossible de résumer en quelques lignes toutes ces règles, nous vous conseillons de vous référer à votre manuel de grammaire quand une question précise se posera.

Faites les exercices qui suivent pour mettre vos connaissances en pratique. Assurez-vous de bien saisir les nuances de sens qu'un adjectif ou un adverbe peut entraîner en changeant de place.

Pré-test

Mettez les adjectifs et les adverbes donnés entre parenthèses à la place qui convient et faites les accords et les transformations qui s'imposent. Lorsque l'adjectif ou l'adverbe entre parenthèses est souligné d'un trait, donnez le comparatif ou le superlatif selon le sens; lorsque l'adjectif est souligné de deux traits, formez l'adverbe.

Histoire de dragons

(Pour des raisons stylistiques, le passé simple a été employé au lieu du passé composé.)

Il était une fois un (petit, brave, vert) _____ dragon _____ 1 qui (seul)

_____ vivait _____ 2 dans une (grand, profond) _____ forêt

_____ 3 . Il habitait dans une (vieux, abandonné) _____ caverne

_____ 4 et il s'appelait Horace. Hélas, notre (gentil) _____ dragon

_____ 5 était (malheureux) _____ 6 du monde parce qu'il n'avait pas d'amis.

Bien des années avant sa naissance, les chevaliers d'un (voisin) _____ château

_____ 7 avait tué une (entier) _____ famille _____ 8 de dragons.

Depuis ce temps, même les (brave) _____ dragons _____ 9 n'osaient plus

s'installer dans le voisinage.

Horace était la (doux) _____ créature _____ 10 qui soit mais, quand il éternuait, il lui (toujours) _____ arrivait _____ **11** les (mauvais)

_____ aventures _____ **12** . Par exemple, un jour qu'il avait attrapé un

(mauvais) _____ rhume _____ **13** et qu'il se sentait (mal) _____ **14**

que d'habitude, il brûla le nid d'une (gentil, gris) _____ alouette _____ **15** qui

avait élu domicile dans le (grand) _____ chêne _____ **16** tout près de sa

caverne. (Évident) _____ **17** , il aida le (beau) _____ oiseau _____ **18**

à se bâtir une (nouveau) _____ maison _____ **19** , mais il n'oublia jamais ce

(triste) _____ incident _____ **20** . Il en avait éprouvé un (noir) _____

chagrin* _____ **21** et, (naturel) _____ **22** , il s'était senti (fou) _____ **23**

coupable d'avoir (aussi imprudent) _____ agi _____ **24** . «La (prochain)

_____ fois _____ **25** , s'était-il dit, il me faudra apporter mon (grand, apyre*)

_____ mouchoir _____ **26** . J'ai (vrai) _____ été _____ **27**

d'une (fou, honteux) _____ négligence _____ **28** .»

    Pendant l'hiver, Horace passait le plus clair de son temps* à (paisible) _____

tricoter _____ **29** des (joli, orange) _____ cache-nez _____ **30** . Il les

portait autour de son (pointu) _____ nez _____ **31** et de sa (long)

_____ queue _____ **32** pour se protéger contre les (rude) _____

intempéries _____ **33** de la (froid) _____ saison _____ **34** .

    Il y avait, dans un (petit) _____ village _____ **35** non loin de là, une

(méchant, roux, petit) _____ fille _____ **36** , (cruel) _____ **37** qu'on

puisse imaginer. Elle s'appelait Agrippette. Elle était (malin) _____ **38** qu'un renard et

elle passait son temps à jouer des (sale) _____ tours* _____ **39** à tout le monde.

Un après-midi d'hiver, elle prit la (mauvais) _____ route _____ **40** pour

rentrer au village et elle se perdit. Il faisait (extrême) _____ **41** froid ce jour-là et elle

grelottait. Après un (certain) _____ temps _____ **42** , elle se mit à crier

comme une perdue*. Elle hurlait tellement fort qu'elle alerta Horace qui (immédiat)

_____ accourut _____ **43** . Quand elle l'aperçut, elle cria encore (fort)

_____ **44** : «Au secours! Au secours! Il y a un (gros, féroce) _____ dragon

_____ **45** qui veut me manger.» Le (pauvre) _____ Horace _____ **46**

pensa qu'il (bien) _____ valait _____ **47** ne pas insister! Le (gros)

_____ cœur _____ *48 , il (lent) _____ repartit _____ **49**

vers sa (solitaire) _____ caverne _____ **50** , mais non sans laisser derrière lui

ses (beau, neuf, deux) _____ cache-nez _____ **51** . Ce fut la (dernier)

_____ fois _____ **52** qu'on vit Horace dans les parages.

Devenue grande, Agrippette, qui n'avait pas perdu son (désagréable) _____

caractère _____ **53** , (rare) _____ sortait _____ **54** de chez elle parce

que les jeunes gens du village (résolu) _____ évitaient _____ **55** de l'inviter à

leurs soirées. Un (beau) _____ matin _____ **56** qu'elle se promenait dans la

forêt, elle (profond) _____ fut _____ **57** étonnée de voir, sur le sol et à perte

de vue, un (long) _____ cache-nez _____ **58** , (exact) _____ pareil

_____ **59** à ceux qu'elle portait depuis des années. Intriguée, elle (bref)

_____ hésita _____ **60** avant de (aveugle) _____ suivre

_____ **61** le chemin que semblait lui tracer ce (drôle) _____ cache-nez

_____ **62** . Bien malgré elle, Agrippette se retrouva dans la caverne d'Horace qui

(triste) _____ tricotait _____ **63** . En voyant la jeune fille, notre ami voulut

(vite) _____ s'enfuir _____ **64** . Mais Agrippette, à peine revenue de sa

surprise, (irrésistible) _____ se sentit _____ **65** poussée vers ce dragon aux

(grand, bouleversant) _____ yeux _____ **66** . Dans un élan, elle tendit la main

pour le retenir. C'est alors qu'on vit la (vilain) _____ rouquine _____ **67** se

transformer en une (mignon, petit, vert) _____ «dragonnette» _____ **68** ,

(charmant) _____ **69** qu'on ait jamais vue! Le cache-nez qu'Horace (patient)

_____ tricotait _____ **70** depuis des années, (gai) s'enroula _____ **71**

autour du couple comme pour sceller leur union. À partir de ce jour, ils vécurent heureux et

eurent beaucoup de (petit, vert, roux) _____ dragons _____ **72** .

Corrigé du pré-test

1. un brave petit dragon vert
2. vivait seul

3. une grande forêt profonde /
   une forêt grande et profonde

4. une vieille caverne
   abandonnée

5. notre gentil dragon
6. le plus malheureux
7. d'un château voisin
8. une famille entière
9. les dragons les plus braves
10. la créature la plus douce / la plus douce créature
11. il lui arrivait toujours
12. les pires aventures
13. un mauvais rhume
14. plus mal
15. d'une gentille alouette grise
16. le grand chêne
17. Évidemment
18. le bel oiseau
19. une nouvelle maison
20. ce triste incident
21. un noir chagrin
22. naturellement
23. follement
24. agi aussi imprudemment / aussi imprudemment agi
25. La prochaine fois
26. mon grand mouchoir apyre
27. vraiment été
28. négligence folle et honteuse / folle et honteuse négligence
29. tricoter paisiblement

30. de(s) jolis cache-nez orange
31. son nez pointu
32. sa longue queue
33. les rudes intempéries
34. la saison froide / la froide saison (style poétique)
35. un petit village
36. une méchante petite fille rousse
37. la plus cruelle
38. plus maligne / aussi maligne
39. de(s) sales tours
40. la mauvaise route
41. extrêmement
42. un certain temps
43. accourut immédiatement
44. plus fort
45. un gros dragon féroce
46. Le pauvre Horace
47. valait mieux
48. Le cœur gros
49. repartit lentement
50. sa caverne solitaire
51. ses deux beaux cache-nez neufs
52. la dernière fois
53. son caractère désagréable
54. sortait rarement

55. évitaient résolument
56. un beau matin
57. fut profondément
58. long cache-nez
59. exactement pareil
60. hésita brièvement
61. suivre aveuglément
62. ce drôle de cache-nez
63. tricotait tristement
64. s'enfuir très vite
65. se sentit irrésistiblement
66. grands yeux bouleversants
67. la vilaine rouquine
68. une mignonne petite «dragonnette» verte
69. la plus charmante
70. tricotait patiemment
71. s'enroula gaîment / gaiement
72. petits dragons verts et roux

Barème

68/72	95%
61/72	85%
54/72	75%
47/72	65%
40/72	55%

Exercice I

Mettez les adjectifs donnés entre parenthèses à la place qui convient et faites les accords nécessaires. Utilisez la conjonction **et** quand cela s'impose.

1. C'est une (petit, blanc) _____ maison _____ aux (vert foncé) _____ volets _____ .

2. En été, on peut admirer des (joli, fleuri) _____ balcons _____ en se promenant dans les (vieux, pittoresque) _____ rues _____ de Québec.

3. Cette (jeune, grand, roux) _____ fille _____ est ma (aîné, préféré) _____ sœur _____ .

4. Les (deux, premier) _____ chansons _____ du (dernier) _____

disque ＿＿＿＿＿ de Félix Leclerc* ont un (gai, entraînant) ＿＿＿＿＿ rythme

＿＿＿＿＿ . Elles illustrent bien ses (nouveau) ＿＿＿＿＿ idées ＿＿＿＿＿ .

5. Après une partie de tennis, quoi de plus rafraîchissant qu'un (petit, bon, pétillant, bien

frappé) ＿＿＿＿＿ cidre ＿＿＿＿＿ !

6. Ming est une (malin, gros) ＿＿＿＿＿ chatte ＿＿＿＿＿ aux (long, acéré)

＿＿＿＿＿ griffes ＿＿＿＿＿ .

7. J'aime écouter la (doux, chaleureux) ＿＿＿＿＿ voix ＿＿＿＿＿ de Marie-Claire.

8. Ce (blond, beau) ＿＿＿＿＿ enfant ＿＿＿＿＿ vous mènera par le bout du nez*

avec ses (grand, malicieux) ＿＿＿＿＿ yeux ＿＿＿＿＿ et son (moqueur)

＿＿＿＿＿ sourire ＿＿＿＿＿ .

9. Après une (long, humide) ＿＿＿＿＿ journée d'été ＿＿＿＿＿ , quelle

(enchanteur) ＿＿＿＿＿ joie ＿＿＿＿＿ de sentir une (frais, vif) ＿＿＿＿＿

brise ＿＿＿＿＿ chasser la (étouffant) ＿＿＿＿＿ chaleur ＿＿＿＿＿ .

10. Corinne a l'air si (gentil) ＿＿＿＿＿ que sa (bref, sec) ＿＿＿＿＿ réponse

＿＿＿＿＿ m'a surprise.

Exercice IIa

Certains adjectifs *changent de sens* selon qu'ils sont placés *avant* ou *après*
le nom. Selon le sens de la phrase, mettez l'adjectif donné à la place qui
convient et accordez-le. Faites les transformations qui s'imposent.

1. (dernier) La ＿＿＿＿＿ semaine ＿＿＿＿＿ , Pierre a fait du ski pour la

＿＿＿＿＿ fois ＿＿＿＿＿ cette année.

2. (seul) Une ＿＿＿＿＿ femme ＿＿＿＿＿ ne devrait jamais s'aventurer dans ce

quartier; une ＿＿＿＿＿ imprudence ＿＿＿＿＿ pourrait lui coûter très cher.

3. (même) Jacqueline porte souvent les ＿＿＿＿＿ vêtements ＿＿＿＿＿ , ce qui ne

l'empêche pas d'être la ＿＿＿＿＿ image ＿＿＿＿＿ de l'élégance.

4. (ancien) Chaque jour, les enfants se retrouvaient dans une ＿＿＿＿＿ église

＿＿＿＿＿ transformée en école. Dans la cour, l'un d'eux a déterré une

＿＿＿＿＿ médaille ＿＿＿＿＿ , semblable à celle que portait sa grand-mère.

5. (grand) Un homme de grande taille est un _____ homme _____ , alors

   qu'un homme ayant des qualités exceptionnelles est un _____ homme

   _____ , même s'il est de petite taille.

6. (bon) Malgré son air sévère, le directeur n'a eu que des _____ paroles

   _____ à votre égard. C'est un _____ homme _____ , au fond,

   qui ne ferait pas de mal à une mouche*.

7. (propre) Soyez rassurés! Les enfants avaient les _____ mains _____ avant

   de passer à table. Je l'ai vu de mes _____ yeux _____ .

8. (brave) Marc n'est pas très courageux mais c'est un _____ type _____ , au

   fond.

9. (prochain) La _____ fois _____ que je vous verrai, ce sera probablement

   le _____ mois _____ , quand je serai en vacances.

10. (pur) Ses enfants adorent le _____ air _____ de la campagne. C'est par

    _____ paresse _____ qu'il ne les y emmène pas plus souvent.

11. (pauvre) Cette _____ fille _____ était toujours mal à l'aise avec ses amis

    parce que ses parents vivaient dans un _____ quartier _____ .

12. (sale) Avec son _____ caractère _____ , Dominique est bien capable de

    me laisser en plan* avec une montagne de _____ vaisselle _____ .

Exercice IIb

Les adjectifs **drôle**, **certain** et **différent** présentent certaines particularités. Complétez les phrases en mettant l'adjectif donné à la place qui convient. Faites les accords qui s'imposent, ainsi que les transformations (omission de l'article **des**, ajout de la préposition **de**).

1. (drôle) Quelle _____ attitude _____ pour un comique! Il refuse

   systématiquement de rire si quelqu'un d'autre raconte une _____ histoire

   _____ .

2. (certain) Avec une _____ expérience _____ , il y a des _____

   personnes _____ qui, grâce à un _____ sourire _____ ,

   obtiennent toujours un _____ résultat _____ .

3. (différent) Des _____ personnes _____ ont souvent des _____
    opinions _____ sans être ennemies pour autant.

4. (drôle) Tu as un _____ air _____ ce matin! Est-ce que ça va bien?

5. (certain, drôle, différent) Des _____ jours _____ , en regardant les gens
    dans le métro, j'ai la _____ impression _____ qu'ils vivent sur une
    _____ planète _____ , à mille lieues* de la Terre.

Exercice III

Complétez les phrases avec des adverbes formés sur les adjectifs donnés.
Généralement, on ajoute **ment** à la forme féminine de l'adjectif.

1. Même si vous êtes (naturel) _____ bon, ce n'est pas une raison pour vous laisser
    manger la laine sur le dos*!

2. En amour, comme le disait Montaigne, il faut (premier) _____ «savoir prendre le
    temps».

3. Il faut être (fou) _____ amoureux pour être aveugle à ce point!

4. Traitez-le (gentil) _____ ! Il n'est pas dans son assiette* depuis quelque temps.

5. Puisque vous y tenez tant, allons-y (gai) _____ !

6. Après une intervention fort remarquée, Vincent a salué (poli) _____ et, sans plus
    attendre, il a quitté les lieux.

7. Je suis d'un naturel plutôt cynique, mais j'avoue avoir été (profond) _____ touché
    par sa lettre.

8. Je vous en prie, conduisez (prudent) _____ en rentrant. (Malheureux)
    _____ , les fous ne sont pas tous à l'asile!

9. Je l'ai écoutée (attentif) _____ , mais je ne vois (vrai) _____ pas où elle
    veut en venir*!

10. De grâce, allez plus (lent) _____ ! Je n'arrive (absolu) _____ pas à vous
    suivre. Vous oubliez que je ne parle pas encore (courant) _____ le français!

Exercice IV

Formez un adverbe à partir de l'adjectif donné et récrivez la phrase en le mettant à la place qui convient.

1. (probable) Il s'en tirera mieux* que vous ne le pensez, vous verrez!

    _____

2. (franc) Je ne vois pas ce qu'il pourrait vous reprocher.

    _____

3. (heureux) Quand tout sera terminé, vous pourrez vous reposer.

    _____

4. (bref) On s'est vus la semaine dernière, mais je suis sans nouvelles depuis.

    _____

5. (vrai) Vous avez eu de la chance de tomber sur quelqu'un d'aussi sympathique.

    _____

6. (patient) On les a quand même attendus pendant près d'une heure!

    _____

7. (doux) La route descendait vers la mer.

    _____

8. (mauvais) Tu as sûrement compris.

    _____

9. (bon) Elle a réussi à tous ses examens.

    _____

10. (récent) As-tu eu des problèmes de santé?

    _____

Exercice V

Récrivez la phrase en mettant l'adverbe donné à la place qui convient.

1. (mal) Ce n'est pas votre faute, on vous aura renseigné, voilà tout.

    _____

2. (beaucoup) Nous avons pensé à vous pendant votre absence.

    _____

3. (souvent) La première impression reste la meilleure.

    _____

4. (toujours, jamais) Claude a envie de parler, mais il n'a rien à dire.

    _____

5. (bien) Vous êtes-vous amusés au moins?

    _____

6. (plutôt) Pour ma part, j'ai trouvé qu'il nous avait répondu sèchement.

    _____

7. (peut-être) On était un peu trop fatigués.

    _____

8. (volontiers) Appelez le concierge! Il vous rendra ce service.

    _____

9. (surtout) Comme c'est un couche-tard, il ne faut pas lui téléphoner le matin.

    _____

10. (tout à coup) Comme le temps est imprévisible au Mexique! Il fait un soleil radieux et il se

    met à pleuvoir à boire debout*!

    _____

Exercice VI

Complétez les comparaisons en mettant les adjectifs donnés entre parenthèses au comparatif de supériorité, d'infériorité ou d'égalité qui convient sans oublier l'accord. Ajoutez **que**, s'il y a lieu.

1. Le Canada est (grand) _____ les États-Unis.

2. Votre sœur aînée est (vieux) _____ vous.

3. Le ski de fond est (rapide) _____ le ski alpin.

4. Au moment des équinoxes, la nuit est (long) _____ le jour.

5. La tisane est une boisson (excitant) _____ le café.

6. Les grosses voitures sont (populaire) _____ auparavant à cause du coût élevé de

    l'essence.

7. Soyez (discret) _____ à l'avenir, si vous ne voulez pas nuire à votre réputation.

8. Le tennis est un sport (rapide) _____ le squash, mais tout (bon) _____

    pour se tenir en forme.

9. À cause de leur charme particulier, les quatre saisons sont (beau) _____ les unes

    que les autres.

10. Nadia est trop polie pour être toujours (franc) _____ elle le voudrait.

Exercice VII

Faites une comparaison en utilisant le *nom* donné entre parenthèses.

1. En général, il y a (neige) _____ à Montréal qu'à New York.

2. Dans votre dernier devoir, il y avait (fautes) _____ que dans le précédent. Bravo!

3. Si tu mets (vinaigre) _____ que d'huile, ta vinaigrette sera trop acide.

4. Si on avait (argent) _____ que nos enfants ont d'énergie, on serait tous

    millionnaires.

5. Nathalie a fait (progrès) _____ que les autres étudiants de la classe parce qu'elle a

    séché trop de cours*.

Exercice VIII

Mettez les adjectifs donnés entre parenthèses au superlatif de supériorité
ou d'infériorité qui convient, sans oublier l'accord. Notez l'usage du
subjonctif dans la proposition introduite par **que** ou par **qui**.

1. Cet arbre centenaire est (vieux) _____ forêt.

2. Je suis déçue. C'est la pièce (original) _____ qu'il ait écrite.

3. La Chine est le pays (peuplé) _____ monde.

4. C'est la personne (merveilleux) _____ qui soit.

5. Essayez donc de me donner la réponse (ambigu) _____ possible.

Exercice IX

Complétez les phrases avec le comparatif de supériorité ou d'infériorité des adjectifs ou des adverbes donnés entre parenthèses. Faites les accords s'il y a lieu.

1. Les (bon) _____ vins ne sont pas nécessairement les plus chers.

2. Malgré ses efforts, ses derniers résultats sont (mauvais) _____ que les précédents.

3. Cette catastrophe écologique est encore (mauvais) _____ que celle de Tchernobyl.

4. Connaissez-vous un défaut (mauvais) _____ que l'indifférence?

5. Les choses ne vont pas (bien) _____ ; au contraire, elles semblent aller de mal en pis*.

6. (bien) _____ vaut être riche et en santé que pauvre et malade*!

7. Vous travaillez (bien) _____ depuis quelque temps; mais c'est normal, vous essayez de faire mille choses à la fois.

8. D'accord, ce film est nettement (mauvais) _____ que l'autre, mais c'est loin d'être un chef-d'œuvre.

9. Espérons qu'il jouera (mal) _____ qu'hier soir à la répétition, sinon la pièce sera un fiasco total et ce sera tant pis pour lui*!

10. Le père de Gilles va (mal) _____ ; les médecins craignent qu'il ne passe pas la nuit*!

Exercice X

Complétez les phrases avec le superlatif des adjectifs **bon** et **mauvais** et des adverbes **bien** et **mal**, selon le cas. Faites les accords qui s'imposent.

1. _____ qui puisse vous arriver, c'est que votre départ soit retardé de quelques jours. Il n'y a pas là de quoi faire un drame!

2. _____ chose à faire, c'est de travailler _____ possible afin de pouvoir partir la conscience tranquille*.

3. Cessez de vous faire du mauvais sang*! Il n'y avait pas de solution idéale et la décision que vous avez prise, sans être _____ , était sûrement _____ .

4. Quel naïf! Il persiste à croire que tout va pour _____ dans _____ des

mondes possibles. Tant mieux pour lui*!

5. La chambre que vous m'avez donnée est peut-être _____ à bien des égards, mais à

cause du bruit, c'est celle où on dort _____ , si toutefois on arrive à dormir! J'y ai

probablement passé _____ nuit de ma vie!

6. Ceux qui obtiennent _____ notes à l'école primaire ne sont pas nécessairement

ceux qui se débrouillent _____ à l'université.

7. C'est souvent dans _____ circonstances qu'on mesure sa force de caractère.

8. Quelle ironie! C'est précisément l'appareil que j'ai payé le plus cher qui fonctionne

_____ . Pourquoi coûtait-il si cher? Je n'en ai pas la moindre idée.

Exercice XI

Écrivez l'adjectif donné entre parenthèses à la forme qui convient selon qu'il est employé comme adjectif ou comme adverbe.

1. La (nouveau) _____ eau de Cologne d'Yves Saint-Laurent sent très (bon)

_____ .

2. Mes tourtières ne sont pas aussi (bon) _____ que celles de ma grand-mère.

3. Quel dommage que d'aussi (beau) _____ fleurs sentent si (mauvais)

_____ .

4. La rubéole est une maladie (bénin) _____ , mais elle peut être très (mauvais)

_____ pour une femme enceinte.

5. Ta plaisanterie est sans doute bien (bon) _____ , mais elle n'est pas de (bon)

_____ goût!

6. Ma (cher) _____ Véronique, je sens que cette (petit) _____ folie va te

coûter (cher) _____ !

7. Pauline ne chante jamais (faux) _____ , même quand l'accompagnateur lui joue

une (faux) _____ note.

8. Voyons! Chuchoter veut dire parler à voix (bas) _____ , et non parler (fort)

    _____ .

9. Sonia travaille (dur) _____ ; c'est pour ça qu'aux examens elle est (dur)

    _____ à battre!

10. Elle a beau* avoir les yeux (clair) _____ , elle ne voit pas (clair) _____

    sans ses lunettes!

Exercice XII

Complétez les phrases en utilisant **aussi** ou **autant** dans la construction qui s'impose. Ajoutez **de** ou **que** à **autant**, s'il y a lieu.

1. Paul a _____ talent que son père a d'argent.

2. Peut-être, mais il ne vit pas _____ bien.

3. Peu importe; si j'étais _____ intelligent que lui, je ne me ferais pas _____

    soucis.

4. Mais l'ennui c'est qu'il est _____ paresseux que toi.

5. S'il a réussi à tous ses examens, tu dois sûrement pouvoir en faire _____ .

6. Si vous n'avez pas compris _____ bien la première fois, c'est probablement parce

    que vous n'étiez pas _____ attentifs.

7. Vous semblez oublier que je n'ai plus _____ énergie après une longue journée de

    travail.

8. Je travaille _____ vous, et avouez que je suis au moins _____ efficace.

9. S'ils prennent _____ temps à se décider, c'est que la question n'est pas

    _____ simple que vous semblez le croire.

10. Louise n'est peut-être pas _____ catégorique que son mari, mais elle déteste les

    hypocrites _____ lui.

Exercice XIII
(sans corrigé)

Complétez le texte avec les adjectifs et les adverbes appropriés. Dans le cas des *adjectifs*, vous pouvez utiliser, entre autres, ceux de la liste suivante: **rieur, marin, humain, toxique, impitoyable, menacé, dorsal, intensif, massif, québécois, connu, vaste, beau, gros, important, épais, petit, sévère, immense, féroce, merveilleux, blanc, accru, dangereux, cruel, considérable, joli.** Pour les *adverbes*, formez-les à partir des adjectifs donnés entre parenthèses. Ce texte se veut à la fois descriptif et affectif.

Le béluga

Le béluga est un _____ mammifère _____ qui vit dans le golfe du fleuve Saint-Laurent et le long des côtes de la _____ baie d'Hudson. C'est une _____ baleine _____ qui a de(s) _____ dents et des yeux _____ . C'est sans doute le plus _____ et le plus _____ de tous les cétacés.

Le béluga, qui ne possède pas de nageoire _____ , se déplace plutôt (lent) _____ en émettant une _____ gamme de sons. Il consomme (quotidien) _____ environ 15 kilos de poisson, et cette consommation est encore plus _____ en hiver pour lui permettre de maintenir son _____ couche de gras sous-cutané.

Au Québec, le béluga est appelé plus (courant) _____ marsouin blanc. (Malheureux) _____ , il a été l'objet d'une chasse _____ et _____ , car les pêcheurs le considéraient comme un _____ prédateur du saumon. Ce massacre, manifestation _____ de la bêtise _____ , a entraîné une baisse _____ du nombre des bélugas dans le golfe du Saint-Laurent. Depuis 1979, une réglementation _____ interdit de les tuer, mais l'espèce n'en est pas moins _____ à cause de la contamination _____ des eaux du Saint-Laurent par les déchets _____ , tels les BPC.

Si vous voulez en savoir davantage sur les marsouins _____ , allez voir le film *Pour la suite du monde*, du cinéaste _____ Pierre Perrault. C'est une _____ illustration de la saga des bélugas et de la vie des pêcheurs à l'Île-aux-Coudres.

Exercice XIV

(sans corrigé)

Dans le texte suivant, soulignez d'*un* trait les superlatifs et les comparatifs et de *deux* traits les adverbes. Relevez ensuite les adjectifs.

Le 14 mai 1984, Madame Jeanne Sauvé est devenue la première femme à accéder au poste de Gouverneur général du Canada, poste qu'elle a occupé jusqu'en 1989. Cet événement historique est un témoignage éloquent de l'évolution de notre société.

Quand on considère la brillante carrière de Madame Sauvé, on comprend facilement pourquoi cette grande dame était la candidate toute désignée pour ce poste prestigieux. La petite francophone de la Saskatchewan a été tour à tour une militante dynamique dans les mouvements de jeunesse d'avant-guerre, une syndicaliste farouche à la Fédération canadienne du travail, l'une des meilleures journalistes de l'époque et l'une des speakerines les plus réputées et les plus connues à la télévision française et anglaise de Radio-Canada et du secteur privé.

Élue député en 1972, elle a été nommée ministre un mois plus tard et, avec le retour au pouvoir des libéraux en 1980, elle est devenue, à l'âge de 58 ans, la première présidente de la Chambre des communes.

Madame Sauvé a toujours cru que le Canada avait un rôle immense à jouer sur la scène internationale, une sorte de «vocation spirituelle» qui viserait à empêcher la technologie de se substituer à l'homme. Dans le discours remarquable qu'elle a prononcé à l'occasion de son entrée en fonction comme Gouverneur général, elle a invité tous les Canadiens à «fabriquer de nouveaux outils pour des mains nouvelles» afin de participer activement à la reconstruction universelle dont l'objectif central doit être la paix.

À une époque où le monde est déchiré par des guerres sanglantes, où la justice est souvent remplacée par la violence, et où les droits fondamentaux de la personne sont constamment bafoués, un plus grand nombre de femmes, à l'instar de Jeanne Sauvé, devraient accéder à des postes de premier plan au sein des gouvernements et des entreprises afin d'y assurer un humanisme plus intégral.

Exploitation orale

1. Faites la description

   a) d'une personne qui vous a beaucoup impressionné(e).
   b) d'un objet auquel vous tenez beaucoup.
   c) de votre animal préféré.
   d) d'un restaurant où vous aimez aller.

2. Préparez des annonces publicitaires et présentez-les à la classe.

3. Pour apprendre à utiliser les comparatifs et les superlatifs, faites des phrases avec les groupes de mots suivants en employant des comparatifs ou des superlatifs.

   Jean / grand / Pierre
   Le ski alpin / rapide / le ski de fond
   Le riz brun / bon / le riz blanc
   Le Canada / les États-Unis

Le cheval / beau / les animaux
Les voitures américaines / les voitures japonaises
Les hommes / les femmes
L'anglais / difficile / le français

4. Choisissez parmi des personnages fictifs ceux qui seraient les plus aptes à rebâtir la société, si tout était détruit par un cataclysme. Chacun et chacune de vous joue un des personnages en essayant de démontrer pourquoi il se considère indispensable.

> Ex.: a) Médecin; femme 45 ans; stérile
>   b) Prêtre; 55 ans
>   c) Musicien; 25 ans; très beau
>   d) Ingénieur; 35 ans; mauvais caractère.

5. Vous choisissez deux actrices célèbres, deux autos, deux journaux ou deux politiciens... La classe est divisée en deux équipes: chacune doit défendre son candidat, sa voiture, son journal, etc.

6. Organisez un débat sur des sujets plus vastes afin d'intégrer les comparaisons à une discussion plus poussée.

> Ex.: a) Pour ou contre la boxe.
>   b) Pour ou contre l'école libre.

Corrigé des exercices

Exercice I

1. une petite maison blanche aux volets vert foncé
2. de(s) jolis balcons fleuris; dans les vieilles rues pittoresques
3. cette grande jeune fille rousse; ma sœur aînée préférée
4. les deux premières chansons du dernier disque; un rythme gai et entraînant; ses nouvelles idées
5. un bon petit cidre pétillant et bien frappé
6. une grosse chatte maligne aux longues griffes acérées / aux griffes longues et acérées
7. la voix douce et chaleureuse
8. ce bel enfant blond; avec ses grands yeux malicieux et son sourire moqueur
9. une longue et humide journée d'été / une journée d'été longue et humide; quelle joie enchanteresse; une brise fraîche et vive la chaleur étouffante
10. gentille / gentil; sa réponse brève et sèche

Exercice IIa

1. La semaine dernière; la dernière fois
2. Une femme seule; une seule imprudence
3. les mêmes vêtements; l'image même
4. une ancienne église; une médaille ancienne
5. un homme grand; un grand homme
6. de(s) bonnes paroles; un homme bon
7. les mains propres; mes propres yeux
8. un brave type
9. La prochaine fois; le mois prochain
10. l'air pur; pure paresse
11. cette pauvre fille; un quartier pauvre
12. son sale caractère; vaisselle sale

Exercice IIb

1. drôle d'attitude; une histoire drôle
2. une certaine expérience; il y a certaines personnes; un certain sourire; un résultat certain
3. Différentes personnes; des opinions différentes
4. un drôle d'air
5. Certains jours; la drôle d'impression; une planète différente

Exercice III

1. naturellement
2. premièrement
3. follement
4. gentiment
5. gaîment / gaiement
6. poliment
7. profondément
8. prudemment; Malheureusement
9. attentivement; vraiment
10. lentement; absolument; couramment

Exercice IV

1. Il s'en tirera probablement mieux que vous ne le pensez, vous verrez!
2. Je ne vois franchement pas ce qu'il pourrait vous reprocher. / Franchement, je ne vois pas ce qu'il pourrait vous reprocher.
3. Heureusement, quand tout sera terminé, vous pourrez vous reposer.
4. On s'est vus brièvement la semaine dernière, mais je suis sans nouvelles depuis.
5. Vous avez vraiment eu de la chance de tomber sur quelqu'un d'aussi sympathique.
6. On les a quand même attendus patiemment pendant près d'une heure!
7. La route descendait doucement vers la mer.
8. Tu as sûrement mal compris.
9. Elle a bien réussi à tous ses examens.
10. As-tu eu des problèmes de santé récemment?

Exercice V

1. Ce n'est pas votre faute, on vous aura mal renseigné, voilà tout.
2. Nous avons beaucoup pensé à vous pendant votre absence.
3. La première impression reste souvent la meilleure.
4. Claude a toujours envie de parler, mais il n'a jamais rien à dire.
5. Vous êtes-vous bien amusés au moins?
6. Pour ma part, j'ai trouvé qu'il nous avait répondu plutôt sèchement.
7. On était peut-être un peu trop fatigués. / Peut-être qu'on était un peu trop fatigués. / Peut-être était-on un peu trop fatigués.
8. Appelez le concierge! Il vous rendra volontiers ce service.
9. Comme c'est un couche-tard, il ne faut surtout pas lui téléphoner le matin.
10. Comme le temps est imprévisible au Mexique! Il fait un soleil radieux et, tout à coup, il se met à pleuvoir à boire debout.

Exercice VI

1. plus grand que
2. plus vieille que
3. moins rapide que
4. aussi longue que
5. moins excitante que
6. moins populaires qu'
7. plus discret(s)/ plus discrète(s)
8. moins rapide que; aussi bon
9. aussi belles
10. aussi franche qu'

Exercice VII

1. plus de neige
2. moins de fautes
3. plus de vinaigre/autant de vinaigre
4. autant d'argent/plus d'argent
5. moins de progrès

Exercice VIII

1. le plus vieux de la forêt
2. la moins originale
3. le plus peuplé du monde
4. la plus merveilleuse
5. la moins ambiguë

Exercice IX

1. meilleurs
2. pires/plus mauvais
3. pire
4. pire
5. mieux
6. Mieux
7. moins bien
8. moins mauvais
9. moins mal
10. plus mal

Exercice X

1. Le pire
2. La meilleure; le mieux
3. la meilleure; la moins mauvaise
4. le mieux; le meilleur
5. la meilleure; le plus mal/le moins bien; la plus mauvaise/la pire
6. les meilleures; le mieux
7. les pires
8. le plus mal/le moins bien

Exercice XI

1. nouvelle; bon
2. bonnes
3. belles; mauvais
4. bénigne; mauvaise
5. bonne; bon
6. chère; petite; cher
7. faux; fausse
8. basse; fort
9. dur; dure
10. clairs; clair

Exercice XII

1. autant de
2. aussi
3. aussi; autant de
4. aussi
5. autant
6. aussi; aussi
7. autant d'
8. autant que; aussi
9. autant de; aussi
10. aussi; autant que

Expressions idiomatiques et notes explicatives

Pré-test

Un noir chagrin: un grand chagrin.

Apyre: qui résiste au feu (adjectif rarement employé mais «brûlant» d'à-propos dans notre histoire!).

Passer le plus clair de son temps: passer la plus grande partie de son temps.

Jouer un sale tour à quelqu'un: faire une mauvaise plaisanterie à quelqu'un.

Crier comme un(e) perdu(e): (expression québécoise) pousser des cris de détresse quand tout espoir semble perdu. Ici, jeu de mots sur le double sens du mot *perdu* qui signifie: *égaré, désespéré.*

Avoir le cœur gros: être triste, avoir de la peine.

Exercice I

Félix Leclerc: le père de la chanson québécoise, de renommée internationale, né en 1914 et mort en 1988.

Mener quelqu'un par le bout du nez: faire faire à quelqu'un tout ce qu'on veut.

Exercice IIa

Ne pas faire de mal à une mouche: être inoffensif.

Laisser en plan: abandonner.

Exercice IIb

Une lieue: ancienne mesure de distance. Jules Verne a écrit *Vingt mille lieues sous les mers.*

Exercice III

Se laisser manger la laine sur le dos: se faire exploiter.

Ne pas être dans son assiette: ne pas se sentir bien.

Je ne vois pas où elle veut en venir: je ne comprends pas ses intentions.

Exercice IV

S'en tirer: se débrouiller, se sortir d'une mauvaise situation ou d'une situation difficile.

Exercice V

Pleuvoir à boire debout: expression très utilisée au Québec pour *pleuvoir très fort, pleuvoir à verse.*

Exercice VII

Sécher un cours: manquer un cours exprès, volontairement.

Exercice IX

Aller de mal en pis: empirer, aller de plus en plus mal.

Mieux vaut être riche et en santé que pauvre et malade: déformation du dicton populaire *Mieux vaut être pauvre et en santé que riche et malade.*

Tant pis pour lui!: c'est dommage pour lui, mais c'est sa faute.

Ne pas passer la nuit: ne pas survivre; mourir, en parlant d'un grand malade.

Exercice X

La conscience tranquille: en n'ayant rien à se reprocher.

Se faire du mauvais sang: s'inquiéter, se faire du souci.

Tant mieux pour lui!: signifie qu'on est content pour lui (ici, c'est dit avec ironie). C'est le contraire de l'expression *Tant pis pour lui!*

Exercice XI

Avoir beau (+ infinitif): s'efforcer sans résultat. Ici, cela veut dire: *même si elle a les yeux clairs.*

Les prépositions

Une préposition possède certaines caractéristiques qui vous permettent de la repérer facilement dans une phrase. Elle est **invariable**; c'est un **lien**; elle établit un **rapport**.

> Ex.: Le marteau est dans le coffre à outils.
>> *à:* • invariable, n'est pas affecté par le mot *coffre* (masc. sing.) ni par le mot *outils* (masc. plur.);
>> • relie le mot *coffre* au mot *outils* pour compléter l'idée que nous avons des coffres;
>> • exprime un rapport d'usage, un coffre à outils plutôt qu'un coffre à jouets.

Les prépositions ne présentent pas de difficulté quand elles indiquent clairement le rapport qu'elles veulent établir.

> Ex.: La voiture est **devant** la maison.   (rapport de lieu)
> Ils sortent **après** la représentation.   (rapport de temps)
> Elle est arrivé **en** courant.   (rapport de manière)
> Elle met ses lunettes **pour** lire.   (rapport de but)

Mais il n'en va pas de même pour les prépositions **à** et **de**. C'est pourquoi la plupart des exercices de ce chapitre portent sur leur emploi. Les prépositions **à** et **de** sont complexes parce qu'elles peuvent, d'une part, **exprimer des rapports différents**.

> Ex.: Je rentre **à** Montréal.   (rapport de lieu)
> Je rentre **à** 17 heures.   (rapport de temps)
> Je rentre **à** pied.   (rapport de manière)
> Il sort **de** la classe.   (rapport de lieu)
> Il travaille **de** 9 heures à 17 heures.   (rapport de temps)
> Il marche **d'**un pas alerte.   (rapport de manière)

Elles peuvent, d'autre part, **être vides de sens** et n'exprimer aucun rapport. Elles ne servent alors qu'à relier un verbe à son complément qui est généralement un autre verbe.

> Ex.: Tout ça m'aide **à** comprendre.
> *mais*
> Tout ça m'empêche **de** comprendre.

Pourquoi **à** dans un cas et **de** dans l'autre? Il n'y a aucun rapport logique; c'est pourquoi, dans le cas de ces verbes, il est essentiel de les apprendre avec leurs constructions.

Un tableau des verbes les plus courants est annexé à ce chapitre. L'originalité de ce tableau est de mettre en évidence le lien qui existe entre le type de complément du verbe (C.O.D. et C.O.I.) et le fait d'utiliser ou non une préposition. Pour vous aider à choisir entre les prépositions **à** et **de**, la disposition du tableau permet de voir clairement quels verbes prennent **à**, quels verbes prennent **de** et dans quelles constructions.

Pré-test
Mettez, s'il y a lieu, la préposition qui s'impose.

Il faut que jeunesse se passe*

Mme Ixe: Docteur, mon fils est très malade. _____ **1** une semaine, il n'est plus le

même.

Le médecin: Est-ce que vous pouvez _____ **2** décrire son comportement?

Mme Ixe:	Il refuse _____ **3** travailler; il a souvent envie _____ **4** pleurer; quand il est fatigué _____ **5** se plaindre, il éprouve le besoin _____ **6** dormir. Parfois, _____ **7** le matin, il se met _____ **8** chanter. Quand je lui demande _____ **9** m'expliquer ce qui lui prend*, il commence _____ **10** crier, puis il me supplie _____ **11** le laisser tranquille. Il a peur _____ **12** répondre _____ **13** le téléphone; il préfère _____ **14** le laisser sonner. Si je l'oblige _____ **15** faire quelque chose _____ **16** la maison, il met des heures _____ **17** obéir. S'il continue _____ **18** agir ainsi, je pense que je vais devenir folle!
Le médecin:	Est-ce qu'il aime _____ **19** rester seul _____ **20** sa chambre?
Mme Ixe:	Oui. C'en est même inquiétant.
Le médecin:	Est-ce qu'il oublie _____ **21** fermer sa porte?
Mme Ixe:	Oh non! Jamais!
Le médecin:	Est-ce qu'il a l'air _____ **22** attendre _____ **23** quelque chose?
Mme Ixe:	À vrai dire, il semble _____ **24** s'attendre _____ **25** ce que la terre s'arrête _____ **26** tourner parce qu'il n'est pas dans son assiette*! Je suis souvent obligée _____ **27** lui rappeler qu'il n'est pas le seul _____ **28** se sentir déprimé _____ **29** l'occasion.
Le médecin:	Vous avez peut-être tort _____ **30** le contrarier. Si vous insistez, il pourrait bien essayer _____ **31** quitter la maison.
Mme Ixe:	Mais justement, il a déjà menacé _____ **32** le faire plusieurs fois. Il dit qu'il est capable _____ **33** se débrouiller tout seul. Je suis presque habituée _____ **34** cette idée maintenant.
Le médecin:	Alors, seriez-vous prête _____ **35** le laisser partir?
Mme Ixe:	Vous devez _____ **36** plaisanter, docteur! Il vient à peine _____ **37** avoir quinze ans!
Le médecin:	Je m'en doutais*. À cet âge, il vaut mieux _____ **38** laisser les adolescents tranquilles. Plus vous vous montrez disposé _____ **39** les comprendre,

plus vous essayez _____ 40 être patient, moins ils acceptent _____ 41

vous écouter. Ils sont déterminés _____ 42 vous démontrer que vous avez

tort. Ils sont toujours sûrs _____ 43 tout ce qu'ils affirment et enchantés

_____ 44 l'effet qu'ils produisent invariablement. Vous pourriez

_____ 45 pleurer, vous fâcher _____ 46 votre fils, menacer, _____ 47

votre tour, _____ 48 le mettre _____ 49 la porte*, ou encore _____ 50

l'envoyer gentiment _____ 51 les roses*, _____ 52 diable ou _____ 53

le bonhomme, sans que cela ne produise aucun effet sur son humeur du

moment.

Mme Ixe: Charmante perspective! Et combien _____ 54 temps cette petite crise

_____ 55 adolescence va-t-elle durer?

Le médecin: On ne peut pas savoir exactement. Elle pourrait être finie _____ 56

quelques mois, mais elle peut tout aussi bien traîner _____ 57 des années.

J'en connais même qui, _____ 58 quarante ans... Mais revenons _____ 59

votre fils. _____ 60 ce moment, si vous insistez _____ 61 intervenir,

vous risquez _____ 62 aggraver inutilement la situation.

Mme Ixe: Qu'est-ce que vous me conseillez _____ 63 faire alors?

Le médecin: Je suis désolé _____ 64 n'avoir aucune solution miracle _____ 65 vous

donner. Que penseriez-vous _____ 66 aller voir un bon film et _____ 67

cesser _____ 68 y penser _____ 69 quelques heures?

Mme Ixe: Facile _____ 70 dire! Je voudrais bien _____ 71 vous y voir*!

Le médecin: Mais je suis le premier _____ 72 admettre qu'il est très difficile _____ 73

comprendre et _____ 74 supporter les sautes d'humeur* des adolescents.

Je suis d'ailleurs ravi _____ 75 en avoir terminé* avec mes propres

enfants.

Mme Ixe: Alors il n'y a vraiment rien _____ 76 autre _____ 77 faire?

Le médecin: J'ai bien peur que non. _____ 78 les symptômes que vous me décrivez,

votre fils vit peut-être sa première peine d'amour, ou alors il est en train

_____ 79 se préparer _____ 80 ses examens finals.

Corrigé du pré-test

1. Depuis	30. de	59. à
2. —	31. de	60. En
3. de	32. de	61. pour
4. de	33. de	62. d'
5. de	34. à	63. de
6. de	35. à	64. de
7. —	36. —	65. à
8. à	37. d'	66. d'
9. de	38. —	67. de
10. à	39. à	68. d'
11. de	40. d'	69. pendant/durant
12. de	41. de	70. à
13. au	42. à	71. —
14. —	43. de	72. à
15. à	44. de	73. de
16. à/dans	45. —	74. de
17. à	46. contre	75. d'
18. à/d'	47. à	76. d'
19. —	48. de	77. à
20. dans	49. à	78. D'après/Selon
21. de	50. de	79. de
22. d'	51. sur	80. pour à
23. —	52. au/chez le	
24. —	53. chez	**Barème**
25. à	54. de	**76/80**.................**95%**
26. de	55. d'	**69/80**.................**85%**
27. de	56. dans	**61/80**.................**75%**
28. à	57. pendant	**54/80**.................**65%**
29. à	58. à	**46/80**.................**55%**

Exercice I

Mettez le verbe souligné à la forme qui convient après chaque préposition.

1. Pour que tu <u>réussisses</u>, il faudrait d'abord que tu te détendes.

   Pour _____ , il faudrait d'abord que tu te détendes.

2. Si tu t'<u>énerves</u>, tu ne régleras pas ton problème.

   Ce n'est pas en _____ que tu régleras ton problème.

3. Je <u>verrai</u> le dernier candidat, puis je déciderai.

   Je déciderai après _____ le dernier candidat.

4. Elle n'<u>a</u> pas <u>dit</u> toute la vérité, mais elle n'a pas menti.

    Sans _____ toute la vérité, elle n'a pas menti.

5. Quand elle a <u>appris</u> la nouvelle, elle a éclaté de rire.

    En _____ la nouvelle, elle a éclaté de rire.

6. Lisez le mode d'emploi, puis <u>servez-vous</u> de votre magnétoscope.

    Lisez le mode d'emploi avant de _____ de votre magnétoscope.

7. <u>Placez</u> les chaises en demi-cercle et vous aurez plus d'espace.

    Vous aurez plus d'espace en _____ les chaises en demi-cercle.

8. On ne fera aucune recommandation si on <u>n'a pas examiné</u> tous les dossiers.

    On ne fera aucune recommandation avant de _____ tous les dossiers.

9. Toutes les fins de semaine, nous <u>étudions</u> à la bibliothèque.

    Toutes les fins de semaine, nous allons à la bibliothèque pour _____ .

10. Il <u>s'est levé</u> brusquement et a quitté la salle.

    Il a quitté la salle après _____ brusquement.

Exercice II

Lorsque le complément du verbe est un autre verbe à l'infinitif, il est introduit soit directement (sans préposition), soit indirectement par la préposition **à** ou **de**. Dans l'exercice qui suit, mettez, s'il y a lieu, la préposition **à** ou **de**. Vous noterez que tous les verbes conjugués sont tirés des séries 1, 3, et 4 de votre tableau des verbes.

1. Commencez tout de suite _____ consulter votre tableau des verbes.

2. J'aimerais bien _____ pouvoir _____ vous faciliter la tâche.

3. Évitez surtout _____ vous décourager et n'oubliez pas _____ noter, pour chaque verbe,

    s'il se construit avec un complément d'objet direct ou avec un complément d'objet

    indirect.

4. Alexis regrette _____ avoir raté ta conférence. Comme il ne se sentait pas bien, il a

    préféré _____ rester chez lui.

5. Je voudrais bien _____ apprendre _____ conduire, mais je refuse _____ payer un prix aussi élevé pour des leçons.

6. Est-ce que tu comptes _____ acheter une voiture quand tu auras ton permis?

7. Bien sûr, si je réussis _____ mettre assez d'argent de côté.

8. Essaie _____ passer à la banque avant 15 h; sinon, tu risques _____ te retrouver sans le sou* pour la fin de semaine.

9. Comme il espère _____ être muté à Tokyo, il a décidé _____ suivre des cours de japonais.

10. Les Giroux détestent _____ assister à ce genre de soirée. D'habitude, ils savent très bien _____ trouver une bonne excuse pour ne pas y aller.

11. Cessez _____ parler tous en même temps! Je n'ai pas choisi _____ vous faire attendre pour le plaisir. Il faudrait plutôt _____ trouver une solution qui plaise à tout le monde.

12. Quelle étourderie! Comment ai-je pu négliger _____ relire ce texte avant de le faire imprimer! Si je continue _____ être aussi distraite, on arrêtera _____ m'offrir de nouveaux contrats.

Exercice III

Dans l'exercice suivant, le complément du verbe est toujours un C.O.D., qu'il s'agisse d'un nom ou d'un infinitif (voir la série 4 de votre tableau des verbes). Mettez, s'il y a lieu, la préposition **de**.

1. Julien! Tu n'as pas fini _____ ton repas tant que tu n'as pas fini _____ boire ton lait!

2. J'accepte _____ ton invitation, mais je n'accepte pas _____ te laisser tout préparer toute seule.

3. Je veux bien essayer _____ ta nouvelle tondeuse à gazon, mais n'essaie pas _____ me faire tondre la pelouse à ta place!

4. Tout le monde a arrêté _____ danser quand on a arrêté _____ la musique.

5. Oublier _____ son livre, c'est excusable, mais oublier _____ venir, c'est impardonnable!

Exercice IVa

Complétez avec **à** ou **de**. Consultez, au besoin, les séries 6 et 8 de votre tableau des verbes. Faites les contractions s'il y a lieu.

1. Téléphone _____ Air Canada pour faire tes réservations.

2. Si vous voulez une solution-vacances pour toute la famille, adressez-vous _____ l'Association des camps du Québec.

3. Dès que sa mère est arrivée, il s'est arrêté _____ pleurer et s'est remis _____ jouer sagement.

4. Soyez sans crainte; il finira bien par s'excuser _____ son impertinence.

5. Il obéit _____ ses parents et _____ les lois.

6. On ne peut pas se fier _____ n'importe qui, mais il ne faut pas non plus se méfier _____ tout le monde.

7. La vie qu'on a dépend souvent _____ l'enfance qu'on a eue.

8. Vous souvenez-vous _____ l'époque des pianos mécaniques?

9. À vingt ans, on pense _____ l'avenir; à quatre-vingts ans, on parle _____ sa jeunesse.

Exercice IVb

Mettez **à** ou **de** en consultant, si nécessaire, les séries 6 et 8 de votre tableau des verbes.

1. Un jour, si vous persévérez, vous arriverez _____ utiliser correctement les prépositions.

2. Dépêche-toi _____ t'habiller, on va être en retard!

3. Dès que sa mère est arrivée, il s'est arrêté _____ pleurer et s'est remis _____ sagement jouer.

4. Quelle bonne surprise! Je ne m'attendais pas _____ vous revoir avant le mois prochain. Comment êtes-vous parvenu _____ vous libérer?

5. Jean-Pierre s'est enfin décidé _____ donner sa démission.

6. On l'avait déjà, à plusieurs reprises, menacé _____ le mettre à la porte.

7. Carol-Ann nous supplie _____ ne pas lui téléphoner le samedi matin.

Exercice IVc

Mettez **à** ou **de**, s'il y a lieu.

1. Est-ce que vous accusez _____ Marie _____ avoir caché vos lunettes exprès?

2. Il est furieux, vous savez! Il a d'ailleurs obligé _____ tout le monde _____ lui faire des excuses en public.

3. — Qu'est-ce qui a décidé _____ Cécile _____ se faire couper les cheveux?

   — Je ne sais pas, mais c'est moi qui ai empêché _____ Irène _____ faire la même chose.

4. Roch a aidé _____ Hélène et Filippo _____ déménager dans leur nouvelle maison.

5. As-tu finalement persuadé _____ ton patron _____ te donner une augmentation de salaire?

6. Le comité a forcé _____ le directeur _____ démissionner.

7. C'est parce qu'il tient _____ sa réputation qu'il ne tient pas _____ rester dans cette compagnie.

8. La publicité encourage _____ les consommateurs _____ acheter bien des produits dont ils n'ont pas vraiment besoin.

9. Dieu merci! Ils sont arrivés à temps pour arrêter _____ l'eau _____ couler!

Exercice V

Mettez **à** ou **de**. Quels sont les verbes qui n'appartiennent pas à la série 5 de votre tableau des verbes? À quelle série appartiennent-ils?

1. Le médecin a défendu _____ Jean _____ fumer, mais il ne lui a pas interdit _____ boire, par exemple*!

2. Le professeur enseigne _____ ses étudiants _____ utiliser correctement les prépositions en français.

3. Ils ont dit _____ tout le monde _____ se taire.

4. Christophe a demandé _____ Marie _____ lui prêter sa bicyclette.

5. Vous devriez apprendre _____ vos enfants _____ nager quand ils sont encore très jeunes.

6. Écrivez _____ votre cousin _____ nous attendre à la gare.

7. Le juge a ordonné _____ l'accusé _____ rester debout pendant l'interrogatoire.

8. Jules et Julie ont promis _____ leurs enfants Julien et Juliette _____ jouer aux cartes avec eux.

9. On leur a conseillé _____ poser leur candidature le plus tôt possible.

10. Je permets _____ tous les hommes beaux et spirituels _____ me faire la cour*. Je serais la dernière _____ leur reprocher _____ trop insister.

11. Hélène m'a offert _____ garder les enfants jeudi soir prochain.

12. Pas étonnant qu'elle soit fière, c'est elle qui lui a appris _____ danser.

Exercice VI

Mettez, s'il y a lieu, la préposition qui convient. Notez que, souvent, le même verbe change de sens en changeant de préposition. N'oubliez pas de faire les contractions qui s'imposent.

1. Quoi qu'on dise, je n'accepterai jamais de manquer _____ ma parole*.

2. Les astronautes ne manquent certes pas _____ audace pour se lancer à la conquête de l'espace.

3. Quel manque de chance! Je suis arrivé cinq minutes trop tard à la gare et, bien entendu*, j'ai manqué _____ mon train.

4. Ne manquez pas _____ profiter de chaque occasion pour parler français.

5. Quand Annie part en tournée, elle manque _____ son mari.

6. Quand Jeanne s'est finalement décidée _____ prendre des vacances, Maurice avait décidé _____ ne plus partir.

7. Ça ne sert à rien de vouloir forcer Thomas _____ manger des épinards; plus tu t'efforceras _____ lui en faire manger, plus il résistera.

8. Je ne m'attends plus _____ recevoir des nouvelles de Robert. Cela fait déjà trois mois que j'attends _____ la lettre qu'il m'avait promise.

9. Je compte _____ m'absenter pour une semaine pendant les vacances de Noël. Est-ce que je peux compter _____ toi pour venir arroser mes plantes et nourrir mon chat?

10. On ne peut vraiment pas faire confiance _____ Stéphane; il est tellement dans la lune*

    qu'on ne peut pas avoir confiance _____ lui pour ce genre de choses.

11. Cherchez _____ un meilleur alibi. Si vous cherchiez _____ me convaincre avec celui-ci,

    c'est complètement raté.

12. Quand l'accusé a eu fini _____ exposer à la cour les circonstances du drame, le jury a fini

    _____ comprendre les vrais mobiles du crime.

13. _____ quoi sert cet appareil? Il sert _____ hacher les légumes. Depuis que je l'ai, je ne

    me sers plus _____ mon vieux couteau de cuisine.

14. Qu'est-ce que vous pensez _____ le pianiste Pollini? Pensez-vous _____ assister au

    récital qu'il va donner à la Place des Arts*? Si oui, il faudrait que vous pensiez _____

    réserver des billets le plus vite possible. Vous pourriez alors me dire ce que vous pensez

    _____ son interprétation de Brahms.

15. Quelle drôle de soirée! Luc parlait _____ Marie _____ ses voyages et _____ ses

    amours. Gilles parlait _____ le téléphone _____ son frère: depuis quelque temps ils

    parlent _____ se rendre visite. Jean-Louis me parlait _____ son fils qui lui cause du

    souci*. Et comme d'habitude, Florine parlait _____ ne rien dire. Vers minuit, tous ces

    beaux parleurs* ont enfin parlé _____ partir.

Exercice VII

Mettez **à** ou **de**. Essayez de regrouper les adjectifs par catégories. Relevez les adjectifs qui sont suivis de la préposition **à**. En général, ils marquent une attitude «active» par rapport à quelqu'un ou à quelque chose plutôt qu'un sentiment ou un état.

1. Mary-Lou est vraiment enchantée _____ ses progrès en français.

2. Tant mieux! Elle était vraiment déterminée _____ réussir.

3. Pour être capable _____ obtenir de bons résultats, il faut être disposé _____ travailler

   avec acharnement.

4. Êtes-vous satisfait _____ votre travail?

5. Diane est très contente _____ sa nouvelle voiture.

6.   Quand vous serez prêtes _____ partir, faites-moi signe*.

7.   Jacques est très sûr _____ lui, mais il n'est pas préparé _____ ce genre d'expérience.

8.   Je suis vraiment fatigué _____ toutes ces histoires.

9.   Il est complètement fou _____ se croire plus fin que les autres.

10. Aujourd'hui, les jeunes sont libres _____ faire tout ce qu'ils veulent.

11. Je suis vraiment curieux _____ savoir qui m'a joué ce sale tour*.

12. Ouf! Je ne suis pas fâché _____ me reposer un peu.

13. Soyez bien attentif _____ ce que je vais vous dire.

14. Si vous avez des commentaires, venez me voir; je suis ouvert _____ toutes les

     suggestions.

15. Mais enfin, il doit bien y avoir quelqu'un de sympathique _____ ma cause!

Exercice VIII

Mettez **à** ou **de**. Attention: la préposition varie selon que l'infinitif a un sens actif (Ex.: Elle est contente **de** partir) ou un sens passif (Ex.: Le spectacle était horrible **à** voir).

1.   Tu es bien méchant _____ rire derrière mon dos.

2.   Elle est encore obligée _____ déménager, tu sais.

3.   Comme ce paysage est beau _____ regarder!

4.   Julien n'est pas un enfant toujours commode _____ garder.

5.   Ton directeur est cinglé _____ te demander cela. Ce travail est tout simplement

     impossible _____ faire.

6.   Les cadeaux de Noël que l'on fait soi-même sont amusants _____ concevoir, mais parfois

     un peu longs _____ confectionner.

7.   Je suis vraiment désolé _____ vous avoir dérangé.

8.   C'est triste _____ dire, mais c'est comme ça.

9.   Ce roman est vraiment passionnant _____ lire.

10. Ce serait plus raisonnable _____ renoncer à cette folie de 3000 $.

11. Ce manteau de chat sauvage* est bien chaud; par contre, il est très lourd _____ porter.

12. Son alibi est difficile _____ vérifier, il a été très rusé _____ y avoir pensé.

13. Je te trouve bien courageuse _____ travailler à temps plein et _____ suivre des cours du soir en même temps.

14. Tu es bien aimable _____ me donner un coup de main*.

15. Quelle musique agréable _____ écouter! C'est tout simplement merveilleux _____ se détendre ainsi.

Exercice IX
(pour les mordus)

Complétez les phrases avec **il** ou **ce** et **à** ou **de**. Attention: la construction impersonnelle **il est** + **adjectif** est toujours suivie de **de**. Par contre, avec **c'est** + **adjectif**, le choix entre à et de est déterminé par la place qu'occupe le sujet réel de la construction impersonnelle. Quand le sujet réel est placé après, on met **de**; quand il est placé avant, on met **à**.
Ex.: C'est agréable **de** partir en vacances, *mais*: Partir en vacances, c'est agréable **à** imaginer.

1. Arrêter de fumer, _____ est facile _____ dire, mais pas facile _____ faire.

2. _____ n'est pas normal _____ s'emporter pour des choses pareilles.

3. _____ n'est vraiment pas compliqué _____ réussir cette tarte aux pommes.

4. _____ est interdit _____ dépasser une autre voiture quand il y a une ligne continue.

5. _____ n'est plus possible _____ changer maintenant.

6. _____ est un travail très agréable _____ faire, je t'assure.

7. Il prétend qu'il a parlé à des extra-terrestres, mais _____ est difficile _____ croire.

8. _____ est important _____ bien comprendre la consigne, si vous voulez bien faire cet exercice.

9. Il y aura une série de concerts de musique médiévale à la Faculté de musique; _____ est bon _____ savoir.

10. _____ n'est pas beau _____ dire des gros mots*.

Exercice X

Aux adjectifs déjà vus, cet exercice en ajoute d'autres dont le complément indique une cause (Ex.: rouge de colère) ou un effet produit sur quelqu'un (Ex.: laid à faire peur), des adjectifs de comparaison, des nombres ordinaux et quelques cas isolés (Ex: un drôle de nez, le seul à comprendre, le dernier à partir). Mettez **à** ou **de** et faites les contractions qui s'imposent.

1. Michelle est toujours la dernière _____ arriver le matin.

2. Pendant le film, j'étais glacé _____ horreur.

3. Quel prétentieux! Il se croit supérieur _____ nous toutes, mais bien que nous soyons différentes _____ lui, nous avons des compétences tout à fait comparables _____ les siennes.

4. Déjà midi! Je suis mort _____ faim.

5. Écoute, ma voiture fait un drôle _____ bruit.

6. Charles est fou _____ joie à l'idée de m'épouser, mais je serais folle _____ lier* si j'acceptais.

7. Ses parents sont bien les seuls _____ pouvoir l'endurer.

8. Coco Chanel a été la première femme _____ bouleverser le monde de la mode.

9. Connaissez-vous le plus ancien _____ tous les fossiles?

10. Ce matin, je me sens capable _____ tout.

11. Ce téléroman est ennuyeux _____ mourir.

12. Sa patience est égale _____ sa bonne humeur... aussi limitée!

13. Je suis incapable _____ me concentrer en ce moment.

14. Quoi! tu n'es pas sûr _____ avoir éteint le four avant de partir?

15. Jacques est sérieux _____ en intimider le pape*.

16. Ce poulet est bon _____ s'en lécher les doigts*.

17. Dans cette histoire larmoyante, les personnages meurent _____ chagrin les uns après les autres.

18. Je n'aime pas ces histoires tristes _____ pleurer.

19. Alors, tu veux une veste exactement pareille _____ la mienne?

20. Tu aurais dû la voir; elle était verte _____ jalousie.

Exercice XI

En général, les locutions verbales sont suivies de la préposition **de** (Ex.: avoir honte / envie / hâte **de**), mais il y a des exceptions (Ex.: avoir du mal / passer du temps **à**). Complétez les phrases en mettant **à** ou **de**.

1. As-tu l'intention _____ faire du pouce*?

2. Marielle a de la chance _____ mener une vie aussi active.

3. Tu as raison _____ baisser le volume de la radio; on avait du mal _____ s'entendre parler ici.

4. J'ai mis un temps fou* _____ me rendre au bureau à cause de la circulation.

5. Elle avait l'air _____ comprendre, mais est-ce qu'elle comprenait vraiment?

6. Vous avez peut-être eu tort _____ lui parler sur ce ton*.

7. Tiens*! vous avez eu du mal _____ trouver la route! C'était bien indiqué pourtant.

8. J'ai peur _____ le déranger en lui téléphonant tout de suite. Mais j'ai tellement hâte _____ avoir de ses nouvelles.

9. Julien avait honte _____ montrer son dernier bulletin. Heureusement, il a encore le temps _____ se reprendre. Il a l'air _____ en avoir vraiment l'intention; il n'a surtout pas envie _____ être recalé.

10. Louise a passé beaucoup de temps _____ m'expliquer la règle, mais j'ai encore de la difficulté _____ faire les exercices.

Exercice XII

En général, lorsqu'un infinitif est complément d'un nom, on emploie **de** (Ex.: une raison de vivre), mais si cet infinitif, comme pour l'adjectif, a un sens passif ou décrit une réaction, on emploie **à** (Ex.: une erreur à éviter / une histoire à dormir debout). Complétez les phrases en mettant **à** ou **de**.

1. Sébastien a reçu la permission _____ piloter seul un avion pour la première fois.

2. Il y a beaucoup de maisons _____ vendre en ce moment.

3. C'est une mauvaise habitude que celle _____ fumer au lit.

4. Ça me décourage de voir qu'il reste encore toutes ces affaires _____ ranger.

5. Rassurez-vous, ce n'est pas la mer _____ boire*!

6.   Nous n'avons pas souvent eu la chance _____ nous parler.

7.   L'idée _____ quitter mon emploi me trotte dans la tête*.

8.   Te regarder manger me donne le goût _____ grignoter.

9.   Nous avons une composition _____ rendre pour lundi.

10. Hier soir il faisait un vent _____ écorner les boeufs*.

11. Un instant, j'ai le droit _____ parler moi aussi!

12. Qu'est-ce que c'est que cette manière _____ dévisager les gens?

13. La soirée chez les voisins a dû être réussie; j'ai entendu des éclats _____ rire jusqu'à trois

heures du matin.

14. Je vais au bureau de poste, as-tu des lettres _____ poster?

15. *La Cage aux folles* est vraiment un film _____ se tordre de rire.

Exercice XIII

Mettez **à** ou **de**. Attention: la nature du complément doit vous guider dans votre choix.

1.   Alors*, raconte-nous ce que tu as fait _____ bon pendant tes vacances.

2.   Il n'y avait personne _____ amusant à cette soirée.

3.   Les enfants! Trouvez-vous donc quelque chose _____ faire.

4.   J'ai vu bien des jouets à cette exposition, mais aucun _____ assez stimulant pour un enfant

de cinq ans.

5.   As-tu quelque chose _____ ajouter?

6.   Chez Casavant, c'est vraiment ce qu'il y a _____ mieux en fait de meubles québécois.

7.   Vous n'avez vraiment rien _____ plus excitant _____ me proposer?

8.   Viens! j'ai quelqu'un _____ épatant _____ te présenter.

Exercice XIV

Mettez **à** ou **de** selon le cas.

(sans corrigé)

1.   J'ai un travail _____ terminer d'ici lundi et je n'ai pas encore eu le temps _____ m'y

mettre*.

2. Penses-tu avoir le temps _____ y travailler en fin de semaine?

3. Je serai bien obligé _____ le faire, même si c'est ennuyeux _____ s'en taper la tête contre les murs*.

4. Si tu n'avais pas perdu autant de soirées _____ écouter du jazz, tu n'en serais pas réduit _____ travailler pendant que tout le monde s'amuse et tu serais libre _____ faire ce que tu veux.

5. J'ai bien hâte _____ être en vacances, j'ai tellement besoin de repos, et puis j'ai envie _____ un peu de soleil pour changer.

6. Bernard? Ça c'est quelqu'un _____ formidable!

7. L'ascenseur était plein _____ craquer... ce n'était vraiment pas le moment qu'il tombe en panne*!

8. C'est un vrai plaisir _____ jaser* avec toi.

9. Quand elle veut qu'on s'occupe d'elle, tu l'entends pousser des soupirs _____ fendre l'âme*.

10. C'est difficile _____ imaginer une vie sans amour, n'est-ce pas?

11. Ce problème a l'air bien compliqué _____ résoudre.

12. Ils ont l'air satisfaits _____ leur expérience de travail.

13. Surveille ton langage! Ce ne sont pas des mots _____ utiliser.

14. Les termes du contrat sont difficiles _____ respecter.

15. Sacré* Guillaume! Je parie qu'il a encore une de ses histoires farfelues _____ nous raconter.

16. Je suis capable _____ en faire autant, vous savez!

17. La généalogie de sa famille, c'est vraiment un domaine passionnant _____ explorer.

18. Ce n'est pas gai _____ être forcé _____ rester au lit parce qu'on est malade.

19. Le dernier _____ se faire saluer, c'est moi. Le seul _____ ne pas compter parmi vos amis, c'est encore moi. Essayez-vous de me faire comprendre que je suis différent _____ vous? Que vous êtes supérieur _____ moi?

Exercice XV

Chaque préposition établit un rapport entre un mot et son complément. Complétez les dialogues avec les prépositions de temps qui conviennent et l'expression **il y a** quand c'est nécessaire.

Retrouvailles

Luc: Marie-Claire, quelle bonne surprise! _____ **1** quand es-tu à Montréal?

Marie-Claire: Je suis arrivée _____ **2** deux jours.

Luc: Et tu es là _____ **3** combien de temps?

Marie-Claire: Je repars _____ **4** deux semaines.

Luc: Alors, pas de temps à perdre. Es-tu libre ce soir?

Marie-Claire: Mais oui. Et j'ai bien hâte de te revoir.

Luc: Peux-tu être prête _____ **5** une demi-heure? Je viens te prendre et on passe

                  la soirée ensemble.

Marie-Claire: D'accord! À tout à l'heure.

Tu peux toujours courir*

Hélène: Tu sais quoi? Louis a décidé de participer au marathon de Boston le mois prochain.

Carole: Ah oui? _____ **6** quand est-ce qu'il s'entraîne à courir?

Hélène: Je pense qu'il a commencé _____ **7** deux ans.

Carole: _____ **8** combien de temps est-ce qu'il court chaque jour?

Hélène: Environ deux heures, je crois. Il espère courir les 26 milles _____ **9** moins de

           quatre heures.

Carole: Sans blague*! Il est vraiment mordu*, hein?

Hélène: Il se garde en forme, voilà tout. Tu devrais l'imiter d'ailleurs et venir t'inscrire à un

           cours de danse aérobique avec moi. Ça commence _____ **10** deux jours au Centre

           des loisirs.

Carole: Tu plaisantes! Ça me fatigue rien que d'y penser! Me prends-tu pour* une

           masochiste?

Exercice XVI

(sans corrigé)

Complétez en mettant, s'il y a lieu, la préposition qui convient: **dans, sur, autour, de, entre, pendant, sous, devant, derrière, à, jusqu'à, chez, en, près, loin de** ou **pour**.

1. Les jeudis et vendredis, les magasins sont ouverts _____ 21 h.

2. Je cherche _____ quelque chose de beau, bon et pas cher; est-ce que ça existe?

3. Il y avait tellement de monde _____ l'autobus que j'ai dû rester debout _____ tout le trajet.

4. Pardon mademoiselle, est-ce que vous attendez _____ quelqu'un?

5. À cet âge, ils peuvent rester pendus* _____ le téléphone _____ des heures.

6. Ils sont partis _____ trois mois, mais ça m'étonnerait qu'ils restent absents aussi longtemps.

7. As-tu regardé le match de hockey _____ la télé jeudi soir?

8. Si vous aimez le homard, allez passer vos vacances _____ les Provinces maritimes, _____ l'Île-du-Prince-Édouard par exemple.

9. Ne t'assieds pas _____ cette chaise; tu seras tellement mieux _____ ce fauteuil.

10. S'il te plaît, Mario, regarde _____ toi quand tu conduis!

11. S'il n'y a personne _____ la maison, tu trouveras la clé _____ le paillasson. Entre et fais comme _____ toi.

12. «Être assis _____ deux chaises» signifie être dans une situation délicate.

13. Ce n'est pas la peine de te cacher _____ la porte, Claudine, tout le monde sait que tu es là.

14. En Alberta, les tours de forage surgissent _____ pleine nature.

15. Comme je dois partir avant la fin du spectacle, je vais m'asseoir _____ la porte.

16. Je préfère me lever tôt _____ le matin pour profiter de la journée.

17. Regarde un peu _____ toi; tu n'es pas le seul à être sans emploi par les temps qui courent*.

18. Je ne veux pas aller travailler _____ la baie James* parce que je m'ennuierais trop si j'étais aussi _____ toi.

19. — Combien d'heures faut-il pour aller _____ Montréal _____ Fredericton _____

    Nouveau-Brunswick?

    — Ça dépend _____ la vitesse à laquelle vous conduisez.

Exercice XVII

Comme nous l'avons dit, les prépositions établissent un rapport de sens entre un mot et son complément. Faites l'exercice suivant en utilisant **à** ou **de**. Les phrases sont présentées par groupes de trois pour vous aider à saisir les rapports exprimés. Attention aux contractions.

1. C'est commode d'avoir une machine _____ laver.

   Je me sers toujours de ma machine _____ écrire.

   As-tu vu le fer _____ repasser?

2. Passe-moi mon étui _____ lunettes.

   Il est joli ce coffret _____ bijoux.

   Ce verre _____ vin est fêlé.

3. Donne-lui donc un verre _____ lait.

   Le prix du baril _____ pétrole va encore augmenter.

   J'ai acheté une bonne bouteille _____ vin!

4. Je vais souvent _____ bicyclette.

   Ce n'est pas loin; tu peux y aller _____ pied.

   Dans l'île de Santorin, en Grèce, on peut encore se promener _____ dos d'âne.

5. Il faut laver ce chandail de laine _____ l'eau froide.

   Écrivez votre brouillon _____ le crayon.

   Cette tuque* a été tricotée _____ la main.

6. Qu'est-ce que tu penses de l'article _____ Lysiane Gagnon?

   La voiture _____ les Desjardin a été volée.

   Ce sont les lunettes _____ Françoise, je crois.

7. Les enfants jouent toujours dans la salle _____ jeu.

   Tous les édifices publics ont un escalier _____ secours.

   Il faut sortir les bottes _____ hiver, une fois de plus.

8.   Passe-moi un bout _____ papier.

L'été, je porte des robes _____ coton, c'est plus frais.

J'ai perdu mes beaux gants _____ cuir.

9.   Ralph est un petit chien _____ poil long.

Donne-moi le rasoir _____ lame double.

Il portait une chemise _____ carreaux.

10.   Il a une drôle de façon _____ nous regarder.

Tu t'exprimes _____ une manière déplorable.

J'ai essayé _____ toutes mes forces.

11.   Il y a eu un rassemblement _____ citoyens à l'hôtel de ville.

C'est une vraie famille _____ fous!

Elle a beaucoup _____ ennuis avec sa voiture.

12.   Chez grand-maman, il y avait un poêle _____ bois.

Don Quichotte s'est battu contre des moulins _____ vent.

Qui a inventé le moteur _____ pistons?

13.   Ils se sont battus _____ coups de poing.

Tu finiras ça _____ tête reposée*.

La voiture filait _____ vive allure.

14.   Le chef des pirates s'écria: « _____ l'abordage!»

C'est ça, _____ un de ces jours!

Il faut boire _____ nos amours.

Exercice XVIII
(sans corrigé)

Mettez, s'il y a lieu, la préposition qui convient et faites les contractions nécessaires. À l'occasion, vous aurez à ajouter une préposition qui n'a pas encore été vue dans le chapitre. Servez-vous de votre intuition pour sentir le rapport exprimé.

Le chat botté (d'après un conte _____ 1 Charles Perrault*)

(Pour des raisons stylistiques, le passé simple a été employé au lieu du passé composé.)

Il était une fois un très très vieux meunier qui avait trois fils. Quand enfin il mourut _____ **2** vieillesse, il laissa le moulin _____ 3 vent _____ 4 son fils aîné. Le cadet reçut un âne

_____ 5 poil gris et le plus jeune _____ 6 les trois dut se contenter _____ 7 un chat.

Le jeune homme ne finissait pas _____ 8 se plaindre _____ 9 son triste sort: «Ils sont

chanceux, mes frères, mais moi, _____ 10 avoir mangé mon chat et m'être fait un chapeau

_____ 11 sa fourrure, je mourrai _____ 12 faim!» Le chat, qui entendait ce que son maître

disait _____ 13 lui, hésitait _____ 14 lui parler. Mais un beau matin, il se décida _____ 15 le

faire. Il prit son courage _____ 16 deux mains et il lui dit _____ 17 un air sérieux: «Mon

maître, donnez-moi un sac et faites-moi faire une paire _____ 18 bottes _____ 19 aller me

promener _____ 20 les champs et vous verrez que vous avez eu bien plus _____ 21 chance

que vos deux frères.» Le jeune homme n'était pas trop sûr _____ 22 ce que son chat lui

proposait, mais comme il n'avait rien _____ 23 perdre, il fut bien obligé _____ 24 lui laisser

carte blanche*.

Une fois chaussé _____ 25 ses bottes, le chat prit son sac et se dirigea _____ 26 une

petite forêt. Là, il s'étendit _____ 27 terre et fit semblant _____ 28 être mort. Il n'était pas là

_____ 29 longtemps lorsqu'un jeune lapin, attiré _____ 30 la nourriture que le chat avait

mise _____ 31 le sac, y entra et s'y trouva pris. Heureux _____ 32 sa prise, le chat s'en alla

aussitôt _____ 33 le roi. Quand il se trouva _____ 34 le roi, il lui fit une grande révérence et

lui dit: «Voilà, Sire, un lapin que M. le marquis _____ 35 Carabas (c'était le nom qu'il avait

décidé _____ 36 donner _____ 37 son maître) m'a demandé _____ 38 vous offrir

_____ 39 sa part.» Fort content, le roi lui répondit _____ 40 aller vite remercier son maître

_____ 41 son amabilité.

Le chat continua ce manège _____ 42 deux ou trois mois, _____ 43 le jour où il apprit

que le roi allait se promener _____ 44 le bord _____ 45 la rivière _____ 46 sa fille, la plus

belle princesse _____ 47 le monde. Il alla vite trouver son maître et lui dit gravement: «Mon

maître, si vous acceptez _____ 48 faire tout ce que je vous recommande _____ 49 faire, je

vous promets _____ 50 faire votre fortune.» Il lui conseilla _____ 51 aller se baigner

_____ 52 attendant son retour, car il devait s'absenter un moment. Le jeune homme alla se

baigner _____ 53 poser trop _____ 54 questions et le chat alla se cacher _____ 55 un buisson, tout _____ 56 prenant soin _____ 57 emporter _____ 58 lui les vêtements

_____ 59 son maître.

Quand le roi passa _____ 60 là, le chat se mit _____ 61 crier _____ 62 tue-tête* :

« _____ 63 secours! _____ 64 l'aide! M. le marquis est en train _____ 65 se noyer!» Le roi

regarda _____ 66 la fenêtre _____ 67 son carrosse et reconnut le chat qui était si souvent

venu le voir. Il ordonna _____ 68 ses gardes _____ 69 aller sortir le marquis _____ 70 la

rivière. Le chat en profita _____ 71 expliquer _____ 72 le roi que, _____ 73 la baignade de

son maître, des voleurs étaient partis _____ 74 ses habits. Le roi n'hésita pas _____ 75 lui

faire apporter des habits. Une fois bien habillé, le jeune homme avait vraiment l'air _____ 76

quelqu'un _____ 77 très important. Et comme, en plus, il était beau et assez intelligent, la

princesse tomba immédiatement amoureuse _____ 78 lui. Le roi invita le marquis _____ 79

monter _____ 80 son carrosse.

Voyant qu'il allait réussir _____ 81 réaliser ses projets, le chat s'empressa _____ 82

devancer le carrosse. _____ 83 le chemin, il rencontra des paysans et il les menaça _____ 84

les décapiter s'ils ne disaient pas que les terres où ils travaillaient appartenaient _____ 85 son

maître. Les paysans, sachant que leur tête dépendait _____ 86 ce chat très puissant, eurent très

peur _____ 87 sa menace. Aussi, quand le roi arriva et demanda _____ 88 qui étaient toutes

ces belles terres, ils lui répondirent que c'était celles _____ 89 le marquis.

_____ 90 là, il y avait un château où habitait un ogre. Quand le chat se fut présenté, il lui

dit: «Il paraît, messire l'Ogre, que vous pouvez, si vous le voulez, vous transformer _____ 91

lion. Cela est possible, mais je refuse _____ 92 croire que vous puissiez devenir une souris.»

L'ogre, qui était très susceptible et un peu bête*, se mit _____ 93 colère et, _____ 94 même

temps, il se changea _____ 95 une souris qui se mit _____ 96 courir _____ 97 le plancher.

Le chat l'attrapa et n'en fit qu'une bouchée*. Ensuite, il alla vite accueillir son maître et ses amis

_____ 98 la porte du château. Il déclara _____ 99 le roi que le marquis était très riche et que

le château faisait partie _____ 100 ses biens.

Le roi, visiblement ravi, déclara illico qu'il était disposé _____ 101 accorder la main

_____ 102 sa fille _____ 103 le marquis, si celle-ci était prête _____ 104 lui accorder son cœur. Le marquis, qui était bien le dernier _____ **105** espérer une telle fortune et un tel

bonheur, le tout _____ **106** si peu de temps, faillit perdre* la tête*. Il ne perdit finalement que

sa liberté, car il épousa la princesse l'après-midi même. Ils eurent beaucoup _____ **107** enfants

et vécurent heureux _____ **108** la fin _____ **109** leurs jours.

Exploitation orale

1. Grâce au tableau des verbes annexé à ce chapitre, vous pourrez voir plus clairement, pour
    chaque verbe, laquelle des deux prépositions, **à** et **de**, doit s'employer selon le type de
    construction.

    À tour de rôle, inventez des phrases en suivant les indications du tableau pour chaque série
    de verbes.

    Ex.: Série 1: J'aime mes amis.
    J'aime mon travail.
    J'aime faire du ski.
    Série 4: Il a arrêté la musique.
    On a arrêté les manifestants.
    Tu vas arrêter d'étudier.
    Série 5: Ils vont offrir un cadeau à Pierre.
    J'ai offert à Paul et à Marie de garder leurs enfants.

    Vous pouvez ensuite essayer de trouver d'autres verbes à intégrer à chaque série.

    Ex.: Série 5: suggérer
    recommander

    Attention à l'indication OU, dans le tableau, qui signifie qu'il y a un choix à faire.

2. Pour mieux sentir le rapport exprimé par les prépositions **à** et **de** lorsqu'elles relient des
    compléments à des mots qui ne sont pas des verbes transitifs directs ou indirects, vous
    pouvez vous servir de l'exercice XVII de ce chapitre comme modèle. Pour chaque groupe
    de phrases essayez:

a) de trouver d'autres exemples,
b) de nommer le rapport qui est exprimé.

    Ex.: (1) Une corde à danser
    Un appareil à hacher des légumes   **À** indique l'usage.
    Un ruban à mesurer
    (8) Un vase de porcelaine
    Un chapeau de fourrure   **De** indique la matière.
    La fibre de verre
    (11) Une pile de livres
    Une foule de spectateurs   **De** indique la quantité.
    Une liasse de billets

Corrigé des exercices

Exercice I

1. Pour réussir
2. en t'énervant
3. après avoir vu
4. Sans avoir dit / Sans dire
5. En apprenant
6. avant de vous servir
7. en plaçant
8. avant d'avoir examiné
9. pour étudier
10. après s'être levé

Exercice II

1. à
2. —; —
3. de; de
4. d'; —
5. —; à; de
6. —
7. à
8. de; de
9. —; de
10. —; —
11. de; de; —
12. de; à/d'; de

Exercice III

1. —; de
2. —; de
3. —; de
4. de; —
5. —; de

Exercice IVa

1. à
2. à
3. à; à
4. de
5. à; aux lois
6. à; de
7. de
8. de
9. à; de

Exercice IVb

1. à
2. de
3. de; à
4. à; à
5. à
6. de
7. de

Exercice IVc

1. —; d'
2. —; à
3. —; à; —; de
4. —; à
5. —; de
6. —; à
7. à; à
8. —; à
9. —; de

Exercice V

1. à; de; de
2. à; à (série 3)
3. à; de
4. à; de
5. à; à (série 3)
6. à; de
7. à; de
8. à; de
9. de
10. à; de; à; de
11. de
12. à (série 3)

Enseigner et **apprendre** appartiennent à la série 3.

Exercice VI

1. à
2. d'
3. —
4. de
5. à
6. à; de
7. à; de
8. à; —
9. —; sur
10. à; en
11. —; à
12. d'; par
13. À; à; de
14. du; —; à; de
15. à/avec; de; de; au; à/avec; de; de; pour; de

Exercice VII

1. de	6. à	11. de
2. à	7. de; à	12. de
3. d'; à	8. de	13. à
4. de	9. de	14. à
5. de	10. de	15. à

Exercice VIII

1. de	6. à; à	11. à
2. de	7. de	12. à; d'
3. à	8. à	13. de; de
4. à	9. à	14. de
5. de; à	10. de	15. à; de

Exercice IX

1. c'; à; à	5. Il/Ce; de	8. Il/C'; de
2. Il/Ce; de	6. C'; à	9. c'; à
3. Il/Ce; de	7. c'; à	10. Il/Ce; de
4. Il/C'; de		

Exercice X

1. à	8. à	15. à
2. d'	9. de	16. à
3. à; de; aux siennes	10. de	17. de
4. de	11. à	18. à
5. de	12. à	19. à
6. de; à	13. de	20. de
7. à	14. d'	

Exercice XI

1. de	5. de	8. de; d'
2. de	6. de	9. de; de; d'; d'
3. de; à	7. à	10. à; à
4. à		

Exercice XII

1. de	6. de	11. de
2. à	7. de	12. de
3. de	8. de	13. de
4. à	9. à	14. à
5. à	10. à	15. à

Exercice XIII

1. de	4. d'	7. de; à
2. d'	5. à	8. d'; à
3. à	6. de	

Exercice XV

1. Depuis
2. il y a
3. pour
4. dans
5. dans
6. Depuis
7. il y a
8. Pendant
9. en
10. dans

Exercice XVII

1. à; à; à
2. à; à; à
3. de; de; de
4. à; à; à
5. à; au; à
6. de; des; de
7. de; de; d'
8. de; de; de
9. à; à; à
10. de; d'; de
11. de; de; d'
12. à; à; à
13. à; à; à
14. À; à; à

Expressions idiomatiques et notes explicatives

Pré-test

Il faut que jeunesse se passe: proverbe qui veut dire qu'il faut être indulgent pour les fautes, les folies de la jeunesse.

Qu'est-ce qui te prend?: se dit à une personne dont l'attitude est inattendue ou déplacée.

Ne pas être dans son assiette: ne pas se sentir bien, ne pas être en forme.

Je m'en doutais: c'est bien ce que je pensais, ce que je soupçonnais. Ne pas confondre *se douter de quelque chose* (soupçonner quelque chose) et *douter de quelque chose* (remettre en question).

Mettre à la porte: ici, renvoyer de la maison.

Envoyer quelqu'un sur les roses: repousser quelqu'un avec colère ou impatience, l'envoyer au diable; au Québec, on dit aussi *l'envoyer chez le bonhomme ou chez le diable.*

Je voudrais bien vous y voir: je voudrais vous voir à ma place, je voudrais voir ce que vous feriez à ma place.

Supporter les sautes d'humeur: tolérer les brusques changements d'humeur.

En avoir terminé avec quelqu'un ou quelque chose: s'être acquitté d'une tâche, avoir terminé un projet.

Exercice II

Sans le sou: sans argent.

Exercice V

Par exemple: expression familière, utilisée pour marquer l'opposition (*Il fume, mais il ne boit pas, par exemple!*) ou pour marquer la surprise ou l'incrédulité (*Ah ça! par exemple!*).

Faire la cour à quelqu'un: se montrer empressé(e), plein(e) d'attentions pour plaire à quelqu'un afin d'obtenir ses faveurs.

Exercice VI

Manquer à sa parole: ne pas tenir une promesse.

Bien entendu: évidemment, naturellement.

Être dans la lune: être très distrait(e), rêvasser.

La Place des Arts: cet édifice, situé à Montréal, comprend plusieurs salles où sont présentés concerts, pièces de théâtre et spectacles de variétés.

Causer du souci: rendre inquiet, alarmer, tracasser.

Un beau parleur: personne qui aime faire de belles phrases pour impressionner son auditoire.

Exercice VII

Faites-moi signe: avertissez-moi, faites-le-moi savoir.

Un sale tour: une mauvaise plaisanterie.

Exercice VIII

Un manteau de chat sauvage: se dit au Québec pour *un manteau de raton laveur.*

Donner un coup de main à quelqu'un: aider quelqu'un.

Exercice IX

Un gros mot: une grossièreté.

Exercice X

Fou à lier: complètement fou.

Sérieux à en intimider le pape: très sérieux, même plus sérieux que le pape, considéré ici, à tort ou à raison, comme le sérieux personnifié.

Bon à s'en lécher les doigts: très savoureux, succulent.

Exercice XI

Faire du pouce: se dit au Québec pour *faire de l'auto-stop.*

Un temps fou: beaucoup de temps. Un mal fou: beaucoup de difficulté. (*J'ai eu un mal fou à les convaincre.*)

Sur ce ton: de cette manière désobligeante.

Tiens!: expression familière utilisée pour marquer l'étonnement, la surprise.

Exercice XII

Ce n'est pas la mer à boire: ce n'est pas très difficile.

Ça me trotte dans la tête: j'y pense depuis un certain temps, ça me préoccupe depuis quelque temps.

Un vent à écorner les boeufs: au Québec, expression familière pour *un vent très fort. Écorner:* dégarnir de ses cornes. Ailleurs, on utilise l'expression *un vent à décorner les boeufs.*

Exercice XIII

Alors: s'emploie pour signifier qu'on attend une explication ou un renseignement.

Exercice XIV

S'y mettre: commencer à faire quelque chose.

Ennuyeux à s'en taper la tête contre les murs: extrêmement ennuyant.

Tomber en panne: cesser de fonctionner.

Jaser: se dit au Québec pour *bavarder*.

Des soupirs à fendre l'âme: de très gros soupirs.

Sacré (+ nom d'une personne): expression familière marquant une nuance d'admiration, d'ironie ou d'affection.

Exercice XV

Tu peux toujours courir!: expression familière qu'on utilise pour refuser quelque chose, pour dire à quelqu'un qu'il n'arrivera pas à nous convaincre.

Sans blague!: Tu plaisantes! Tu veux rire!

Être mordu de quelque chose: avoir un goût très marqué pour quelque chose, être un peu fanatique.

Me prends-tu pour… : Crois-tu que je suis…

Exercice XVI

Rester pendu au téléphone: parler pendant des heures au téléphone.

Par les temps qui courent: en ce moment, ces temps-ci.

La baie James: grande baie située au nord du Québec et qui est exploitée pour ses ressources hydro-électriques. Ses barrages sont parmi les plus gros au monde.

Exercice XVII

Une tuque: se dit au Québec pour *un bonnet de laine*.

À tête reposée: en prenant le temps de réfléchir.

Exercice XVIII

Avoir carte blanche: être libre de faire ce que l'on veut.

Crier à tue-tête: crier très fort, hurler.

Bête: au sens propre, signifie *animal*; au sens figuré, signifie *stupide*. Ici, il y a jeu sur les deux sens du mot *bête*, l'ogre étant à la fois stupide et un peu animal vu ses transformations.

Ne faire qu'une bouchée de quelque chose: manger quelque chose gloutonnement, avaler quelque chose tout rond, c'est-à-dire sans mastiquer.

Il a failli perdre (faillir + infinitif): il a presque perdu.

Perdre la tête: devenir fou.

Charles Perrault (1628-1703): écrivain français du XVIIe siècle à qui nous devons certains des plus beaux contes qui ont bercé notre enfance; *Le chat botté, Le petit chaperon rouge, Peau d'âne, Barbe-Bleue* sont quelques-uns des titres du recueil *Contes de ma Mère l'Oye*.

Tableau des verbes

La liste des verbes présentés dans ce tableau n'est pas exhaustive; nous avons choisi les plus courants. Chaque série du tableau illustre un type de construction qui sert de modèle. Chaque verbe est présenté dans son sens le plus usuel et dans la structure où on l'utilise le plus souvent.

La présentation adoptée comporte plusieurs avantages.

1. Elle regroupe les verbes par séries, chacune illustrant une construction particulière.
2. Elle met en évidence la fonction des compléments, directs (C.O.D.) ou indirects (C.O.I.).
3. L'indication OU montre qu'il y a un choix à faire, le même verbe ne pouvant avoir plus d'un C.O.D. ou plus d'un C.O.I.
4. Elle identifie ce que désigne le complément: personne (qqn.), chose (qqch.) ou action (verbe à l'infinitif).

Dans le cas où le complément est un verbe à l'infinitif, le tableau est particulièrement utile, car il indique clairement si la préposition **à** ou **de**, précédant l'infinitif, introduit ou non un C.O.I.

Ainsi, si la préposition **de** disparaît quand on remplace l'infinitif par un nom, c'est qu'elle fait partie du complément, qui n'en est pas moins un C.O.D.

Ex.: Je te promets d'être là.   Je te le promets.
Je te promets la lune   Je te la promets.

Par contre, si la préposition **de** est maintenue quand on remplace l'infinitif par un nom, c'est qu'elle remplit sa véritable fonction, qui est d'introduire un C.O.I.

Ex.: Je te remercie d'être là.   Je t'en remercie.
Je te remercie de ta lettre.   Je t'en remercie.

Verbes	Complément d'objet direct (C.O.D.)			Complément d'objet indirect (C.O.I.)		
Série 1	**Personne**	**Chose**	**Infinitif**			
		ou	ou			
Appeler	qqn					
Attendre	qqn	qqch.				
Chercher	qqn	qqch.				
Savoir		qqch.	faire qqch.			
Compter			faire qqch.			
Devoir			faire qqch.			
Espérer			faire qqch.			
Pouvoir			faire qqch.			
Sembler			faire qqch.			
Aimer	qqn	qqch.	faire qqch.			
Désirer	qqn	qqch.	faire qqch.			
Détester	qqn	qqch.	faire qqch.			
Il faut (falloir)	qqn	qqch.	faire qqch.			
Préférer	qqn	qqch.	faire qqch.			
Vouloir	qqn	qqch.	faire qqch.			

Verbes	Complément d'objet direct (C.O.D.)			à +	Complément d'objet indirect (C.O.I.)
	Personne / ou / Chose		Infinitif		Nom de personne
Série 2	Personne	Chose			
Acheter		qqch.			à qqn
Donner		qqch.			à qqn
Enlever	qqn	qqch.			à qqn
Envoyer	qqn	qqch.			à qqn
Faire		qqch.			à qqn
Montrer		qqch.			à qqn
Payer	qqn	qqch.			à qqn
Préparer	qqn	qqch.			à qqn
Prouver		qqch.			à qqn

Verbes	Complément d'objet direct (C.O.D.)			à +	Complément d'objet indirect (C.O.I.)
	Personne / ou / Chose		À + Infinitif		Nom de personne
Série 3	Personne	Chose			
Apprendre		qqch.	à faire qqch.		à qqn
Enseigner		qqch.	à faire qqch.		à qqn
(re) Commencer		qqch.	à faire qqch.		
Continuer		qqch.	à faire qqch.		
Réussir		qqch.	à faire qqch.		

Verbes	Complément d'objet direct (C.O.D.)			Complément d'objet indirect (C.O.I.)
	Personne	Chose	De + Infinitif	Nom de personne
		ou	ou	

Série 4

Verbes	Personne	Chose	De + Infinitif
Accepter	qqn	qqch.	de faire qqch.
Arrêter	qqn	qqch.	de faire qqch.
Choisir	qqn	qqch.	de faire qqch.
Craindre	qqn	qqch.	de faire qqch.
Éviter	qqn	qqch.	de faire qqch.
Négliger	qqn	qqch.	de faire qqch.
Oublier	qqn	qqch.	de faire qqch.
Regretter	qqn	qqch.	de faire qqch.
Cesser		qqch.	de faire qqch.
Décider			de faire qqch.
Essayer		qqch.	de faire qqch.
Finir		qqch.	de faire qqch.
Refuser		qqch.	de faire qqch.
Risquer		qqch.	de faire qqch.

Série 5   à +

Verbes	Personne	Chose	De + Infinitif	Nom de personne
(re) Commander	qqn	qqch.	de faire qqch.	à qqn
Conseiller	qqn	qqch.	de faire qqch.	à qqn
Défendre		qqch.	de faire qqch.	à qqn
Demander		qqch.	de faire qqch.	à qqn
Dire		qqch.	de faire qqch.	à qqn
Écrire		qqch.	de faire qqch.	à qqn
Interdire		qqch.	de faire qqch.	à qqn
Offrir		qqch.	de faire qqch.	à qqn
Ordonner		qqch.	de faire qqch.	à qqn
Permettre		qqch.	de faire qqch.	à qqn
Promettre		qqch.	de faire qqch.	à qqn
Proposer		qqch.	de faire qqch.	à qqn
Rappeler	qqn	qqch.	de faire qqch.	à qqn
Répondre	qqn	qqch.	de faire qqch.	à qqn
Reprocher		qqch.	de faire qqch.	à qqn
Souhaiter		qqch.	de faire qqch.	à qqn

Série 6

Verbes	Complément d'objet direct (C.O.D.)			à +	Complément d'objet indirect (C.O.I.)		
	Personne	Chose	Infinitif		Personne	Chose	Infinitif
Aider	qqn						à faire qqch.
Décider	qqn						à faire qqch.
Encourager	qqn						à faire qqch.
Forcer	qqn						à faire qqch.
Habituer	qqn						à faire qqch.
Inviter	qqn						à faire qqch.
Obliger	qqn						à faire qqch.
Parler					à qqn		
Plaire					à qqn		
S'adresser					à qqn		
Téléphoner					à qqn		
Obéir					à qqn	à qqch.	
Penser					à qqn	à qqch.	à faire qqch.
Ressembler					à qqn	à qqch.	
Se fier					à qqn	à qqch.	à faire qqch.
Servir					à qqn	à qqch.	à faire qqch.
S'intéresser					à qqn	à qqch.	
Tenir					à qqn	à qqch.	à faire qqch.
Arriver							à faire qqch.
Parvenir							à faire qqch.
S'attendre							à faire qqch.
Se décider							à faire qqch.
Se mettre							à faire qqch.
Chercher							à faire qqch.
Hésiter							à faire qqch.

(Dans le groupe Obéir à Tenir, les colonnes Personne, Chose et Infinitif du C.O.I. sont reliées par « ou ».)

Série 7

Locutions verbales	Complément d'objet direct (C.O.D.)			à +	Complément d'objet indirect (C.O.I.)		
	Personne	Chose	Infinitif		Personne	Chose	Infinitif
Avoir	qqn						à voir
Avoir		qqch.					à faire
Avoir du mal							à faire qqch.
Mettre du temps							à faire qqch.
Passer du temps							à faire qqch.
Perdre du temps							à faire qqch.

Verbes

Série 8

Verbe	Complément d'objet direct (C.O.D.)			Complément d'objet indirect (C.O.I.) — de +		
	Personne	Chose	Infinitif	Personne	Chose	Infinitif
Accuser	qqn					de faire qqch.
Arrêter	qqn	qqch.				de faire qqch.
Convaincre	qqn				de qqch.	de faire qqch.
Empêcher	qqn	qqch.				de faire qqch.
Excuser	qqn	qqch.				de faire qqch.
Féliciter	qqn				de qqch.	de faire qqch.
Menacer	qqn				de qqch.	de faire qqch.
Persuader	qqn				de qqch.	de faire qqch.
Supplier	qqn					de faire qqch.
Dépendre				de qqn	de qqch.	
Parler				de qqn	de qqch.	
S'arrêter						de faire qqch.
Se dépêcher					de qqch.	de faire qqch.
S'excuser					de qqch.	de faire qqch.
Se méfier				de qqn	de qqch.	
Se souvenir				de qqn	de qqch.	de faire qqch.

Locutions verbales

Série 9

Locution verbale	Complément d'objet direct (C.O.D.)			Complément d'objet indirect (C.O.I.) — de +		
	Personne	Chose	Infinitif	Personne	Chose	Infinitif
Avoir besoin				de qqn	de qqch.	de faire qqch.
Avoir envie				de qqn	de qqch.	de faire qqch.
Avoir honte				de qqn	de qqch.	de faire qqch.
Avoir l'air				de qqn	de qqch.	de faire qqch.
Avoir l'intention						de faire qqch.
Avoir le temps						de faire qqch.
Avoir peur				de qqn	de qqch.	de faire qqch.
Avoir raison						de faire qqch.
Avoir tort						de faire qqch.

Les pronoms personnels

Avant le verbe

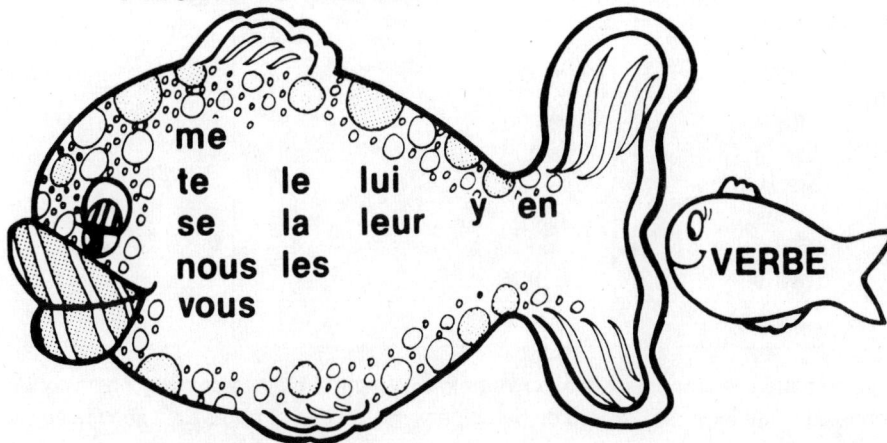

me
te   le   lui   y   en
se   la   leur
nous   les
vous

VERBE

figure 1

Après le verbe

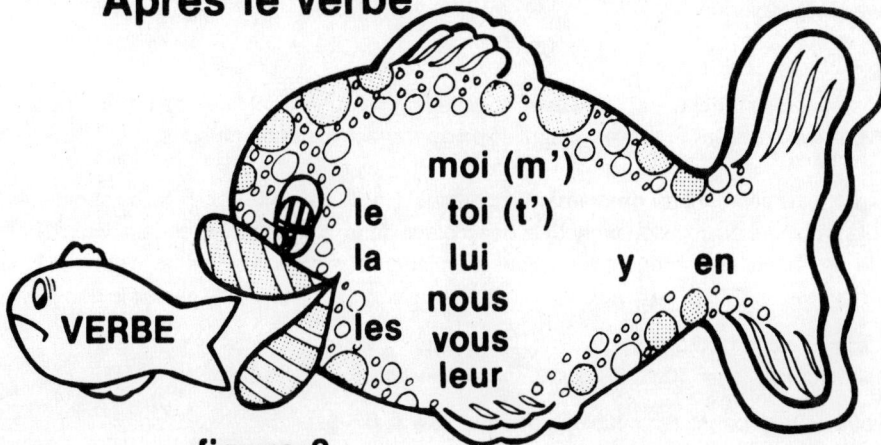

            moi (m')
le   toi (t')
la   lui   y   en
            nous
les   vous
            leur

VERBE

figure 2

Il y a deux sortes de pronoms personnels: les pronoms dits **atones**, placés immédiatement devant le verbe, et les pronoms **disjoints**, qui sont séparés du verbe et mis en relief. Dans le tableau A, les pronoms personnels atones sont classés d'après leur fonction (sujet, complément d'objet direct (C.O.D.), complément d'objet indirect (C.O.I.), ou complément circonstanciel (C.C.)), et dans l'ordre où ils apparaîtront dans la phrase.

Tableau A

Pronoms atones					Tableau B
Sujets	**C.O.D.**	**C.O.I.**	**C.C.**		**Pronoms disjoints (toniques)**
je	me (m')	me (m')			moi
tu	te (t')	te (t')			toi
il, elle	le, la, (l'), se	lui, se	y, en		lui, elle, soi
nous	nous	nous			nous
vous	vous	vous			vous
ils, elles	les, se	leur, se			eux, elles
	en	y, en			

N.B. Dans la langue parlée, le pronom indéfini *on* s'emploie souvent à la place de *nous*; *on* se conjugue à la troisième personne du singulier, mais l'accord du participe passé ou des attributs peut se faire au singulier ou au pluriel. Le pronom personnel disjoint qui renvoie à *on* est, selon le cas, *soi* ou *nous*.

> Ex.: On l'a fait pour soi (*ou* pour nous).
> On est arrivés les premiers.
> On est restées bonnes amies.

Tableau A

Les pronoms personnels **sujets** posent peu de problèmes parce qu'ils sont faciles à repérer ou à sélectionner. Vous les avez d'ailleurs bien assimilés en apprenant vos conjugaisons.

Par contre, les pronoms personnels **compléments** sont plus difficiles à employer de façon spontanée, car ils posent le double problème du choix du pronom et de sa place dans la phrase. Cependant, vous éliminerez une bonne partie de la difficulté en apprenant vos verbes avec leurs constructions. En effet, c'est en sachant si un verbe se construit avec un C.O.D. ou avec un C.O.I. que vous serez en mesure de choisir le bon pronom.

> Ex.: Je quitte mon bureau. (C.O.D.)   Je **le** quitte.
> Je téléphone à mon patron. (C.O.I.)   Je **lui** téléphone.

À cet égard, vous pourrez consulter le tableau des verbes (pp. 87–91).

Il est d'autant plus important que vous appreniez ces constructions que les verbes ne se construisent pas de la même manière en français et en anglais.

> Ex.: He teaches children. (C.O.D.)   Il enseigne **aux** enfants. (C.O.I.)
> She waits **for** the train. (C.O.I.)   Elle attend le train. (C.O.D.)

Quant à la place des pronoms compléments, souvenez-vous qu'en français ils **précèdent** le verbe (au lieu de le suivre comme en anglais), sauf dans la phrase impérative affirmative.

> Ex.: Il nous la donne.   Ne nous la donne pas.   Donne-la-nous.
> Tu lui en as parlé.   Ne lui en parle pas.   Parle-lui-en.

Tableau B

Souvenez-vous que les pronoms disjoints ne s'emploient que pour des **personnes**. Ces pronoms sont aussi appelés toniques parce qu'ils servent souvent à mettre en relief les pronoms du tableau A (dits atones). Ce faisant, même s'ils en adoptent la fonction, ils ne les remplacent pas.

Ex.: **Toi**, tu viendras, n'est-ce pas?   (sujet)

Je suis sûr que vous ne l'oublierez pas, **elle**!   (C.O.D.)

Ne leur avez-vous rien donné, **à eux**?   (C.O.I.)

Comme ils n'ont qu'une forme, vous n'avez pas de problème de choix. Vous n'avez pas non plus de problème de place puisqu'ils sont toujours séparés du verbe et en position d'accentuation.

Lorsqu'ils sont employés avec d'autres prépositions que *à* et *de*, les pronoms disjoints ne présentent toujours pas de problème.

Ex.: Je l'ai fait pour toi.

Pars-tu avec eux?

La difficulté vient du fait que vous êtes portés à généraliser et à employer les pronoms disjoints avec *à* et *de*, comme en anglais, alors qu'en français on emploie surtout les pronoms C.O.I. du tableau A.
En effet, pour les compléments introduits par la préposition *à*, on emploie les pronoms disjoints **seulement avec les verbes pronominaux et avec un nombre limité de verbes et d'expressions** que vous devriez apprendre, notamment: *penser à, tenir à, faire attention à, être à*, etc.

Ex.: Il se fie **à elle**. (à sa copine)   *mais*: Il s'**y** fie. (à sa promesse)

Je tiens **à eux**. (à mes amis)   *mais*: J'**y** tiens. (à cet emploi)

Avec tous les autres verbes, et ils sont nombreux, vous devez employer les pronoms atones.

Par contre, avec tous les verbes dont les compléments sont introduits par la préposition *de*, on emploie les pronoms disjoints lorsqu'il s'agit d'une personne bien définie. (Lorsqu'il s'agit d'un groupe de personnes, on peut employer *en*.)

Ex.: J'ai parlé **d'elle**. (de ma copine)   *mais*: J'**en** ai parlé. (de mon emploi, de ces touristes)

Je me souviens **d'eux**. (de mes amis)   *mais*: Je m'**en** souviens. (de cet événement, de ces grévistes)

Pour plus de détails sur la place et l'emploi des pronoms personnels, consultez votre manuel de grammaire.

Pré-test

Complétez le dialogue suivant en remplaçant les mots soulignés par les pronoms personnels et faites les accords qui s'imposent.

Grand parleur, petit faiseur*

Marc: Josée, regarde, j'ai nos billets d'avion! Est-ce que nous sommes <u>prêts à partir</u>?

Josée: Oui, _____ 1 .

Marc: As-tu déposé <u>les enfants chez Yvonne</u>?

Josée: Oui, _____ 2 .

Marc: As-tu fait <u>mes recommandations à notre aîné</u>?

Josée: Oui, _____ **3** .

Marc: Est-ce que tu as laissé <u>de l'argent à Carole</u> pour sa fin de semaine dans le Nord*?

Josée: Oui, _____ **4** .

Marc: Es-tu passée à <u>la banque</u>?

Josée: Oui, _____ **5** .

Marc: J'espère que tu as fait faire assez de <u>chèques de voyage cette fois!</u>

Josée: _____ **6** .

Marc: Et tu n'as pas oublié <u>mon nouveau complet</u>?

Josée: Non, _____ **7** .

Marc: Bon! Voyons un peu, tu as fait <u>les valises</u>?

Josée: Oui, _____ **8** .

Marc: Est-ce que tu as pensé à <u>mon pyjama</u>?

Josée: Oui, _____ **9** .

Marc: Et tu as recousu <u>la poche de ma veste de suède</u>?

Josée: Oui, _____ **10** .

Marc: Oh! pendant que j'y pense, as-tu demandé à <u>Mireille de s'occuper des plantes</u>?

Josée: Oui, _____ **11** .

Marc: Et tu as laissé <u>la clé de la maison à mes parents</u>? Tu sais qu'ils attendent des amis de

            Californie et qu'ils sont à l'étroit* chez eux.

Josée: Mais oui, _____ **12** .

Marc: Est-ce qu'on a des <u>films</u>?

Josée: Oui, _____ **13** .

Marc: Tu crois qu'il faudra écrire <u>aux amis</u>?

Josée: Évidemment; ils s'offenseraient si on ne _____ **14** .

Marc: À propos, est-ce que tu te fies vraiment à* <u>Mireille</u> pour les plantes? Elle est

            tellement distraite!

Josée: Mais bien sûr que je _____ **15** ! C'est ma meilleure amie!

Marc: Tu es <u>vexée</u>?

Josée: Oui, _____ **16** . Je trouve que là tu exagères!

Marc: Mais non, c'est _____ **17** qui es trop susceptible. Au fait, as-tu parlé à

           ton frère aujourd'hui?

Josée: Oui, _____ **18** .

Marc: Est-ce qu'il va s'occuper de la voiture?

Josée: Oui, _____ **19** .

Marc: Il sera donc à l'aéroport tout à l'heure?

Josée: Oui, _____ **20** .

Marc: Est-ce qu'on doit passer prendre Lucie et Benoît?

Josée: Mais oui, _____ **21** .

Marc: J'espère que tu as répété à ces retardataires qu'il faut être à l'heure cette fois-ci?

Josée: Oui, _____ **22** .

Marc: Bon, je m'habille en vitesse*! Mon costume safari est dans la salle de repassage?

Josée: Oui, _____ **23** .

Marc: Tu m'as sorti une chemise propre?

Josée: Oui, mon amour, _____ **24** .

Marc: Formidable! Je vois que j'ai pensé à tout.

(*Quelques instants plus tard…*)

Marc: Je sors les valises. Est-ce que tu t'occupes de fermer les fenêtres et de barrer la

           porte*?

Josée: Oui, _____ **25** .

(*À l'aéroport*)

Josée: Quelle chance! Nous n'aurons pas à faire la queue*. Marc, tu as les billets?

Marc: Mais évidemment que je _____ **26** ! Tu sais bien que je pense toujours à

           tout. (*Il fouille dans sa poche.*)

Josée: (*L'observant, inquiète.*) Marc, tu as changé de complet! Tu n'as quand même pas

           oublié…

Marc: Mais… c'est impossible… J'étais pourtant sûr…

Josée: Lucie… c'est quoi la sentence pour homicide avec circonstances atténuantes?

Corrigé du pré-test

Pour que la réponse soit bonne, il faut que le choix des pronoms et l'ordre des mots correspondent.

1. nous le sommes
2. je les y ai déposés/je les ai déposés chez elle
3. je les lui ai faites
4. je lui en ai laissé
5. j'y suis passée
6. J'en ai fait faire assez
7. je ne l'ai pas oublié
8. je les ai faites
9. j'y ai pensé
10. je l'ai recousue
11. je le lui ai demandé
12. je la leur ai laissée
13. on en a
14. leur écrivait pas
15. me fie à elle
16. je le suis
17. toi
18. je lui ai parlé
19. il va s'en occuper
20. il y sera
21. on doit passer les prendre
22. je le leur ai répété
23. il y est
24. je t'en ai sorti une
25. je m'en occupe
26. les ai

Barème

25/26 . . . .**95%**	
22/26 . . . .**85%**	
20/26 . . . .**75%**	
17/26 . . . .**65%**	
14/26 . . . .**55%**	

Exercice 1a

Récrivez les phrases en remplaçant les compléments soulignés par **le, la, les, lui** ou **leur**, selon le cas, et faites les accords qui s'imposent. N'oubliez pas que c'est la fonction (C.O.D. ou C.O.I.) qui détermine le choix du pronom. Au besoin, consultez le tableau des verbes (pp. 87–91). Attention: le pronom **le** peut aussi remplacer un adjectif.

1. Bon, nous avons tous les ingrédients requis pour faire la croustade aux pommes.

   _____

2. C'est moi qui ai conseillé à Marthe cette petite auberge dans les Cantons de l'Est*.

   _____

3. Une réunion serait la meilleure manière d'expliquer aux employés la dernière décision patronale.

   _____

4. Paul est toujours triste; pourtant, il n'a aucune raison d'être triste puisque tout lui réussit.

   _____

5. Il paraît que tu as rencontré Myriam et Agathe au cours d'informatique hier soir?

   _____

6. C'est en vain que j'ai enseigné les tables de multiplication à ces petits cancres.

   _____

7. Vous me demandez si je suis satisfaite de cet employé? Je serai <u>satisfaite</u> quand il aura fait ses preuves*.

    _____

8. Ils ont décidé de donner <u>leur répondeur téléphonique à leur fille</u>, car elle n'est jamais chez elle.

    _____

Exercice Ib

L'exercice suivant a pour but d'attirer votre attention sur la place des pronoms dans la phrase. Écrivez les pronoms donnés dans l'ordre approprié.

1. le, nous, vous   _____ rendrons.

2. ils, les, nous   _____ ont envoyés.

3. se, les, ils   _____ sont procurés.

4. le, nous, tu   _____ apprendras en temps et lieu.

5. vous, la, nous ne   _____ prêterons sûrement pas!

6. les, elle, leur   _____ enverra par la poste.

7. te, les, nous   _____ ferons encadrer.

Exercice IIa

Récrivez les phrases en remplaçant les compléments soulignés par **en** ou par **y**, selon le cas.

1. Nous sommes allés <u>aux Îles-de-la-Madeleine</u>* pendant les vacances.

    _____

2. Le matin, je mets toujours <u>du sucre du pays</u>* sur mon pain.

    _____

3. Il me faudra trois <u>exemplaires de ce cahier</u> demain au plus tard.

    _____

4.   La voiture est <u>au garage</u> depuis trois semaines.

_____

5.   Dans l'armée, les soldats obéissent <u>aux ordres</u> sans rouspéter*, sinon...

_____

6.   Nous sommes revenus <u>de la baie James</u>* hier soir.

_____

7.   Je ne me sers pas <u>de mes outils</u> en ce moment; veux-tu les emprunter?

_____

8.   Il faut faire quelque chose, il y a trop <u>d'étudiants</u> dans cette classe.

_____

9.   Quand je pense <u>à tous les voyages que je n'ai pas encore faits</u>, je me sens soudain très pressée.

_____

10. Il a dû suivre au moins trois <u>cours de statistique théorique et appliquée</u> avant de comprendre quelque chose <u>à la recherche quantitative</u>!

_____

Exercice IIb   Mettez les pronoms à la place qui convient.

1. en, y, il   _____ aura toujours assez.

2. y, nous, vous   _____ obligez malheureusement.

3. en, nous, vous   _____ donnerons des nouvelles.

4. les, tu, y   _____ as replacés.

5. y, vous, me   _____ laisserez goûter, j'espère?

6. leur, on, en   _____ a gardé un peu.

7. lui, le, il   _____ a demandé.

8. lui, je, en   _____ parlerai, c'est promis.

Exercice IIIa

Parfois un pronom peut remplacer une proposition entière. Remplacez les propositions compléments par **le** ou par **en**. Attention: le pronom **le** remplace un C.O.D.

1. J'ai besoin de me reposer.

   _____

2. On lui a proposé de venir avec nous.

   _____

3. Ils m'ont dit de revenir le plus tôt possible.

   _____

4. Maurice a l'air d'être content.

   _____

5. As-tu envie de sortir avec lui?

   _____

6. Lucie te demande de te dépêcher.

   _____

Exercice IIIb

Récrivez les phrases en remplaçant les propositions compléments par **le** ou par **y**.

1. Vous leur rappellerez d'être à l'heure.

   _____

2. Nous tenons vraiment à ce que vous soyez des nôtres*.

   _____

3. C'est lui-même qui m'a annoncé qu'il allait se présenter comme candidat aux prochaines

   élections provinciales.

   _____

4. Je m'intéresse beaucoup à ce que le musée fait pour les enfants.

   _____

5.   On lui a reproché de ne pas avoir suffisamment consulté ses collègues.

_____

6.   Quand vas-tu te mettre à ranger toutes ces photos?

_____

Exercice IIIc

Récrivez les phrases en remplaçant les propositions compléments par **le**,
par **en** ou par **y**.

1.   J'aurais dû penser qu'il serait en retard.

_____

2.   Je savais bien qu'il serait encore en retard.

_____

3.   On l'a empêché de passer.

_____

4.   Vous m'avez dit que vous iriez faire du ski au mont Tremblant.

_____

5.   Pierre-Paul ne comprenait rien à ce que je lui racontais.

_____

6.   Lætitia serait très heureuse que tu lui rendes visite.

_____

7.   Nous nous attendions à ce que tu réussisses brillamment.

_____

8.   Je pourrais commencer à travailler dès demain.

_____

9.   On sait que vous êtes le meilleur dans votre domaine, mais ça ne changera rien à ce que

nous venons de décider.

_____

10.   Sandrine serait bien capable de nous laisser tomber* à la dernière minute.

_____

Exercice IVa

Remplacez les compléments soulignés ou complétez les phrases à l'aide des pronoms disjoints qui conviennent.

1. J'aimerais bien jouer au tennis avec la nouvelle instructrice.

    _____

2. Et après nous finirons la soirée chez Élise.

    _____

3. Bruno n'acceptera jamais de travailler pour ces gens-là.

    _____

4. Michelle, est-ce que ce livre est à _____ ?

5. «Qu'est-ce que vous avez tous contre _____ ? Je n'y suis pour rien*!», s'écria-t-il

    furieux.

6. Eh, _____ là-bas! Qu'est-ce que vous faites ici si tard?

7. Ne répétez surtout pas ce que je viens de vous dire; il faut que ça reste entre

    _____ .

8. Ni Bertrand ni Janine ne doivent soupçonner qu'on leur prépare une fête.

    _____

9. Ma sœur et _____ , nous nous ressemblons comme deux gouttes d'eau*.

10. C'est Gaston qui va être surpris!

    _____

Exercice IVb

Attention: un nombre restreint de verbes exigent un pronom disjoint seulement lorsque le complément est une personne. Il faut ajouter les verbes pronominaux à cette catégorie. Récrivez les phrases suivantes en remplaçant les compléments soulignés par les pronoms qui conviennent.

1. Je tiens à ce livre comme à un trésor.

    _____

    Je tiens à mes enfants comme à la prunelle de mes yeux.

    _____

2.   Regarde Gilbert, il rêve encore de sa dernière chasse à l'oie.

_____

C'est drôle, j'ai encore rêvé de ma grand-mère cette nuit.

_____

3.   Il faut penser à tes études.

_____

Pense un peu à tes amis; ils seront tellement déçus.

_____

4.   Alors, qu'est-ce que tu penses de ma nouvelle blonde*?

_____

Que penses-tu de mon idée? Géniale, non?

_____

5.   À ta place, je ne me fierais pas à cette horloge, elle retarde.

_____

Tu peux te fier à ces deux étudiants; ce sont les plus sérieux de la classe.

_____

6.   De nos jours, tout le monde parle des ordinateurs.

_____

Est-ce que dans quelques années on parlera encore de la chanteuse Mitsou?

_____

7.   Marie-Lise a eu peur du voisin quand il s'est déguisé en ours pour l'halloween.

_____

Avez-vous peur de la mort?

_____

Exercice IVc

Remplacez le complément d'objet indirect par le pronom personnel C.O.I. ou par le pronom personnel disjoint, selon le cas.

1. J'ai parlé à Véronique.

   _____

2. Ils ont demandé aux Berthiaume de surveiller leur maison.

   _____

3. Vous vous fiez trop à vos amis.

   _____

4. Tu as tort d'en vouloir* à Mélanie.

   _____

5. Il faut s'adresser à la secrétaire.

   _____

6. On a dit bonjour à Liliane.

   _____

7. Benoît a offert des billets de théâtre à son frère.

   _____

8. Est-ce que tu t'habitues à ton nouveau patron?

   _____

9. Vous donnerez vos raisons à Marie-Noëlle.

   _____

10. As-tu pensé à Alexis en faisant tes invitations?

    _____

11. Frontenac a dit: «Je répondrai à Wolfe par la bouche de mes canons!»

    _____

12. Je m'intéresse aux chanteuses de jazz.

    _____

Exercice Va

Attention: l'impératif est un mode qui affecte la place et la forme du pronom personnel. Refaites les phrases suivantes en utilisant des impératifs et remplacez, s'il y a lieu, les mots soulignés par les pronoms qui conviennent.

1. Il faut nous donner <u>votre réponse</u> au plus tôt.

    _____

2. Vous devriez offrir <u>du thé</u> à vos invités.

    _____

3. Je veux que tu te souviennes <u>de ce que je te dis.</u>

    _____

4. Il veut que vous lui parliez <u>de cette histoire.</u>

    _____

5. On devrait s'en aller.

    _____

6. Vous devez absolument raconter <u>à Jean-René</u> <u>ce qui vient de nous arriver.</u>

    _____

7. Tu ferais bien de penser <u>à l'offre qu'on vient de te faire.</u>

    _____

8. Il faut que vous mettiez tous vos papiers à recycler <u>dans cette boîte.</u>

    _____

9. Les enfants! J'aurais besoin de votre aide!

    _____

10. Je te demande, pour la dernière fois, de te mêler de tes affaires*!

    _____

Exercice Vb

Mettez les ordres suivants à la forme négative et faites les transformations qui s'imposent.

1. Envoie-le-moi.   _____

2. Vas-y.   _____

3. Rapportes-en.   _____

4. Parle-m'en. _____

5. Fie-toi à elle. _____

6. Rapporte-la-lui. _____

7. Écrivons-leur. _____

8. Demandez-les-moi. _____

9. Inscrivez-vous-y. _____

10. Empêchez-les-en. _____

Exercice VI

Révision. Récrivez les phrases en remplaçant les mots soulignés par des pronoms.

1. Annonce à Marie et à Berthe qu'elles ont gagné un voyage au Mexique.

   _____

2. Il m'a demandé de faire parvenir deux livres à sa sœur.

   _____

3. Achète des cerises au chocolat; j'adore les cerises au chocolat.

   _____

4. On devrait apporter des marguerites à Stéphanie.

   _____

5. Dès qu'il n'était plus à ses côtés, Juliette pensait à Roméo.

   _____

6. Le professeur tient absolument à ce que nous connaissions bien les pronoms.

   _____

7. Je n'ai jamais entendu Serge jouer du piano.

   _____

8. Nous nous rendons à l'université en autobus.

   _____

9. Tu devrais laisser Louise goûter à ta fameuse tarte aux pommes.

_____

10. Va au marché avec Yves et Micheline.

_____

Exercice VII

À l'aide de la liste suivante, récrivez les phrases en remplaçant les pronoms soulignés par les éléments appropriés. Il faudra faire les transformations qui s'imposent, sans oublier la préposition quand elle est nécessaire. Chacun des groupes d'éléments ne peut être utilisé qu'une fois.

1. au rendez-vous
2. Micheline/de l'engagement du personnel
3. de leur opinion
4. à ce que tu sois présent
5. Diane/qu'elle est invitée
6. ce voyage
7. un peu toquée
8. la permission/ses élèves
9. ta voiture/ta fille
10. les clefs/Michel

1. Je les lui ai remises comme convenu.

_____

2. Oui, prête-la-lui.

_____

3. Laisse faire; c'est elle qui en est responsable.

_____

4. Sois sans crainte; je le lui dirai.

_____

5. Je m'en fiche* éperdument!

_____

6. Dieu merci, tout le monde y était!

_____

7. N'oublie surtout pas, je sais qu'elles y tiennent* beaucoup.

_____

8. J'ai décidé de le faire le plus tôt possible.

_____

9. Mais évidemment qu'elle l'est.

_____

10. Elle la leur a refusée.

_____

Exercice VIII

Révision. Complétez les dialogues suivants.

(sans corrigé)

1. — Est-ce que tu as fait ta gymnastique ce matin?

   — Oui, _____ , et toi?

   — Je ne _____ ai pas eu le temps.

   — Tu devrais aller au gymnase pendant la journée.

   — Je _____ suis allée pour jouer au squash, mais je n'ai pas pu obtenir de court.

   — Tu _____ auras peut-être _____ aujourd'hui. Est-ce que Brigitte est

   libre?

   — Oui, elle _____ ; malheureusement je ne peux pas jouer avec

   _____ parce qu'elle s'est fait une entorse.

   — Dans ce cas, appelle _____ vers 3 h; si je peux, je jouerai une partie avec

   _____ à 5 h 30.

   — C'est vrai?

   — Je _____ _____ promets.

2. — Où est-ce que Micheline a appris à faire la mousse aux pommes?

   — C'est _____ qui _____ . Tu _____ as goûté?

   — Mais oui. Il faut que tu _____ dises comment faire.

   — C'est simple comme bonjour*. Tu as besoin d'oeufs, de sucre et de purée de pommes

   cuites refroidie.

   — Combien d'oeufs?

— Tu _____ prends deux gros oeufs et tu n'utilises que les blancs. Tu _____ montes en neige et tu _____ ajoutes graduellement une demi-tasse de sucre. Tu incorpores ensuite une tasse de purée de pommes et tu bats le mélange jusqu'à ce qu'il soit bien ferme. Quand ta mousse est prête, tu _____ mets dans des coupes à dessert.

— Et les jaunes?

— Ne _____ gaspille pas, garde _____ pour épaissir une soupe ou une sauce.

3. — Est-ce que tu savais que Bertrand avait obtenu une bourse?

— Oui, je _____ et je _____ suis vraiment heureuse pour _____ ; il méritait bien ça. Ses parents doivent être fiers!

— Ils _____ sont, je _____ assure. Mais je _____ pense! Tu devrais _____ demander de _____ aider à remplir ta demande de bourse.

— Tu as bien raison. Je vais _____ faire aujourd'hui même.

4. — Je me demande si Guillaume est revenu de Trois-Rivières.

— Il _____ est revenu hier, mais il doit _____ retourner après demain.

— Je tiens absolument à _____ voir pendant qu'il est ici.

— Si tu _____ tiens tant, dépêche _____ de _____ appeler; il est chez les Lemieux.

— Les Lemieux? Ça fait une éternité* que je ne _____ ai pas vus. Je vais aller faire un tour* chez _____ tout de suite.

5. — Vous avez déjà parlé de cette question, n'est-ce pas?

— Oui, on _____ et on a même trouvé une solution.

— Ah! vous _____ , laquelle?

— On a pensé à engager des étudiants pendant l'été. On étudie déjà les dossiers des candidats.

— Il suffisait de _____ penser! C'est une excellente initiative, je _____ félicite.

6. — Qui est-ce que tu verrais dans le rôle d'Estragon?

— J'avais pensé à Normand.

— _____ aussi, j'avais pensé à _____ , mais je crois que je préfère Olivier; il est meilleur comédien.

— Il _____ est, mais je ne _____ fie pas beaucoup à _____ .

— Pourquoi donc?

— Pour le dernier spectacle, sur trente répétitions, il _____ a manqué neuf. Ça ne fait pas très sérieux.

7. — Mes enfants voudraient que je _____ offre un chien.

— Les miens aussi aimeraient que je _____ .

— Est-ce que tu as vraiment l'intention de _____ faire?

— Je _____ vourdrais bien, mais mon mari ne veut pas _____ entendre parler.

— Je ne peux pas _____ blâmer. Enfin; pense(s) _____ bien avant de _____ embarquer dans cette affaire*. Quand le joli toutou* arrive dans la famille, les enfants _____ occupent, mais au bout d'un mois, c'est à _____ que revient la tâche: il faut que tu _____ promènes deux fois par jour, que tu _____ achètes sa nourriture préférée, que tu _____ fasses des shampooings, que tu _____ brosses...

— Tu oublies les visites chez le vétérinaire!

— Absolument! Tu devras _____ aller régulièrement.

— Arrête! Tu _____ as convaincue; je vais _____ acheter des poissons rouges.

Exercice IX

Pour ceux qui ont des problèmes d'interférence. En anglais, on utilise souvent la tournure passive. En français, on l'évite le plus possible, d'autant plus que seuls les verbes prenant un C.O.D. peuvent se mettre au passif. (*Voir la deuxième partie du chapitre 7.*)

Ex.: He was sent to Paris.   On **l'**a envoyé à Paris. (C.O.D.)
                                                  Il a été envoyé à Paris.

mais: He was given a last chance.   On **lui** a donné une dernière chance. (C.O.I.)
                                                  (Pas de tournure passive ici)

Vous noterez que, dans cet exercice, tous les verbes qui prennent un C.O.I. appartiennent à la série 5 du tableau des verbes. Tous les autres verbes pourraient se mettre à la forme passive.

Traduisez de l'anglais en utilisant le pronom **on** impersonnel actif. Remplacez le nom souligné par le pronom C.O.D. ou C.O.I. qui convient.

1. <u>Edith</u> was accepted...

   On _____ aux Beaux-Arts.

2. <u>Steve</u> was asked to...

   On _____ de répondre dans les meilleurs délais.

3. <u>The students</u> were forbidden to...

   On _____ de fumer dans la classe.

4. <u>Jeanne Sauvé</u> was appointed (nommer)...

   On _____ Gouverneur général du Canada en 1984.

5. <u>He</u> was offered...

   On _____ bon emploi.

6. <u>The burglars</u> were arrested.

   On _____ .

7. <u>The diplomats</u> were ordered to...

   On _____ de quitter le pays.

8. <u>Irene</u> was told that...

   On _____ qu'elle pouvait encore s'inscrire au cours de natation.

9. <u>Susan and Vicky</u> were permitted to...

   On _____ de suivre un cours supplémentaire.

10. <u>That man</u> was accused...

    On _____ injustement.

Exercice X

(sans corrigé)

Mettez les pronoms personnels requis.

Ce que femme veut…

Adam: Bonsoir Ève, qu'est-ce que tu _____ **1** prépares de bon pour le souper?

Ève: Oh, rien de spécial: des huîtres comme entrée, puis un potage au cresson, des

         escalopes cordon-bleu avec des épinards, une salade d'endives et une charlotte russe.

Adam: Encore! Mais nous _____ **2** avons déjà mangé cinq fois cette semaine.

Ève: Tu _____ **3** as comptées? Mais c'est de ta faute, tu _____ **4**

         demandes toujours des plats compliqués.

Adam: Ah! si je pouvais seulement croquer une simple petite pomme!

Ève: Ce n'est pas _____ **5** qui _____ _____ **6** empêche!

Adam: Oh! ça va, ça va*!

Ève: Calme _____ **7** , mon chéri. Si nous sortions un peu avant le souper? On

         pourrait aller prendre l'air dans le jardin.

Adam: Nous _____ **8** sommes du matin au soir, tu ne _____ **9** as pas

         assez?

Ève: Je ne _____ _____ **10** fais pas dire*!

(*Quelques minutes plus tard, dans le jardin*.)

Ève: Quel paradis!

Adam: Hum!

Ève: Qu'est-ce que tu as, Adam? Est-ce que je _____ **11** ai fait quelque chose? On

         dirait que tu es fâché contre _____ **12** . Est-ce que tu _____

         _____ **13** veux* encore d'avoir parlé à Corentin?

Adam: À qui?

Ève: À Corentin, le serpent, voyons!

Adam: Tiens! Tu _____ **14** appelles par son prénom à présent?

Ève: Ne _____ **15** fâche pas, mon ange, tu sais bien que c'est _____ **16**

         que j'aime.

Adam: Écoute, Ève; je ne veux plus que tu _____ 17 parles. Si ça continue, il

_____ 18 causera des pépins*.

Ève: Ah! tu _____ 19 fatigues à la fin! Tu exagères tout le temps! Oh!

_____ 20 voilà!

Ève: (*Au serpent*.) Bonsoir, Corentin.

Corentin: Salut, fleur de pommier aux mille parfums.

Ève: (*À Adam*.) Tu vois comme il me traite, _____ 21 ; ce n'est pas comme

_____ 22 ; il sait _____ 23 faire des compliments,

_____ 24 !

(*Elle s'en va*.)

Corentin: Bonsoir, Adam... Ève a raison, tu sais; je trouve que tu _____ 25 délaisses

un peu trop. Il faudrait que tu sortes plus avec _____ 26 .

Adam: Que veux-tu, avec les courses qu'elle _____ 27 oblige à faire pour ses

soupers fins, je ne _____ 28 ai pas le temps. (*Il baisse la tête, l'air*

chagrin*.) Tu sais, entre _____ 29 , je _____ 30 demande parfois

comment ça va finir!

Corentin: Ne _____ 31 décourage pas, Adam. Écoute _____ 32 , j'ai une

idée.

Adam: Quoi?

Corentin: Si tu veux _____ 33 assurer son amour, il faut que tu _____ 34

prouves que tu es un homme.

Adam: Mais je suis un homme!

Corentin: C'est _____ 35 qui _____ 36 dis, mais on n'est jamais trop

homme. Allons, mets _____ 37 du tien*. Regarde _____ 38 , elle

_____ 39 promène toute seule, l'oeil triste.

(*Ève se promène en chantonnant l'air de* Pierre et le loup: *Pom, pom, pom, pom, pom, pom*...)

Adam: Comme je _____ 40 aime!

Corentin: Alors, il faut _____ _____ **41** montrer.

(*Le cœur ardent, Adam va vers Ève mais… coup de théâtre*.)

Adam: Ève! Qu'est-ce que tu as dans la main?

Ève: Mais tu _____ **42** vois bien… C'est une pomme.

Adam: Qu'est-ce que tu comptes _____ **43** faire?

Ève: _____ **44** manger! Alors, je saurai enfin le secret de la cuisine simple… et

toutes sortes d'autres choses utiles comme _____ **45** habiller et…

Adam: Tu ne _____ **46** as pas le droit, donne _____ _____ **47**

tout de suite!

Ève: Non!

(*Et Ève _____ 48 croque à belles dents*. Adam _____ _____ 49

arrache de force et ne _____ 50 fait qu'une bouchée*!*)

Adam: Mais c'est délicieux!

Corentin: Hi! hi! hi! je savais bien que je finirais par _____ **51** faire leur péché

mignon*!

Exploitation orale

1.   Pour renforcer l'usage du pronom personnel quand le mot remplacé désigne une personne
      (**le**, **la**, **les**, **lui**, **leur**, **en**), parlez de vos rapports avec une personne ou un groupe de
      personnes en particulier.

> Ex.: a) Vos grands-parents:
>   Je **les** aime beaucoup.
>   Je **leur** rends visite le dimanche.
>
>   b) Votre copain a des difficultés en français:
>   Je peux l'aider à étudier, **lui** expliquer les règles.

2.   Pour renforcer l'usage du pronom **en** avec des adjectifs numéraux, préparez, en petits
      groupes, toute une série de questions telles que:

> Ex.: a) — Combien y a-t-il de planètes dans le système solaire?
>   — Il y **en** a **dix**.
>   b) — Combien y a-t-il de musiciens dans le groupe *Kashtin*
>   — Il y **en** a **deux**.

Organisez ensuite un concours entre deux équipes.

3. **Exercice de synthèse**: à l'aide de situations variées, le meneur de jeu amène le reste du groupe à réutiliser les pronoms.

> Ex.: a) Des étudiants étrangers viennent chez vous pour une semaine:
>   On **leur** fait visiter la ville.
>   On **les** emmène au musée.
>
> b) Vous rencontrez un enfant perdu; que faites-vous?
> c) Les plantes de Marie sont en train de mourir; que doit-elle faire?
> d) Quelqu'un s'évanouit à côté de vous; que faites-vous?
> e) Pendant que vous travaillez à Tél-Aide, vous recevez l'appel d'une personne désespérée; que faites-vous?

Corrigé des exercices

Exercice Ia

1. Bon, nous les avons tous.
2. C'est moi que la lui ai conseillée.
3. ... de la leur expliquer.
4. ... de l'être puisque...
5. ... que tu les as rencontrées...
6. ... que je les leur ai enseignées.
7. ... Je le serai quand...
8. ... de le lui donner, car...

Exercice Ib

1. Nous vous le rendrons.
2. Ils nous les ont envoyés.
3. Ils se les sont procurés.
4. Tu nous l'apprendras en temps et lieu.
5. Nous ne vous la prêterons sûrement pas!
6. Elle les leur enverra par la poste.
7. Nous te les ferons encadrer.

Exercice IIa

1. Nous y sommes allés pendant les vacances.
2. Le matin, j'en mets toujours sur mon pain.
3. Il m'en faudra trois demain au plus tard.
4. La voiture y est depuis trois semaines.
5. Dans l'armée, les soldats y obéissent sans rouspéter...
6. Nous en sommes revenus hier soir.
7. Je ne m'en sers pas en ce moment...
8. Il faut faire quelque chose, il y en a trop dans cette classe.
9. Quand j'y pense, je me sens soudain très pressée.
10. Il a dû en suivre au moins trois avant d'y comprendre quelque chose!

Exercice IIb

1. Il y en aura toujours assez.
2. Vous nous y obligez malheureusement.
3. Nous vous en donnerons des nouvelles.
4. Tu les y as replacés.
5. Vous m'y laisserez goûter, j'espère?
6. On leur en a gardé un peu.
7. Il le lui a demandé.
8. Je lui en parlerai, c'est promis.

Exercice IIIa

1. J'en ai besoin.
2. On le lui a proposé.
3. Ils me l'ont dit.
4. Maurice en a l'air.
5. En as-tu envie?
6. Lucie te le demande.

Exercice IIIb

1. Vous le leur rappellerez.
2. Nous y tenons vraiment.
3. C'est lui-même qui me l'a annoncé.
4. Je m'y intéresse beaucoup.
5. On le lui a reproché.
6. Quand vas-tu t'y mettre?

Exercice IIIc

1. J'aurais dû y penser.
2. Je le savais bien.
3. On l'en a empêché.
4. Vous me l'avez dit.
5. Pierre-Paul n'y comprenait rien.
6. Lætitia en serait très heureuse.
7. Nous nous y attendions.
8. Je le pourrais.
9. On le sait mais ça n'y changera rien.
10. Sandrine en serait bien capable.

Exercice IVa

1. avec elle
2. chez elle
3. pour eux
4. à toi
5. contre moi
6. vous
7. entre nous
8. Ni lui ni elle
9. moi
10. lui

Exercice IVb

1. J'y tiens comme…
   Je tiens à eux comme…
2. … il en rêve encore.
   … j'ai encore rêvé d'elle…
3. Il faut y penser.
   Pense un peu à eux…
4. Alors, qu'est-ce que tu penses d'elle?
   Qu'en penses-tu?…
5. … je ne m'y fierais pas…
   Tu peux te fier à eux…
6. … tout le monde en parle.
   … on parlera encore d'elle?
7. Marie-Lise a eu peur de lui…
   En avez-vous peur?

Exercice IVc

1. Je lui ai parlé.
2. Ils leur ont demandé de…
3. Vous vous fiez trop à eux.
4. Tu as tort de lui en vouloir.
5. Il faut s'adresser à elle.
6. On lui a dit bonjour.
7. Benoît lui a offert des billets…
8. Est-ce que tu t'habitues à lui?
9. Vous lui donnerez vos raisons.
10. As-tu pensé à lui en…
11. … «Je lui répondrai par la bouche de mes canons!»
12. Je m'intéresse à elles.

Exercice Va

1. Donnez-la-nous au plus tôt.
2. Offrez-leur-en.
3. Souviens-t'en.
4. Parlez-lui-en.
5. Allons-nous-en.
6. Racontez-le-lui.
7. Pense-y.
8. Mettez-y tous vos papiers.
9. Aidez-moi!
10. Mêle-toi de tes affaires!

Exercice Vb

1. Ne me l'envoie pas.
2. N'y va pas.
3. N'en rapporte pas.
4. Ne m'en parle pas.
5. Ne te fie pas à elle.
6. Ne la lui rapporte pas.
7. Ne leur écrivons pas.
8. Ne me les demandez pas.
9. Ne vous y inscrivez pas.
10. Ne les en empêchez pas.

Exercice VI

1. Annonce-le-leur.
2. Il m'a demandé de lui en faire parvenir deux.
3. Achètes-en; je les adore.
4. On devrait lui en apporter.
5. … pensait à lui.
6. Le professeur y tient absolument.
7. Je ne l'ai jamais entendu en jouer.
8. Nous nous y rendons en autobus.
9. Tu devrais la laisser y goûter.
10. Vas-y avec eux.

Exercice VII

1. J'ai remis les clefs à Michel.
2. Oui, prête ta voiture à ta fille.
3. Laisse faire, c'est Micheline qui est responsable de l'engagement du personnel.
4. Sois sans crainte; je dirai à Diane qu'elle est invitée.

5. Je me fiche éperdument de leur opinion.
6. Dieu merci, tout le monde était au rendez-vous!
7. N'oublie surtout pas, je sais qu'elles tiennent beaucoup à ce que tu sois présent.
8. J'ai décidé de faire ce voyage le plus tôt possible.
9. Mais évidemment qu'elle est un peu toquée.
10. Elle a refusé la permission à ses élèves.

Exercice IX

1. On l'a acceptée.
2. On lui a demandé...
3. On leur a défendu...
4. On l'a nommée...
5. On lui a offert...
6. On les a arrêtés.
7. On leur a ordonné...
8. On lui a dit...
9. On leur a permis...
10. On l'a accusé...

Expressions idiomatiques et notes explicatives

Pré-test

Grands parleurs, petits faiseurs: proverbe qui veut dire que ceux qui parlent beaucoup ne font pas grand chose.

Le Nord: nom communément donné aux Laurentides, une chaîne de montagnes située au nord de Montréal où beaucoup de gens ont un chalet. On y trouve notamment le mont Tremblant qui est réputé pour ses pentes de ski.

Être à l'étroit: ne pas avoir beaucoup de place.

Se fier à quelqu'un: faire confiance à quelqu'un.

En vitesse: terme familier pour *très vite, en se dépêchant.*

Barrer la porte: terme qui date du Moyen Âge alors qu'on fermait les portes avec une barre. On l'emploie couramment au Québec pour *fermer la porte à clé.*

Faire la queue: attendre les uns derrière les autres, comme au cinéma ou à l'arrêt d'autobus.

Exercice Ia

Les Cantons de l'Est: région du Québec, appelée aussi l'Estrie, qui occupe tout le territoire compris entre le sud-est de Montréal et la frontière des États-Unit. On y trouve notamment le lac Memphrémagog, le mont Orford, et de nombreux centres de ski (Orford, Sutton, Bromont).

Faire ses preuves: démontrer sa compétence, son savoir-faire.

Exercice IIa

Les Îles-de-la-Madeleine: îles qui se trouvent au large de l'Île-du-Prince-Édouard et de Terre-Neuve, mais qui font partie de la province de Québec. Ses habitants s'appellent les Madelinots.

Sucre du pays: produit dérivé du sirop d'érable.

Sans rouspéter: (familier) sans protester.

La baie James: large baie qui se trouve au nord du Québec et qui a été exploitée pour la production hydro-électrique. Les barrages LG1 et LG2 sont les plus importants du monde.

Exercice IIIb

Des nôtres: parmi nous.

Exercice IIIc

Laisser tomber quelqu'un: ne plus s'intéresser à quelqu'un.

Exercice IVa

N'y être pour rien: ne pas être responsable de ce qui est arrivé.

Se ressembler comme deux gouttes d'eau: se ressembler au point de tromper les gens.

Exercice IVb

Ma blonde: se dit au Québec pour *ma petite amie*, même si elle n'est pas blonde.

Exercice IVc

En vouloir à quelqu'un: être fâché contre quelqu'un.

Exercice Va

Se mêler de ses affaires: s'occuper de ce qui nous concerne.

Exercice VII

Je m'en fiche: ça m'est égal.

Y tenir: tenir à une chose, la vouloir absolument, y attacher beaucoup d'importance.

Exercice VIII

Être simple comme bonjour: être très simple.

Ça fait une éternité que: il y a très longtemps que.

Aller faire un tour chez quelqu'un: rendre visite à quelqu'un. *Un tour:* une petite promenade.

S'embarquer dans une affaire: s'engager dans une entreprise risquée.

Un toutou: nom affectueux pour *un chien*.

Exercice X

Ça va, ça va!: ça suffit!

Je ne te (vous) le fais pas dire: je suis pleinement d'accord, je partage entièrement ton (votre) avis.

En vouloir à quelqu'un: rester fâché contre quelqu'un, ne pas lui pardonner.

Causer des pépins: causer des ennuis.

L'air chagrin: l'air triste.

Y mettre du sien: faire un effort, se montrer conciliant, *mettre de l'eau dans son vin.*

Coup de théâtre: changement brusque et imprévu comme il arrive dans les pièces de théâtre.

Croquer à belles dents: manger avec appétit.

Ne faire qu'une bouchée d'une chose: la manger gloutonnement, l'*avaler tout rond.*

Péché mignon: petit défaut agréable, petite faute habituelle, point faible.

Les pronoms relatifs

Le but de ce chapitre est de vous apprendre à choisir le pronom relatif qu'il faut employer. Les quatre questions suivantes sont celles que vous devez vous poser afin de déterminer votre choix.

1. Le pronom relatif est-il le **sujet** (S) ou le **complément** (C) de la proposition qu'il introduit?

    Ex.: La neige **qui** (S) est tombée cette nuit a tout enseveli.
    La neige **que** (C) tu as pelletée a fondu.
    La neige sur **laquelle** (C) nous avons skié était légère et poudreuse.

2. Le pronom relatif **complément** est-il lié à une **préposition**?

    Ex.: La personne **que** j'attends n'est pas encore arrivée.   (attendre qqn)
    La personne **à qui** vous avez parlé est le concierge.   (parler **à** qqn)
    La personne **dont** vous m'aviez parlé était absente.   (parler **de** qqn)

    Comme vous pouvez le constater, la forme du pronom complément est intimement liée à la construction du verbe. N'hésitez donc pas, au besoin, à consulter le tableau des verbes (pp. 87–91).

3. Le pronom relatif **complément** remplace-t-il une **personne** ou une **chose**?

    Ex.: Les personnes avec **qui** (avec **lesquelles**) j'ai fait le voyage étaient toutes fort sympathiques.
    L'appareil avec **lequel** j'ai haché les oignons est une petite merveille.

    Dans le cas du pronom *lequel*, il faudra prendre soin de bien faire l'accord, le cas échéant.

4. Le pronom relatif remplace-t-il un **seul** mot ou **plusieurs** mots, c'est-à-dire remplace-t-il une personne ou une chose, ou bien une proposition (fait, idée…)?

    Ex.: Le soleil **qui** a brillé toute la semaine a enchanté les touristes. Il a fait beau toute la semaine, **ce qui** a enchanté les touristes.

	Personne	Chose	Proposition
Sujet	qui	qui	ce qui
C.O.D.	que	que	ce que
C.O.I.	à qui / auquel / à laquelle auxquels / auxquelles	auquel / à laquelle auxquels / auxquelles	ce à quoi
C1	dont	dont	ce dont
C2	prép. + qui prép. + lequel, laquelle, lesquels, lesquelles	prép. + lequel, laquelle, lesquels, lesquelles	
C3		où	

C1 Complément d'un verbe (C.O.I.), d'un nom ou d'un adjectif introduit par la préposition *de* (la préposition *de* est absorbée par *dont*).

    Ex.: se souvenir **de**, parler **de** quelqu'un ou **de** quelque chose
    la remarque **de** Benoît
    fière **d'**un trophée

C2 Complément d'un verbe suivi d'une préposition, autre que *à* ou *de*, qui introduit un complément circonstanciel (C.C.)

    Ex.: avec, pour, à côté de, au sujet de

C3 Complément qui indique une situation dans l'espace ou dans le temps.

    Ex.: la **ville** où je suis née; le **jour** où je l'ai rencontré

Pré-test

Complétez le dialogue en utilisant les pronoms relatifs qui conviennent. Attention aux verbes se construisant avec **à** ou **de**.

Un coup de foudre*

Sophie: Le garçon _____ **1** j'ai rencontré hier chez les Charlebois a de beaux yeux noirs _____ **2** m'ont ensorcelée, je crois...

Caroline: Voilà sûrement quelqu'un avec _____ **3** tu passerais volontiers tes moments libres, n'est-ce pas?

Sophie: Hélas, ma vieille*, il y a déjà quelqu'un _____ **4** s'occupe de ses loisirs!

Caroline: C'est peut-être une relation _____ **5** il accorde peu d'importance.

Sophie: Je ne sais pas au juste _____ **6** elle signifie pour lui, mais à la soirée _____ **7** il m'a été présenté, il n'avait d'yeux* que pour Juliette.

Caroline: À propos, qu'est devenu l'étudiant _____ **8** le père est millionnaire et avec _____ **9** tu comptais partir en vacances?

Sophie: Bah! je n'avais pas vraiment envie de l'accompagner, _____ **10** il a très vite compris.

Caroline: Et cet artiste _____ **11** tu étais follement amoureuse au premier semestre et sans _____ **12** tu ne pouvais plus vivre, qu'est-il devenu?

Sophie: Bah! je ne suis plus emballée* par la peinture abstraite, _____ **13** m'a guérie de lui.

Caroline: Ah bon! Et ton joueur de hockey _____ **14** tu avais juré une fidélité éternelle et _____ **15** tu m'avais tant vanté les exploits?

Sophie: Bof! ce n'était pas le sport _____ **16** je m'intéressais le plus!

Caroline: Franchement, tu ne sais pas _____ **17** tu veux! Et ton fameux reporter _____ **18** avait ce magnifique voilier à bord _____ **19** vous deviez faire le tour du monde à la recherche de l'île _____ **20** on ne revient pas...

Sophie: Oh! réflexion faite, ce n'était pas la vie _____ **21** je rêvais! Et d'ailleurs, je n'ai jamais eu le pied marin*, _____ **22** il s'est vite rendu compte!

Caroline: Tu me désespères! Toutes les aventures _____ **23** je viens de faire allusion

me rendent perplexe. Ton beau Roméo _____ **24** tu aimes tant les yeux ne

fera pas long feu*! Ma foi, le jour _____ **25** tu seras vraiment amoureuse,

les poules auront des dents*!

Corrigé du pré-test

1. que
2. qui
3. qui
4. qui
5. à laquelle
6. ce qu'
7. où
8. dont
9. qui/lequel
10. ce qu'
11. dont

12. qui/lequel
13. ce qui
14. à qui/auquel
15. dont
16. auquel
17. ce que
18. qui
19. duquel
20. d'où/dont
21. dont
22. ce dont

23. auxquelles
24. dont
25. où

Barème

23/25	.95%
21/25	.85%
19/25	.75%
17/25	.65%
15/25	.55%

Exercice I

Complétez les phrases suivantes en utilisant **qui** ou **que**. N'oubliez pas que le pronom **qui** est toujours sujet alors que le pronom **que** est toujours C.O.D.

1. Est-ce que tu regardes le téléroman _____ passe le mercredi soir à Radio-Canada?

2. Les étudiants _____ réussissent sont toujours ceux _____ travaillent le mieux.

3. Le sondage _____ je vous propose de faire vous fournira l'occasion de rencontrer des francophones.

4. Le spectacle _____ vous vouliez voir a été annulé.

5. Celui _____ a été présenté la semaine dernière ne valait pas le déplacement!

6. Les gens _____ voient la vie en rose sont des optimistes et ceux _____ on appelle des pessimistes voient tout en noir!

7. Savez-vous que «mettre les pieds dans le plat» est une expression idiomatique _____ veut dire «faire une gaffe»?

8. Thomas Sanchez, l'auteur de *Rabbit Boss*, est un jeune écrivain américain _____

l'on compare à Steinbeck.

9. Connais-tu la blague _____ Michel est en train de raconter?

10. La chanteuse _____ vous venez d'écouter a eu beaucoup de succès dans les

années trente.

Exercice II

Reliez les deux phrases en remplaçant les mots soulignés par les différentes formes de **lequel** précédé d'une préposition. Dans le cas où l'antécédent est une personne, donnez les deux relatifs possibles. Attention: n'oubliez pas que le pronom relatif suit son antécédent et que, de ce fait, la proposition relative se trouvera intercalée dans la proposition principale ou suivra celle-ci, selon que cet antécédent est *sujet* ou *complément*.

Modèle: Je ne me souviens pas du nom de la personne. J'ai téléphoné à cette personne le mois dernier.
Je ne me souviens pas du nom de la personne à qui (à laquelle) j'ai téléphoné le mois dernier.

1. La chanson est de Gilles Vigneault*. Vous pensez à cette chanson.

_____

2. Ne jetez pas le papier. Sophie a inscrit son numéro de téléphone sur ce papier.

_____

3. Les amis demeurent dans les Cantons de l'Est*. Nous allons en vacances chez ces amis.

_____

4. Les murs ont été repeints. Les grévistes avaient collé leurs affiches sur ces murs.

_____

5. L'employée est à la salle 190. Vous devez demander les formulaires d'inscription à

cette employée.

_____

6. Le yoga m'a appris des techniques de relaxation. Je serais devenu fou sans ces techniques.

_____

7. Est-ce que tu connais mon amie Marie-Claire? J'ai fait de l'auto-stop avec elle jusqu'à

Calgary.

_____

8.   L'ambassadeur a fait une gaffe monumentale. Personne ne s'attendait à cette gaffe.

   _____

9.   L'accident a fait la manchette* des journaux. Tous les passagers de l'avion ont péri dans

   cet accident.

   _____
   .

10. La candidate a remporté tous les suffrages. Tu as voté pour cette candidate.

   _____

Exercice IIIa

À l'aide du pronom relatif approprié (**dont** ou les différentes formes de **duquel**), réunissez les deux phrases données en une seule.

Modèle: La pièce de théâtre passe en ce moment au Centre national des arts à Ottawa. Vous m'avez parlé de cette pièce.
La pièce de théâtre dont vous m'avez parlé passe en ce moment au Centre national des arts à Ottawa.

1.   Le cours n'est pas offert cette année. J'aurais besoin de ce cours.

   _____

2.   Mais voyons donc! Cet insecte n'est pas dangereux. Tu as peur de cet insecte.

   _____

3.   Avez-vous aimé le film? Les critiques se sont querellés à propos de ce film.

   _____

4.   Tout le monde se demande si le contrat sera signé. L'avenir de la compagnie dépend de

   ce contrat.

   _____

5.   Les adolescents n'ont pas cessé de chahuter. J'étais assis au cinéma à côté de ces

   adolescents.

   _____

6.   Fumer est une mauvaise habitude. Vous devriez vous débarrasser de cette habitude.

   _____

7.   Son accent était en fait charmant. On se moquait de son accent gentiment.

   _____

8. Le parc est devenu un jardin botanique. Nous habitons près de ce parc.

   _____

9. Les BPC comptent parmi les déchets les plus toxiques de notre environnement. On

   entend beaucoup parler des BPC ces jours-ci.

   _____

10. Je ne tiens pas à travailler avec un programme d'ordinateur. Je ne sais pas encore bien me

    servir de ce programme.

    _____

Exercice IIIb

À l'aide du pronom relatif approprié (**dont** ou les différentes formes de **duquel**), réunissez les deux phrases données en une seule. Dans le cas de **dont**, indiquez s'il s'agit d'un complément du verbe, du nom ou de l'adjectif.

1. Micheline vient de recevoir un prix prestigieux. Elle est très fière de ce prix.

   _____

2. Je refuse d'entendre les blagues, et cela même si elles sont drôles. Le motif de ces blagues

   est sexiste ou raciste.

   _____

3. Je viens d'apprendre que le café est plein de cholestérol. J'abuse du café

   malheureusement.

   _____

4. L'incident ne s'oubliera pas de sitôt. Il a été obligé de démissionner à cause de cet

   incident.

   _____

5. En faisant un stage auprès des enfants surdoués, Gérard a acquis une expérience. Il

   profitera de cette expérience à l'avenir.

   _____

6. La pièce est d'Agatha Christie. Les dix personnages de cette pièce meurent les uns après

   les autres.

   _____

7. En remplaçant la viande par les légumineuses, les végétariens assimilent <u>les protéines</u>. Ils manqueraient de protéines autrement.

_____

8. <u>La foule</u> le pressait de toutes parts. Il se trouvait au milieu de la foule.

_____

9. <u>Beaucoup de Québécois</u> s'appellent Champagne, Normand, Picard. Les ancêtres de ces Québécois venaient de provinces françaises.

_____

10. Martin s'est blessé parce que le <u>panneau de bois</u> est tombé sur lui. Il s'était caché en arrière de ce panneau.

_____

Exercice IV

Complétez les phrases suivantes en utilisant soit le pronom relatif **que**, soit le pronom relatif **où**. Devant **où** vous devrez parfois ajouter une préposition. N'oubliez pas que le pronom **que** est toujours C.O.D. alors que le pronom **où** est toujours C.C.

1. Avez-vous entendu parler de cette vallée _____ on vient de découvrir au Pérou et _____ les gens deviennent tous centenaires?

2. L'halloween, voilà un jour _____ les enfants attendent avec beaucoup d'impatience.

3. Le jour _____ je comprendrai votre sens de l'humour, je serai aux anges*.

4. Trois-Rivières*, c'est la ville _____ je viens et _____ vous êtes passés en rentrant de Québec.

5. Le restaurant japonais _____ vous avez dîné hier soir est celui _____ je préfère.

6. J'allais lui téléphoner au moment _____ elle est arrivée chez moi.

7. Gastown est un vieux quartier de Vancouver _____ j'ai visité l'été dernier. C'est un endroit _____ on a fait beaucoup de rénovations.

8. Le lac _____ nous avons traversé à la nage se trouve à douze kilomètres du village

   _____ nous avons campé.

9. Ah! c'était la journaliste _____ vous aviez invitée à votre table ronde télévisée!

10. Ah! c'était la fameuse émission _____ il y avait toutes ces célébrités du monde

    sportif!

Exercice Va Complétez les phrases en utilisant **ce qui, ce que, ce dont, ce à quoi**.

1. Un bon homard des Îles-de-la-Madeleine, voilà _____ lui ferait plaisir.

2. Dis-moi _____ tu manges, je te dirai qui tu es.

3. Ses affaires ne vont pas trop bien, _____ je me doutais un peu.

4. Parlez moins vite; je ne comprends pas tout _____ vous dites.

5. Thierry est parti en claquant la porte, _____ nous ne nous attendions pas.

6. _____ je préfère à Montréal durant l'été, c'est le Festival de jazz.

7. Écoute, tu ne sais vraiment pas _____ tu as besoin.

8. Rachel s'est enfin acheté une maison de campagne, _____ elle rêvait depuis des

   années!

9. On peut penser _____ on veut. Ça m'est égal*!

10. Le téléphone n'arrête pas de sonner, _____ il faudra bien vous habituer.

Exercice Vb Mettez le pronom relatif qui convient, en tenant compte de la présence ou de l'absence d'antécédent.

1. Je vais chercher les patins _____ j'ai fait aiguiser chez le cordonnier.

2. Le gaspillage excessif, voilà _____ caractérise notre société de consommation.

3. Pourquoi jetez-vous ces contenants? Ils sont recyclables. Essayez de recycler tout

   _____ vous pouvez.

4. Après mon accident, j'ai perdu la mémoire. Il y avait jusqu'à mon nom _____ je ne me souvenais plus.

5. Je voudrais bien savoir _____ il veut en venir.

6. J'ai dû laisser mes lunettes au même endroit _____ j'ai laissé mon livre.

7. _____ le professeur a expliqué aujourd'hui était extrêmement pertinent pour notre recherche.

8. Personne ne veut appuyer sa candidature, _____ il ne s'attendait pas le moins du monde.

9. Alexis avait beau* écouter, il ne comprenait pas _____ il était question.

10. Toutes les activités sportives _____ je me suis inscrit vont m'aider à me garder en forme.

Exercice VI

Révision. Remplacez le mot souligné par un pronom relatif et réunissez les deux phrases en une seule.

1. Le stress peut se contrôler par un certain nombre de techniques de relaxation. Il est la cause d'un grand nombre de maladies.

   _____

2. J'aime fureter dans les boutiques. On les trouve dans le Vieux-Montréal*.

   _____

3. Ève a passé avec succès l'entrevue. Son entrée à la faculté d'architecture en dépendait.

   _____

4. Québec est une ville nord-américaine. On y retrouve le charme des vieilles villes fortifiées d'Europe.

   _____

5. À Montréal, il y a tout un réseau de voies souterraines reliant hôtels, stations de métro et magasins. C'est bien agréable en hiver.

   _____

6. Il s'agit d'élire une personne. On peut compter sur elle.

    _____

7. Il y avait beaucoup de champignons dans le bois. Nous avons campé près de ce bois.

    _____

8. La chanson est un grand succès de Jacques Brel*. Tu en fredonnes l'air.

    _____

9. La communauté française de la Louisiane lui a légué une culture unique en Amérique du

    Nord. Il a été élevé au sein de cette communauté.

    _____

10. Les sauveteurs ont sorti l'enfant de la crevasse. L'enfant était tombé dans la crevasse.

    _____

Exercice VII   Révision. Complétez les phrases en mettant le relatif qui convient.

1. Cette semaine, tous les billets de la Mini-loto* _____ le numéro se termine par 489

    gagnent 50 $.

2. Le film _____ vous pensez vient de recevoir l'oscar du meilleur film étranger.

3. L'attribution du prix Nobel de la paix est un événement _____ on parle beaucoup

    chaque année.

4. Le carnaval d'hiver _____ a lieu à Québec chaque année est le plus populaire de la

    province.

5. Te souviens-tu de ce restaurant à l'Île d'Orléans* _____ on nous a servi un repas

    typiquement québécois _____ était si bon?

6. Est-ce que c'est l'équipement de hockey _____ tu voulais acheter?

7. Zut! Acheter des timbres d'avance est une chose _____ je ne pense jamais et

    pourtant les timbres, c'est quelque chose _____ on a toujours besoin.

8. Tout _____ je rêve en hiver, c'est d'une île au soleil!

Exercice VIII

Révision. Complétez le dialogue en mettant les relatifs qui conviennent.

Être ou ne pas être bilingue

Patrick: Eh bien! Cette conférence sur l'apprentissage d'une langue seconde, ce n'est pas du

tout _____ **1** je m'attendais!

Lawrence: C'est pourtant _____ **2** avait été annoncé dans le programme.

Patrick: Au fond, c'est sans importance, étant donné _____ **3** j'en ai retiré, c'est-à-

dire pas grand-chose*!

Lawrence: Mais je croyais que tu te débrouillais assez bien en français?

Patrick: Quand je lis, oui. Mais j'ai mon rythme, tu comprends? Et le conférencier

_____ **4** parlait n'en tenait pas compte, tu vois? Je n'ai presque rien

compris de _____ **5** il a dit!

Lawrence: C'est assez ironique, car il a parlé des difficultés _____ **6** les anglophones

doivent faire face lorsqu'ils apprennent le français. Il a parlé des problèmes

_____ **7** leur créent les différences d'accent, d'intonation, de débit.

Patrick: C'est toi _____ **8** le dis! Et je t'assure qu'il était la parfaite illustration de

_____ **9** il parlait!

Lawrence: Mais qu'est-ce qui te gênait le plus, son accent ou son débit?

Patrick: Est-ce que je sais moi? Les deux, j'imagine! Il aurait parlé chinois que ça n'aurait

rien changé!

Lawrence: Tu exagères! Au fond, _____ **10** t'ennuyait, c'est que le sujet

_____ **11** il parlait t'intéressait.

Patrick: Soit*. Mais il aurait pu nous expliquer certaines idées en anglais... ou au ralenti*!

Lawrence: Il a dit qu'il fallait se faire l'oreille*, s'habituer à entendre du français.

Patrick: Mais a-t-il pensé à ceux _____ **12** n'ont pas d'oreille*?

Lawrence: Écoute, il faut bien commencer quelque part! C'est d'ailleurs la raison pour

_____ **13** il s'est exprimé en français.

Patrick: C'est bien _____ **14** je craignais! Mais alors, qu'est-ce qu'il faut faire?

Lawrence: Écouter la radio, la télévision; il y a aussi le laboratoire de langues _____ **15**

           est presque toujours ouvert.

Patrick: Quoi d'autre?

Lawrence: Il a dit que ceux _____ **16** apprennent vraiment à parler couramment

           sont ceux _____ **17** l'on trouve parmi les francophones, ceux

           _____ **18** n'ont pas peur de faire des fautes, ceux _____ **19**

           participent à la vie culturelle des francophones.

Patrick: Je connais peu d'étudiants anglophones _____ **20** c'est le cas!

Lawrence: C'est justement _____ **21** il déplorait.

Patrick: Qu'il me présente une jolie Québécoise avec _____ **22** je pourrai parler

           français et je participerai à tout _____ **23** il voudra!

Exercice IX
(sans corrigé)

Complétez le dialogue en mettant les relatifs qui conviennent. Attention aux verbes qui se construisent avec **à** ou **de**.

C't'à ton tour, Michel Tremblay*

Alain: Je suis en train de lire un roman très différent de ceux _____ **1** je lis

      habituellement et _____ **2** porte un titre plutôt bizarre: *La Grosse Femme*

      d'à côté est enceinte. Tu connais?

Sylvie: Bien sûr! C'est le premier roman _____ **3** a écrit Michel Tremblay et

      _____ **4** a été publié en 1978.

Alain: Justement. Mais tu as l'air de bien connaître cet auteur, alors que moi, à part le

      roman _____ **5** je viens de te parler, je ne sais pas grand-chose sur lui.

Sylvie: Voyons donc! Michel Tremblay est un auteur québécois très connu _____ **6**

      la pièce *Les Belles-soeurs*, créée en 1968, a eu un énorme succès.

Alain: Ah oui! Ça me dit quelque chose. Est-ce que ce n'est pas l'histoire d'un groupe de

      femmes _____ **7** se réunissent pour coller des timbres-primes

      _____ **8** l'une d'elles a gagnés?...

Sylvie: C'est ça! Cependant, l'originalité de la pièce ne tient pas à l'intrigue _____ **9** tu viens de décrire, mais plutôt aux moyens _____ **10** Tremblay a eu recours pour traiter un sujet _____ **11** peut, à première vue, sembler banal.

Alain: Ah oui! Il me semble qu'au moment _____ **12** cette pièce a été créée, il y a eu une grande controverse _____ **13** ont participé plusieurs critiques littéraires du Québec.

Sylvie: En effet, certains ont critiqué Tremblay pour avoir mis dans la bouche de ses comédiennes une langue populaire, le joual*, _____ **14** n'avait encore jamais été fait au théâtre. _____ **15** Tremblay a voulu montrer en utilisant le joual, c'est le profond désarroi dans _____ **16** se trouvent ses personnages. La langue _____ **17** ils se servent ne leur permettant ni de nommer ni de définir les problèmes _____ **18** ils se heurtent, ils sont condamnés à rester prisonniers du milieu étouffant _____ **19** ils vivent et _____ **20** ils ne peuvent pas sortir.

Alain: Ah! Je commence à comprendre les raisons pour _____ **21** on dit que le nouveau théâtre québécois débute avec Michel Tremblay. C'est donc lui _____ **22** , le premier, a osé décrire une réalité sociale _____ **23** on avait toujours voulu ignorer. Le public québécois pouvait enfin se reconnaître sur scène, _____ **24** il n'avait pas été habitué. J'ai vraiment hâte de* terminer le roman *La Grosse Femme d'à côté est enceinte* _____ **25** je suis en train de lire pour me lancer dans la lecture des *Belles-soeurs*!

Exercice X

(sans corrigé)

À l'aide du dictionnaire et en vous servant du verbe entre parenthèses, écrivez, pour les noms qui suivent, une définition d'au moins une proposition. Attention: n'utilisez pas de pronom sujet et vérifiez si le verbe se construit avec une préposition.

Modèle: un boudoir (se retirer)
Un boudoir est une pièce discrète où on peut se retirer pour être tranquille (et que l'on appelle ainsi parce qu'autrefois les femmes allaient y bouder). Comme quoi les mots reflètent les préjugés de leur époque!

L'insuline (avoir besoin de)

_____

_____

Un bail (signer)

_____

_____

Un diplôme (recevoir)

_____

_____

Un fouet (se servir)

_____

_____

Les échecs (s'affronter)

_____

_____

Une anecdote (se souvenir)

_____

_____

Un maringouin (trouver)

_____

_____

Un peignoir (porter)

_____

_____

Un cagibi (ranger)

_____

_____

Un canapé (s'étendre)

_____

_____

Exploitation orale

1.   Jeux de définition

a)   On choisit une personne de la classe ou de son entourage et chacun(e) devra la décrire en utilisant un pronom relatif différent.

> Ex.:   Jeanne, qui est-ce?
> C'est la personne **qui** est assise à côté de moi.
> C'est la personne **à qui** j'ai téléphoné hier soir.

b)   On peut faire le même jeu avec un personnage célèbre, un homme (une femme) politique connu(e), une vedette de cinéma ou de la télévision, etc.

> Ex.:   Christophe Colomb, qui est-ce?
> C'est l'homme **qui** a découvert l'Amérique.
> C'est l'homme **à qui** le roi d'Espagne a donné trois vaisseaux.

c)   On peut refaire le même jeu, mais cette fois en faisant définir un objet particulier.

> Ex.:   Une fusée, qu'est-ce que c'est?
> C'est un engin **qui** permet d'aller sur la lune.
> C'est un engin **qu'**on envoie dans l'espace.
> C'est un engin **à bord duquel** les astronautes voyagent.

2.   Devinettes

On choisit un mot difficile mais dont certaines syllabes rappellent un mot connu. Chaque étudiant(e) doit deviner ce que c'est en donnant une explication à l'aide d'un pronom relatif différent.

> Ex.:   Qu'est-ce que c'est qu'une gâchette?
> C'est quelque chose **qu'**on a gâché.
> C'est quelque chose **qui** sert à hacher la viande.
> C'est un endroit **où** on se cache.

Ex.: Qu'est-ce qu'une fondrière?
C'est une machine **qui** fait fondre la neige.
C'est un plat **que** l'on utilise pour faire les fondues.
C'est un endroit **où** on fait du ski de fond.

Tous ces exercices peuvent aussi se faire par écrit sous forme de petites rédactions.

Corrigé des exercices

Exercice I

1. qui
2. qui; qui
3. que
4. que
5. qui
6. qui; qu'
7. qui
8. que
9. que
10. que

Exercice II

1. La chanson **à laquelle** vous pensez est de Gilles Vigneault.
2. Ne jetez pas le papier **sur lequel** Sophie a inscrit son numéro de téléphone.
3. Les amis **chez qui / chez lesquels** nous allons en vacances demeurent dans les Cantons de l'Est.
4. Les murs **sur lesquels** les grévistes avaient collé leurs affiches ont été repeints.
5. L'employée **à qui / à laquelle** vous devez demander les formulaires d'inscription est à la salle 190.
6. Le yoga m'a appris des techniques de relaxation **sans lesquelles** je serais devenu fou.
7. Est-ce que tu connais mon amie Marie-Claire **avec qui / avec laquelle** j'ai fait de l'auto-stop jusqu'à Calgary?
8. L'ambassadeur a fait une gaffe monumentale **à laquelle** personne ne s'attendait.
9. L'accident **dans lequel** tous les passagers de l'avion ont péri a fait la manchette des journaux.
10. La candidate **pour qui / pour laquelle** tu as voté a remporté tous les suffrages.

Exercice IIIa

1. Le cours **dont** j'aurais besoin n'est pas offert cette année.
2. Mais voyons donc! Cet insecte **dont** tu as peur n'est pas dangereux.
3. Avez-vous aimé le film à propos **duquel** les critiques se sont querellés?
4. Tout le monde se demande si le contrat **dont** dépend l'avenir de la compagnie sera signé.
5. Les adolescents à côté **de qui / desquels** j'étais assis au cinéma n'ont pas cessé de chahuter.
6. Fumer est une mauvaise habitude **dont** vous devriez vous débarrasser.
7. Son accent **dont** on se moquait gentiment, était en fait charmant.
8. Le parc **près duquel** nous habitons est devenu un jardin botanique.
9. Les BPC **dont** on entend beaucoup parler ces jours-ci comptent parmi les déchets les plus toxiques de notre environnement.
10. Je ne tiens pas à travailler avec un programme d'ordinateur **dont** je ne sais pas encore bien me servir.

Exercice IIIb

1. Micheline vient de recevoir un prix prestigieux **dont** elle est très fière. (C. de l'adj.)
2. Je refuse d'entendre les blagues **dont** le motif est sexiste ou raciste, et cela même… (C. du nom)
3. Je viens d'apprendre que le café **dont** j'abuse malheureusement, est plein de cholestérol. (C.O.I.)
4. L'incident à cause **duquel** il a été obligé de démissionner ne s'oubliera pas de sitôt.
5. En faisant un stage auprès des enfants surdoués, Gérard a acquis une expérience **dont** il profitera à l'avenir. (C.O.I.)
6. La pièce **dont** les dix personnages meurent les uns après les autres est d'Agatha Christie. (C. du nom)
7. En remplaçant la viande par les légumineuses, les végétariens assimilent les protéines **dont** ils manqueraient autrement. (C.O.I.)
8. La foule au milieu de **laquelle** il se trouvait le pressait de toutes parts.
9. Beaucoup de Québécois **dont** les ancêtres venaient de provinces françaises s'appellent Champagne, Normand, Picard. (C. de nom)
10. Martin s'est blessé parce que le panneau de bois en arrière **duquel** il s'était caché est tombé sur lui.

Exercice IV

1. qu'; où
2. que
3. où
4. d'où; où/par où
5. où; que
6. où
7. que; où
8. que; où
9. que
10. où

Exercice Va

1. ce qui
2. ce que
3. ce dont
4. ce que
5. ce à quoi
6. Ce que
7. ce dont
8. ce dont
9. ce qu'
10. ce à quoi

Exercice Vb

1. que
2. ce qui
3. ce que
4. dont
5. ce à quoi
6. où
7. Ce que
8. ce à quoi
9. ce dont
10. auxquelles

Exercice VI

1. Le stress **qui** est la cause d'un grand nombre de maladies peut se contrôler par…
2. J'aime fureter dans les boutiques **qu'**on trouve dans le Vieux-Montréal.
3. Ève a passé avec succès l'entrevue **dont** dépendait son entrée…
4. Québec est une ville nord-américaine **où** on retrouve le charme…
5. À Montréal, il y a tout un réseau de voies souterraines reliant hôtels, stations de métro et magasins, **ce qui** est bien agréable en hiver.
6. Il s'agit d'élire une personne **sur qui/sur laquelle** on peut compter.
7. Il y avait beaucoup de champignons dans le bois **près duquel** nous avons campé.
8. La chanson **dont** tu fredonnes l'air est un grand…
9. La communauté française de la Louisiane au sein **de laquelle** il a été élevé lui a légué…
10. Les sauveteurs ont sorti l'enfant de la crevasse **dans laquelle/où** il était tombé.

Exercice VII

1. dont	4. qui	7. à laquelle; dont
2. auquel	5. où; qui	8. ce dont
3. dont	6. que	

Exercice VIII

1. ce à quoi	9. ce dont	17. que
2. ce qui	10. ce qui	18. qui
3. ce que	11. dont	19. qui
4. qui	12. qui	20. dont
5. ce qu'	13. laquelle	21. ce qu'
6. auxquelles	14. ce que	22. qui/laquelle
7. que	15. qui	23. ce qu'
8. qui	16. qui	

Expressions idiomatiques et notes explicatives

Pré-test

Avoir le coup de foudre: aimer quelqu'un ou quelque chose dès le premier coup d'oeil, sans raisonner.

Ma vieille: terme d'amitié de niveau familier.

N'avoir d'yeux que pour quelqu'un: ne voir que cette personne.

Être emballé par quelque chose: être enthousiasmé.

Avoir le pied marin: garder son équilibre, ne pas être malade sur un bateau.

Ne pas faire long feu: ne pas durer longtemps.

Quand les poules auront des dents: jamais.

Exercice II

Gilles Vigneault: le plus connu des chansonniers québécois au sens où ce mot est employé au Québec, c'est-à-dire auteur, compositeur et interprète de la chanson. Sa réputation est internationale.

Les Cantons de l'Est: région du Québec, appelée aussi l'Estrie, qui occupe tout le territoire compris entre le sud-est de Montréal et la frontière des États-Unis. On y trouve notamment le lac Memphrémagog, le mont Orford et de nombreux centres de ski (Orford, Sutton, Bromont).

Faire la manchette: être en première page du journal. Par extension, se dit d'une nouvelle importante.

Exercice IV

Être aux anges: être ravi, très content, très heureux.

Trois-Rivières: petite ville se trouvant à peu près à mi-chemin entre Québec et Montréal sur la rive nord du Saint-Laurent.

Exercice Va

Le Festival de jazz: il s'agit du Festival international de jazz de Montréal qui a lieu chaque année au mois de juillet.

Ça m'est égal: ça ne me fait rien. Ça me laisse indifférent(e).

Exercice Vb

Avoir beau (+ infinitif): faire de grands efforts en vain.

Exercice VI

Le Vieux-Montréal: quartier de Montréal qui a été restauré et où l'on trouve les plus vieilles maisons et églises de la ville ainsi que le musée de Ramezay. Il est situé à la périphérie du port.

Jacques Brel: chanteur d'origine belge qui est un des grands noms de la chanson française contemporaine.

Exercice VII

La Mini-loto: c'est une des nombreuses loteries qui existent au Québec. On l'appelle «mini» parce que les billets ne coûtent que 50 ¢ et que le gros lot est limité à 50 000 $. Le tirage a lieu chaque semaine, contrairement à celui de l'Inter-loto qui se fait chaque mois.

L'Île d'Orléans: île qui se trouve dans le Saint-Laurent aux environs de Québec et qui est renommée pour ses beaux paysages, ses églises et ses demeures anciennes ainsi que pour ses excellentes fraises.

Exercice VIII

Pas grand-chose: peu de chose, des choses sans importance.

Soit: d'accord.

Au ralenti: à un rythme très lent.

Se faire l'oreille: s'habituer à entendre quelque chose.

Avoir de l'oreille: avoir l'ouïe fine, sensible et juste.

Exercice IX

Michel Tremblay: écrivain québécois d'origine montréalaise qui a connu le succès grâce à sa pièce *Les Belles-soeurs*. Le titre de l'exercice fait allusion à sa pièce *C't'à ton tour, Laura Cadieux*.

Le joual: terme qui décrit la langue populaire parlée dans certains quartiers de Montréal. À ne pas confondre avec le français qu'on parle au Québec.

Avoir hâte de: être impatient de faire quelque chose.

Les auxiliaires et les accords; le passif

Les auxiliaires et l'accord du participe passé

Avoir et **être** sont les auxiliaires qui servent à former les temps composés. Dans ce chapitre, on se limitera au passé composé puisqu'il est le temps le plus couramment employé pour rapporter des faits du passé.

Pour mettre un verbe au passé composé, vous devez:

- a) **choisir l'auxiliaire qui convient,**
- b) **connaître la forme du participe passé,**
- c) **faire l'accord du participe passé s'il y a lieu.**

Une erreur d'auxiliaire (1) ou une erreur dans la forme du participe passé (2) est choquante à l'oreille d'un francophone. Par contre, l'accord du participe passé (3) est surtout perceptible à l'écrit. Un accord qui est omis peut donc passer inaperçu à l'oral,

> Ex.: Les photos que tu m'as montr**ées** sont très bonnes.

sauf dans le cas des participes passés se terminant par un *s* ou un *t*. Ces deux consonnes doivent être audibles quand l'accord est fait au féminin.

> Ex.: Les documents qu'on m'a remis sont incomplets.
> La documentation qu'on m'a remi**se** est incomplète.
> Le rapport que j'ai écrit est confidentiel.
> La lettre que j'ai écri**te** est confidentielle.

Pour le choix de l'auxiliaire, étant donné qu'**avoir** s'utilise le plus souvent, il vous suffit de savoir quels verbes se conjuguent avec **être**. Ce sont:

- a) tous les verbes pronominaux,
- b) un petit nombre de verbes intransitifs dont vous connaissez sans doute déjà la liste par cœur (*aller, venir, entrer, sortir*, etc.).

Avec **être**, le participe passé s'accorde avec le sujet du verbe, **sauf** dans le cas des verbes pronominaux qui ont un complément d'objet direct (C.O.D.) placé avant le verbe.

> Ex.: Elles se sont lev**ées** et elles sont part**ies**.
> Elle s'est achet**é** une nouvelle voiture.
> La voiture qu'elle s'est achet**ée** est une petite merveille.

Avec **avoir**, le participe passé est invariable, **sauf** dans le cas où il y a un C.O.D. placé avant le verbe.

> Ex.: Elle a mang**é** une poire.
> La poire qu'elle a mang**ée** n'était pas mûre.

Pour des explications plus détaillées, consultez votre manuel de grammaire.

Pré-test

Mettez les verbes entre parenthèses au passé composé. Pour les verbes soulignés une fois, ne donnez que le participe passé. Les verbes soulignés deux fois se mettent à la forme passive.

Le Centre d'art du mont Orford

Si vous (déjà se promener) _____ **1** dans les Cantons de l'Est* en juillet

ou en août, vous (devoir) _____ **2** vous arrêter au Centre d'art du mont

Orford. Le Centre d'art (<u>fonder</u>) _____ **3** en 1951. Modeste au départ,

l'allure du Centre (s'améliorer) _____ **4** de façon spectaculaire et,

aujourd'hui, les trois édifices principaux ne manqueront pas de vous impressionner. C'est

l'architecte Paul-Marie Côté qui les (concevoir) _____ **5** pour qu'ils

s'harmonisent avec la nature environnante. Pour ajouter à l'effet, ces structures aux lignes

simples sont (<u>peindre</u>) _____ **6** en blanc. En 1970, deux résidences

(<u><u>construire</u></u>) _____ **7** et les tentes où logeaient les campeurs jusque-là

(disparaître) _____ **8** du décor. Enfin en 1972, le Centre (accueillir)

_____ **9** sur son territoire le pavillon «L'homme et la musique», (<u>mettre</u>)

_____ **10** sur pied par les Jeunesses musicales du Canada (JMC) à

Expo 67*.

     Depuis 1957, un grand nombre d'étudiants qui (passer) _____ **11**

par le camp musical (devenir) _____ **12** des artistes (<u>connaître</u>)

_____ **13** . Ils n'oublieront jamais l'influence que (avoir)

_____ **14** sur eux des professeurs de renommée internationale, ni les

encouragements qu'ils (recevoir) _____ **15** d'eux. Les cours auxquels

ces étudiants (s'inscrire) _____ **16** et qu'ils (suivre)

_____ **17** dans une atmosphère (<u>détendre</u>)

_____ **18** les (préparer) _____ **19** à leur future

carrière. Cela est d'autant plus vrai que pendant leur séjour au Centre, ils (pouvoir)

_____ **20** profiter des salles de répétition et que plusieurs (se produire)

_____ **21** en concert. C'est au Centre, en somme, que ces jeunes (faire)

_____ **22** leurs débuts. Comment ne pas être reconnaissants de

l'expérience qu'ils y (acquérir) _____ **23** ? C'est ce qui (permettre)

_____ **24** qu'autant de jeunes talents soient (découvrir)

_____ **25** .

    Quant au Festival international de musique d'Orford (produire)

_____ **26** chaque été, il n'est pas exagéré de dire que les organisateurs

(se donner) _____ **27** chaque fois beaucoup de mal pour nous

présenter un programme nouveau et impressionnant. Ce programme, ils (passer)

_____ **28** plusieurs mois à le préparer. Les activités (offrir)

_____ **29** au public sont donc des plus (varier)

_____ **30** : concerts des JMC, pièces de théâtre, spectacles, expositions,

conférences. Au cours des autres saisons, les portes du Centre sont (ouvrir)

_____ **31** aux organismes qui désirent y tenir leurs congrès ou leurs

sessions d'étude.

    Le Centre d'art du mont Orford (naître) _____ **32** d'une initiative

des JMC. Il faut admettre que cet organisme qui (toujours vouloir)

_____ **33** assurer la diffusion de la culture musicale même dans les

centres éloignés (atteindre) _____ **34** son objectif. En même temps il

nous (fournir) _____ **35** et continuera de nous fournir l'occasion de

jouir de spectacles agréables pour l'oreille dans un cadre tout aussi agréable pour les yeux.

Corrigé du pré-test

1. vous êtes déjà promené(e)s	9. a accueilli	17. ont suivis
2. avez dû	10. mis	18. détendue
3. a été fondé	11. sont passés	19. ont préparés
4. s'est améliorée	12. sont devenus	20. ont pu
5. a conçus	13. connus	21. se sont produits
6. peintes	14. qu'ont eue	22. ont fait
7. ont été construites	15. ont reçus	23. ont acquise
8. ont disparu	16. se sont inscrits	24. a permis

25. découverts	31. ouvertes	**Barème**
26. produit	32. est né	33/35.....................95%
27. se sont donné	33. a toujours voulu	30/35.....................85%
28. ont passé	34. a atteint	26/35.....................75%
29. offertes	35. a fourni	23/35.....................65%
30. variées		19/35.....................55%

Exercice I

Mettez les phrases suivantes au passé composé. Notez que ces verbes se conjuguent toujours avec l'auxiliaire **être**.

1. Nous ne (aller) _____ nulle part pendant la fin de semaine de l'Action de grâces, mais des amis (venir) _____ nous rendre visite.

2. Jacques Cartier et ses hommes (arriver) _____ au Canada en 1534.

3. La reine Victoria (naître) _____ en 1819 et (mourir) _____ en 1901.

4. Vous (partir) _____ trop tôt; la soirée venait de commencer.

5. En Alberta, plusieurs agriculteurs (devenir) _____ riches quand ils ont découvert du pétrole dans leurs champs.

6. Vanessa, est-ce que tu (déjà entrer) _____ dans cette galerie d'art?

7. Les dernières feuilles (tomber) _____ des arbres cette semaine.

8. Combien de temps est-ce que vous (rester) _____ en Gaspésie?

Exercice II

Mettez les verbes entre parenthèses au passé composé, soulignez les C.O.D. et faites les accords qui s'imposent. Notez que tous ces verbes se conjuguent avec l'auxiliaire **avoir**.

1. Est-ce que tu as pu planifier ton voyage avec les brochures que tu (recevoir) _____ du bureau de Tourisme Québec?

2. Est-ce que vous (obtenir) _____ les renseignements que vous cherchiez sur le camping dans les parcs provinciaux?

3. Les choses que je (apprendre) _____ en voyageant ne sont pas écrites dans les livres.

4. Les concurrentes (suivre) _____ toutes les consignes à la lettre*.

5. Les clowns (offrir) _____ des ballons aux enfants.

6. Ma sœur me (téléphoner) _____ de Rimouski hier. Nous (bavarder)

    _____ pendant trente minutes au moins. Je suis sûre que cet appel lui (coûter)

    _____ une fortune, mais la joie que nous (avoir) _____ à nous parler

    valait bien cela.

7. Les notes que Margot (obtenir) _____ la classent parmi les meilleurs candidats à la

    faculté de Médecine.

8. Quand Mme Longpré (prendre) _____ sa retraite, on (organiser) _____

    une réception en son honneur, mais c'est la gravure qu'on lui (remettre) _____

    qui la (émouvoir) _____ le plus.

9. Les voleurs (échapper) _____ à la police, mais les douaniers les (arrêter)

    _____ quand ils (essayer) _____ de passer la frontière.

10. Mes cousins nous (accueillir) _____ à l'aéroport.

Exercice III

Mettez les verbes au passé composé et faites les accords qui s'imposent. Attention: les verbes suivants se conjuguent avec l'auxiliaire **avoir** quand ils ont un C.O.D. et avec l'auxiliaire **être** quand ils n'ont pas de C.O.D. Soulignez le C.O.D.

(descendre)   1. Pour les vacances de Noël, les Lefebvre _____ en Floride, comme

    beaucoup de Québécois.

2. Hier, pour la première fois, je _____ la grande piste de ski du mont

    Tremblant.

(monter)   3. Les touristes _____ au sommet de la tour inclinée du Stade

    olympique pour avoir une vue d'ensemble de Montréal.

4. Philippe _____ péniblement les cent cinquante marches qui

    mènent au belvédère du mont Royal.

(passer)   5. Nous _____ une fin de semaine très agréable à Ottawa.

6. Nous _____ par Kingston en revenant de Toronto.

(rentrer)   7. Est-ce que tu _____ tard la nuit de la fête de la Saint-Jean?

8. Elle _____ la voiture dans le garage.

(sortir)   9. Est-ce que tu _____ tes vêtements d'hiver?

10. Madeleine _____ sur la galerie pour accueillir ses invités.

(retourner) 11. Il _____ la boîte et tout est tombé.

12. Les Belisle _____ dans les Cantons de l'Est pour y passer leurs vacances.

Exercice IVa

Aux temps composés, les verbes pronominaux se conjuguent avec l'auxiliaire **être**. En général, le participe passé s'accorde avec le sujet du verbe. Mettez les verbes au passé composé et faites les accords qui s'imposent.

1. Quand ils (s'apercevoir) _____ qu'on les écoutait, ils (se taire) _____ .

2. Elle (s'allonger) _____ sur le divan et (s'endormir) _____ .

3. Les deux explorateurs étaient si épuisés qu'ils (s'évanouir) _____ au moment où les secours arrivaient.

4. Quand finalement nous (se décider) _____ à partir, il était trois heures du matin.

5. Les femmes (se battre) _____ longtemps avant d'obtenir le droit de vote.

6. Vous voyez, les enfants, vous (trop s'éloigner) _____ et vous (se perdre) _____ .

Exercice IVb

Mettez les verbes au passé composé et faites les accords qui s'imposent. Parfois, le verbe pronominal a un C.O.D. différent du pronom **se**. Le participe passé s'accorde alors avec ce C.O.D. si celui-ci précède le verbe. Sinon, il reste invariable.

1. Les enfants (se laver) _____ les mains. Je le sais à la couleur de la serviette!

2. As-tu vu la belle raquette de tennis qu'il (s'acheter) _____ ?

3.   Justine (se mettre) _____ de la crème solaire avant de faire du ski.

4.   Louis et Gabriel (se casser) _____ la jambe le même jour, sur la même piste de ski.

5.   L'entorse que je (se faire) _____ l'an dernier a mis du temps à guérir.

Exercice IVc

Mettez les verbes au passé composé et faites les accords qui s'imposent. Parfois, le **se** d'un verbe pronominal est un complément d'objet indirect (C.O.I.). Alors, le participe passé ne s'accorde pas.

1.   Elles (se dire) _____ : «Voilà bien longtemps que nous (ne pas se parler)

_____ .»

2.   Edith (se faire faire) _____ une coupe de cheveux qui lui va vraiment bien.

3.   Gilles et Éloi étaient furieux quand ils (se rendre compte) _____ que

leur appartement avait été cambriolé.

4.   Ils (s'écrire d'abord) _____ toutes les semaines, puis ils (se

téléphoner) _____ .

5.   Elles (se promettre) _____ de prendre rendez-vous.

6.   Irène, est-ce que tu (se demander) _____ pourquoi tu n'aimais pas les chats?

Exercice V

Mettez les verbes au passé composé en faisant les accords qui s'imposent.

1.   Pour une fois, Stéphane (se dépêcher) _____ ; il (ne pas arriver) _____

en retard, mais la frousse que je (avoir) _____ en auto avec lui me (convaincre)

_____ du bien-fondé du dicton «Mieux vaut tard que jamais».

2.   Les Dumouchel (aller) _____ au mont Sainte-Anne pour faire du ski; ils (revenir)

_____ ce matin seulement car leur voiture (tomber) _____ en panne*

sur le chemin du retour.

3.   Quand les ouvriers (entendre) _____ l'explosion, ils (se retourner) _____

pour voir ce qui se passait.

4. La jeune patineuse (trébucher) _____ et (ne pas pouvoir) _____

    retrouver l'équilibre; elle (tomber) _____ et (se fouler) _____ la cheville.

5. Ils (vider) _____ leur verre, ils (se regarder) _____ dans les yeux et (se

    vider) _____ le cœur*.

6. Les frères du Petit Poucet (perdre) _____ la tête quand ils (se rendre compte)

    _____ qu'ils (se perdre *au plus-que-parfait*) _____ dans

    la forêt.

7. À la douane, nous (sortir) _____ nos passeports. La douanière les (regarder)

    _____ , puis nous (monter) _____ dans l'avion.

8. Quand Maryse (mettre) _____ les pieds dans le plat*, elle (se rendre compte)

    _____ du comique de la situation et elle (se mettre)

    _____ à rire. Grâce à son sens de l'humour, elle (se sortir) _____ de ce

    mauvais pas*.

9. Les deux prisonniers (tromper) _____ la vigilance de leur gardien et (s'imaginer)

    _____ pouvoir retrouver leur liberté. Ils (bien se tromper)

    _____ , les pauvres! Quand les policiers les (surprendre)

    _____ de l'autre côté du mur, ils leur (dire) _____ : «Vous (se tromper)

    _____ de direction, les amis.»

10. Ève et Julien (s'apercevoir) _____ , (se reconnaître) _____ , (se sourire)

    _____ , (se parler) _____ , (se plaire) _____ .

Exercice VI

Mettez les verbes au passé composé et faites les accords quand il y a lieu. Pour les verbes soulignés, ne donnez que le participe passé. Attention à la place de l'adverbe.

Un lundi matin, le professeur Tournedos arrive à son cours de français.

Le professeur: Bonjour les étudiants; est-ce que vous (faire) _____ 1 le tour* des

    participes passés en **u**, comme (prévoir) _____ 2 ?

| L'étudiant
Al See: | Moi, je (ne pas pouvoir) _____ **3** , car je (devoir) _____ **4** terminer un travail sur le tourisme au Québec. |

L'étudiant
Al See: Moi, je (ne pas pouvoir) _____ **3** , car je (devoir) _____ **4**

terminer un travail sur le tourisme au Québec.

Le professeur: Vous y (arriver) _____ **5** en un tour de main*, j'espère!

L'étudiante
Mae Bee: Moi, je (recevoir) _____ **6** une invitation d'un type que je

(connaître) _____ **7** il y a deux semaines.

Le professeur: Et vous la (accepter) _____ **8** , bien sûr; vous (répondre)

_____ **9** oui sans hésitation!

Mae Bee: Comment est-ce que vous le (savoir) _____ **10** ?

Le professeur: Je (ne pas naître) _____ **11** d'hier*, voyez-vous!

L'étudiant
Bobby Pin: Quant à moi, il me (falloir) _____ **12** garder mon petit frère et,

malheureusement, il (pleurer) _____ **13** plus souvent qu'à son

tour*.

L'étudiant
Hugh Right: Moi, je (croire) _____ **14** qu'il fallait étudier la négation.

Le professeur: Non, justement, nous (voir) _____ **15** cela la semaine dernière!

L'étudiant
Chuck Lett: Moi, quand je (savoir) _____ **16** qu'on organisait à l'Université de

Montréal une soirée typiquement québécoise, je (tenir) _____ **17** à

y assister à tout prix.

Le professeur: Et vous (boire) _____ **18** , bien (entendre)* _____ **19** , et

le vin vous (monter) _____ **20** à la tête, c'est ça?

L'étudiant
Tom Tuck: Moi, monsieur, je (vouloir) _____ **21** visiter Québec pour parler

français mais... euh...

Le professeur: Ne tournez pas autour du pot*; venez-en au fait.

Tom Tuck: Le fait est qu'il (pleuvoir) _____ **22** sans arrêt...

Le professeur: Alors...

Tom Tuck:	Alors, je (faire) _____ **23** demi-tour* et je (revenir) _____ **24** à la maison.
Le professeur:	Vous (rentrer) _____ **25** chez vous?
Tom Tuck:	Oui, et quand je (arriver) _____ **26** , je (trouver) _____ **27** la porte (fermer) _____ **28** à double tour*.
Le professeur:	Si je comprends bien, on vous (jouer) _____ **29** un bien mauvais tour*?
Tom Tuck:	Mais j'ai bien plus d'un tour dans mon sac*! D'ailleurs, je (s'en sortir très bien)* _____ **30** : je (passer) _____ **31** par la fenêtre.
Le professeur:	Elle est toujours (ouvrir) _____ **32** ?
Tom Tuck:	Non, c'est moi qui la (ouvrir) _____ **33** . Je (mettre) _____ **34** plus d'une heure à réussir ce tour de force*.
Le professeur:	Mais vous (ne pas me dire) _____ **35** pourquoi vous (ne pas apprendre) _____ **36** votre leçon.
Tom Tuck:	J'étais trop épuisé et je (passer) _____ **37** le reste de la journée à tourner en rond*.
Le professeur:	C'est d'ailleurs ce que nous faisons depuis que nous sommes (asseoir) _____ **38** ici! Vous ne (venir) _____ **39** ici que pour me dire que personne ne (lire) _____ **40** le chapitre sur les participes passés?
L'étudiante Barbie Cue:	Monsieur, la composition que vous (demander *au plus-que-parfait*) _____ **41** , moi je la (écrire) _____ **42** . Je (parler) _____ **43** de ma fin de semaine à la maison.
Le professeur:	Tiens! Vous (ne pas partir) _____ **44** en vacances comme les autres?
Barbie Cue:	Au contraire, je (travailler) _____ **45** toute la journée, samedi. Je (aller) _____ **46** faire des courses, je (acheter) _____ **47**

des plants de tomates et de laitue; je (aimer toujours) _____ **48** le

jardinage. Je (aider) _____ **49** mon voisin à laver sa voiture; je

(monter) _____ **50** au grenier faire du ménage et j'en (descendre)

_____ **51** des tas de vieilles choses que je (donner)

_____ **52** à mes petits voisins pour leurs jeux. Puis je (rendre

visite) _____ **53** à un ami. Sa grand-mère (mourir)

_____ **54** la semaine dernière et je lui (offrir) _____ **55**

mes condoléances. Puis, quand je (rentrer) _____ **56** , je (manger)

_____ **57** et je (s'endormir) _____ **58** ; je (dormir)

_____ **59** jusqu'au matin. En me réveillant, je (penser)

_____ **60** à vous. Alors je (transformer) _____ **61** mes

efforts ménagers en efforts linguistiques et le tour (être joué)*

_____ **62** !

Exercice VII
(sans corrigé)

Mettez les verbes entre parenthèses au passé composé. Pour les verbes soulignés une fois, ne donnez que le participe passé.

Alfred, le dinosaure volant
ou Comment Sylviane initie Roxane à la paléontologie

— Tiens! Tu (s'acheter) _____ **1** une perruche, Sylviane?

— Non, c'est Max qui me la (offrir) _____ **2** ; je la (appeler) _____ **3**
Ornisaurus*.

— Comment?

— ORNI-SAURUS.

— Où est-ce que tu (aller) _____ **4** chercher un nom pareil?

— Je (vouloir) _____ **5** tout simplement souligner les origines sauriennes de ma petite

amie ailée.

— Mais les dinosaures (s'éteindre) _____ **6** il y a 65 millions d'années et ils (ne pas

laisser) _____ **7** de descendants.

— Ma pauvre! On dirait que tu (ne pas suivre) _____ **8** l'actualité depuis des siècles!

Ces dernières années, plusieurs paléontologues (écrire) _____ **9** des articles dans

lesquels ils (définir) _____ **10** leurs théories sur l'évolution des dinosaures. Par

exemple, le professeur Loris Russel du Royal Ontario Museum à Toronto (émettre)

_____ **11** l'hypothèse suivante: quand la terre (passer) _____ **12** d'une

température tropicale à une température plus rigoureuse, la température des dinosaures, elle

aussi, (tomber) _____ **13** . Selon lui, les dinosaures avaient le sang chaud, et non le

sang froid comme on le (croire) _____ **14** longtemps. Malheureusement, comme ils

n'avaient pas de plumes comme les oiseaux ou de fourrure comme les mammifères, ils (ne

pas pouvoir) _____ **15** maintenir la chaleur de leur corps durant les hivers de plus

en plus longs. C'est pourquoi ils (disparaître) _____ **16** . Tous les reptiles qui

(survivre) _____ **17** à cette catastrophe avaient le sang froid.

— Et à quoi était (devoir) _____ **18** cette transformation du climat?

— Les causes en sont encore mal (connaître) _____ **19** , mais le Dr Dale Russel des

Musées nationaux à Ottawa l'a (attribuer) _____ **20** à l'explosion d'une supernova,

exposant la terre à des radiations cosmiques excessives. Les résultats (alors se faire)

_____ **21** sentir sous la forme d'un brusque refroidissement.

— C'est donc pour éviter un refroidissement que ton dinosaure (prendre) _____ **22**

ses plumes a son cou* et qu'il (arriver) _____ **23** jusqu'à nous à tire-d'aile*!

— Sois donc un peu sérieuse! Tous les gens tant soit peu (renseigner) _____ **24** savent

bien que les premiers oiseaux (naître) _____ **25** il y a plus de 140 millions d'années,

en plein règne* des dinosaures. Le plus ancien spécimen (connaître) _____ **26** ,

qu'on (appeler) _____ **27** archéoptéryx, avait la grosseur d'un pigeon. Ses mâchoires

étaient (pourvoir) _____ **28** de dents, ses ailes (armer) _____ **29** de griffes

et son corps (munir) _____ **30** d'une longue queue.

— Charmant!

— Il n'était pas capable de voler comme les oiseaux d'aujourd'hui à cause de ses muscles peu

développés. En fait, l'archéoptéryx est un animal intermédiaire entre le reptile et l'oiseau.

— Bon! Et tu vas me dire maintenant que plusieurs de ces animaux terribles (déjà se promener) _____ **31** sur le sol canadien!

— Absolument! Tu sais qu'on (découvrir) _____ **32** des gisements très riches dans les Rocheuses et dans les Badlands de l'Alberta et des États-Unis. Les recherches (entreprendre) _____ **33** au XIXe siècle (même déclencher) _____ **34** une véritable ruée vers l'os*. Tu n'as pas idée des difficultés que les chercheurs (éprouver) _____ **35** au cours de leurs expéditions.

— Oui, mais eux quand ils tombaient sur un os*, ils devaient être (ravir) _____ **36** ! Bon, et maintenant ça suffit! Tu me (assez casser) _____ **37** les oreilles* avec tes histoires. Il fallait appeler ta perruche Alfred, du nom de mon grand-oncle qui (mourir) _____ **38** à cent quatre ans. C'était un fossile en son genre!

Le passif

La forme passive n'est pas une tournure privilégiée en français. Essayez donc de l'éviter quand c'est possible. De plus, rappelez-vous que seuls les verbes qui prennent un complément d'objet direct (C.O.D.) peuvent se mettre au passif. Dans le cas des verbes qui prennent un complément d'objet indirect (C.O.I.), utilisez la forme impersonnelle active avec *on* comme sujet.

C'est l'auxiliaire *être* qui sert à construire le passif. Le C.O.D. du verbe à la forme active devient le sujet du verbe qu'on veut mettre à la forme passive. Le sujet du verbe à la forme active devient le complément d'agent (introduit par la préposition *par*) du verbe mis au passif.

>   Ex.: Un spécialiste **a fait** cette installation.   (forme active)
>   Cette installation **a été faite** par un spécialiste.   (forme passive)

Le temps du verbe actif devient le temps de l'auxiliaire *être* + le participe passé.

>   Ex.: a fait — **a été** fait   (passé composé)
>   fait   — **est** fait   (présent)
>   fera   — **sera** fait   (futur)

Le participe passé d'un verbe à la forme passive s'accorde toujours avec le sujet.

>   Ex.: Les griefs ont été entendus.
>   L'entente ne sera pas ratifiée.

Pour savoir quels sont les verbes qui se construisent avec un C.O.D., consultez le tableau des verbes du chapitre 4. Si vous avez besoin d'explications plus détaillées, consultez votre manuel de grammaire.

Exercice I

Soulignez les C.O.D. des verbes et mettez les phrases à la forme passive. Respectez le temps du verbe.

1. Un Canadien du nom de Bell a inventé le téléphone au XIXe siècle.

   _____

2. Chaque année, Amnistie internationale sauve des prisonniers d'opinion.

   _____

3. La médecine moderne n'a pas encore vaincu la sclérose en plaques.

   _____

4. Chaque année, au mois de février, la ville de Québec organise un grand carnaval.

   _____

5. Une journaliste à l'esprit caustique a interviewé le ministre.

   _____

6. Le garagiste a averti Nicole du danger de rouler avec sa vieille voiture.

   _____

7. Les étudiants éliront une nouvelle représentante.

   _____

8. Léonard de Vinci a peint la *Joconde* pour le duc de Sforza.

   _____

9. On prie les passagers d'attacher leur ceinture.

   _____

10. J.S. Bach a composé les *Variations Goldberg* en 1742.

    _____

Exercice II

Mettez les phrases suivantes au passif quand c'est possible.

1. Dans cette entreprise, les ouvriers participent à la gestion.

   _____

2. Les policiers ont pris le cambrioleur la main dans le sac*.

_____

3. Les Vikings ont découvert l'Amérique avant Christophe Colomb.

_____

4. Je permets aux enfants d'aller seuls à la piscine.

_____

5. Des millions de personnes ont vu le film _La Guerre des étoiles_.

_____

6. L'été prochain, plusieurs compagnies engageront des étudiants.

_____

7. Les médecins dépistent bien des maladies lors des examens de routine.

_____

8. Dernièrement, un juge a ordonné à trois compagnies de payer la somme dérisoire de

5000 $ chacune pour avoir pollué l'environnement.

_____

9. On étudiera ce problème sous tous ses angles et on le résoudra.

_____

10. J'ai écrit à Louise de venir nous rejoindre en Gaspésie.

_____

11. À la partie de hockey hier soir, les Canadiens ont battu l'équipe des Islanders de New York.

_____

12. Stéphane parlera à ses parents de son projet d'aller étudier aux États-Unis.

_____

Exercice III

Quand c'est possible, transformez les phrases suivantes de la tournure active personnelle à:
a) la tournure active impersonnelle;
b) la tournure passive;
c) la tournure pronominale personnelle ou impersonnelle selon le cas.

Modèle: Les francophones traduisent l'expression *to put your foot in your mouth* par *faire un gaffe*.
a) En français, on traduit l'expression *to put your foot in your mouth* par *faire un gaffe*.
b) L'expression *to put your foot in your mouth* est traduite en français par *faire une gaffe*.
c) L'expression *to put your foot in your mouth* se traduit en français par *faire une gaffe*.

1. En Italie, les gens mangent les pâtes *al dente*.

    _____

    _____

2. Le raz-de-marée a détruit plusieurs villages sur la côte.

    _____

3. Au marché, les maraîchers vendent les légumes à meilleur prix.

    _____

    _____

    _____

4. Vous pouvez expliquer cela par la loi de l'offre et de la demande.

    _____

    _____

    _____

5. Les gens répètent ça de bouche à oreille. *

    _____

    _____

    _____

6. Après ce genre d'opération, les médecins prescrivent un repos complet aux patients.

    _____

    _____

7.   Vous ne devez pas répéter les secrets.

_____

_____

_____

8.   L'auditoire en délire a demandé au chanteur de revenir sur scène.

_____

9.   Le Cirque du soleil* a émerveillé les enfants de 7 à 77 ans.

_____

10.   Les gens vont dire bien des choses sur son compte.

_____

_____

Exploitation orale

Afin de renforcer l'emploi spontané de l'auxiliaire et du participe passé:

1.   vous racontez au passé composé ce que vous avez fait depuis le début de la journée, ou la veille, ou lors d'une soirée passée à garder les enfants de la voisine:

> Ex.: Je suis arrivé à 18h; j'ai préparé le souper; j'ai fait manger les enfants; le plus vieux n'a pas voulu manger; ils se sont disputés; je leur ai lu une histoire; ils se sont lavés, se sont brossé les dents; etc.

2.   vous faites le reportage d'un événement d'actualité (réel ou fictif): un vol de banque, la visite d'un diplomate, la découverte d'un monstre (cousin de celui du loch Ness) dans le lac Supérieur, etc.

Ces exercices peuvent aussi se faire par écrit.

Corrigé des exercices

Les auxiliaires et l'accord du participe passé

Exercice I

1. sommes allé(e)s; sont venus
2. sont arrivés
3. est née; est morte
4. êtes parti(e)/parti(e)s
5. sont devenus
6. es déjà entrée
7. sont tombées
8. êtes resté(e)/resté(e)s

Exercice II

1. … avec les brochures que tu as reçues…
2. Est-ce que vous avez obtenu les renseignements…
3. Les choses que j'ai apprises…
4. Les concurrentes ont suivi toutes les consignes…
5. Les clowns ont offert des ballons…
6. m'a téléphoné; avons bavardé;
   … lui a coûté une fortune, mais la joie que nous avons eue…
7. Les notes que Margot a obtenues…
8. … a pris sa retraite, on a organisé une réception, mais c'est la gravure qu'on lui a remise qui l'a émue le plus.
9. ont échappé; les ont arrêtés; ont essayé
10. Mes cousins nous ont accueilli(e)s…

Exercice III

1. les Lefebvre sont descendus
2. j'ai descendu la grande piste de ski
3. Les touristes sont monté(e)s
4. Philippe a monté les cent cinquante marches
5. Nous avons passé une fin de semaine
6. Nous sommes passé(e)s
7. tu es rentré(e) tard
8. Elle a rentré la voiture
9. tu as sorti tes vêtements d'hiver
10. Madeleine est sortie
11. Il a retourné la boîte
12. Les Belisle sont retournés

Exercice IVa

1. se sont aperçus; se sont tus
2. s'est allongée; s'est endormie
3. se sont évanouis
4. nous sommes décidé(e)s
5. se sont battues
6. vous êtes trop éloignés; vous êtes perdus

Exercice IVb

1. se sont lavé
2. s'est achetée
3. s'est mis
4. se sont cassé
5. me suis faite

Exercice IVc

1. se sont dit; ne nous sommes pas parlé
2. s'est fait faire
3. se sont rendu compte
4. se sont d'abord écrit; se sont téléphoné
5. se sont promis
6. t'es demandé

Exercice V

1. s'est dépêché; n'est pas arrivé; j'ai eue; m'a convaincu(e)
2. sont allés; sont revenus; est tombée
3. ont entendu; se sont retournés
4. a trébuché; n'a pas pu; est tombée; s'est foulé
5. ont vidé; se sont regardés; se sont vidé le cœur
6. ont perdu; se sont rendu compte; s'étaient perdus
7. avons sorti; les a regardés; sommes monté(e)s
8. a mis; s'est rendu compte; s'est mise; s'est sortie
9. ont trompé; se sont imaginé; se sont bien trompés; ont surpris; ont dit; vous êtes trompés
10. se sont aperçus; se sont reconnus; se sont souri; se sont parlé; se sont plu

Exercice VI

1. avez fait
2. prévu
3. je n'ai pas pu
4. j'ai dû
5. êtes arrivé
6. j'ai reçu
7. j'ai connu
8. l'avez acceptée
9. avez répondu
10. l'avez su
11. ne suis pas né
12. m'a fallu

13. a pleuré
14. j'ai cru
15. avons vu
16. j'ai su
17. j'ai tenu
18. avez bu
19. entendu
20. est monté
21. j'ai voulu
22. a plu
23. j'ai fait
24. suis revenu
25. êtes rentré
26. suis arrivé
27. j'ai trouvé
28. fermée
29. a joué

30. m'en suis très bien sorti
31. suis passé
32. ouverte
33. l'ai ouverte
34. j'ai mis
35. ne m'avez pas dit
36. n'avez pas appris
37. j'ai passé
38. assis
39. n'êtes venus
40. n'a lu
41. aviez demandée
42. l'ai écrite
43. J'ai parlé
44. n'êtes pas partie
45. j'ai travaillé
46. Je suis allée

47. j'ai acheté
48. j'ai toujours aimé
49. J'ai aidé
50. suis montée
51. ai descendu
52. ai données
53. j'ai rendu visite
54. est morte
55. ai offert
56. suis rentrée
57. ai mangé
58. me suis endormie
59. j'ai dormi
60. j'ai pensé
61. j'ai transformé
62. a été joué

Le passif

Exercice I

1. Le téléphone a été inventé au XIXe siècle par un Canadien du nom de Bell.
2. Chaque année, des prisonniers d'opinion sont sauvés par Amnistie internationale.
3. La sclérose en plaques n'a pas encore été vaincue par la médecine.
4. Chaque année, au mois de février, un grand carnaval est organisé par la ville de Québec.
5. Le ministre a été interviewé par une journaliste à l'esprit caustique.
6. Nicole a été avertie par le garagiste du danger de rouler avec sa vieille voiture.
7. Une nouvelle représentante sera élue par les étudiants.
8. La *Joconde* a été peinte par Léonard de Vinci pour le duc de Sforza.
9. Les passagers sont priés d'attacher leur ceinture.
10. Les *Variations Goldberg* ont été composées par J.S. Bach en 1742.

Exercice II

1. (pas de passif ici)
2. Le cambrioleur a été pris la main dans le sac par les policiers.
3. L'Amérique a été découverte par les Vikings avant Christophe Colomb.
4. (pas de passif ici)
5. Le film *La Guerre des étoiles* a été vu par des millions de personnes.
6. L'été prochain, des étudiants seront engagés par plusieurs compagnies.
7. Bien des maladies sont dépistées par les médecins lors des examens de routine.
8. (pas de passif ici)
9. Ce problème sera étudié sous tous ses angles et il sera résolu.
10. (pas de passif ici)
11. ... l'équipe des Islanders de New York a été battue par les Canadiens.
12. (pas de passif ici)

Exercice III

1. En Italie, on mange les pâtes *al dente*.
   En Italie, les pâtes se mangent *al dente*.

2. Sur la côte, plusieurs villages ont été détruits par le raz-de-marée.

3. Au marché, on vend les légumes à meilleur prix.

   Au marché, les légumes sont vendus à meilleur prix.

   Au marché, les légumes se vendent à meilleur prix.

4. On peut expliquer cela par les lois de l'offre et de la demande.

   Cela peut être expliqué par les lois…

   Cela peut s'expliquer par les lois…

5. On répète ça de bouche à oreille.

   C'est répété de bouche à oreille.

   Ça se répète de bouche à oreille.

6. Après ce genre d'opération, on prescrit un repos complet aux patients.

   Après ce genre d'opération, un repos complet est prescrit aux patients par les médecins.

7. On ne doit pas répéter les secrets.

   Les secrets ne doivent pas être répétés.

   Les secrets ne doivent pas se répéter.

8. On a demandé au chanteur de revenir sur scène.

9. Les enfants de 7 à 77 ans ont été émerveillés par le Cirque du soleil.

10. On va dire bien des choses sur son compte.

    Bien des choses vont être dites sur son compte.

    Bien des choses se diront sur son compte.

Expressions idiomatiques et notes explicatives

Pré-test

Les Cantons de l'Est: région du Québec, appelée aussi l'Estrie, qui occupe tout le territoire compris entre le sud-est de Montréal et la frontière des États-Unis. On y trouve notamment le lac Memphrémagog, le mont Orford, et de nombreux centres de ski (Orford, Sutton, Bromont).

Expo 67: nom donné à l'exposition universelle qui s'est tenue à Montréal en 1967.

Les auxiliaires et l'accord du participe passé

Exercice II

À la lettre: scrupuleusement, rigoureusement.

Exercice V

Tomber en panne: arrêter de fonctionner.

Se vider le cœur: dire tout ce qu'on pense, ce qui nous pèse sur le cœur.

Mettre les pieds dans le plat: faire une gaffe. Au Québec, on dit *se mettre les pieds dans les plats*.

Se sortir d'un mauvais pas: se sortir d'une situation délicate, difficile.

Exercice VI

Faire le tour de quelque chose: passer en revue, examiner tous les aspects d'une question.

En un tour de main: rapidement, sans difficulté.

Je ne suis pas né d'hier: je ne suis pas naïf.

Plus souvent qu'à son tour: trop souvent.

Bien entendu: évidemment.

Tourner autour du pot: ne pas se décider à dire ce que l'on a à dire.

Faire demi-tour: retourner sur ses pas.

Fermer la porte à double tour: la fermer solidement (en donnant deux tours de clé).

Jouer un mauvais tour à quelqu'un: faire une mauvaise plaisanterie à quelqu'un

Avoir plus d'un tour dans son sac: être malin, futé, rusé.

S'en sortir: se tirer d'affaire, s'en tirer, se débrouiller.

Un tour de force: un exploit.

Tourner en rond: piétiner, ne pas avancer, s'agiter sans rien faire.

Le tour est joué: c'est fait, ça y est.

Exercice VII

Ornisaurus: Les noms des dinosaures sont formés à partir de mots grecs ou latins. *Ornisaurus* vient du grec *ornis* (oiseau) et *saurus* (lézard). Le mot *dinosaure* signifie *terrible lézard*.

Prendre ses plumes à son cou: jeu de mots sur l'expression *prendre ses jambes à son cou* qui signifie *se sauver le plus vite possible*.

À tire-d'aile: sans s'arrêter.

En plein règne: au milieu du règne.

La ruée vers l'os: jeu de mots sur la ruée vers l'or, expression qui rappelle la folie provoquée par la découverte de l'or dans l'Ouest au XIXe siècle.

Tomber sur un os: rencontrer une difficulté.

Casser les oreilles à quelqu'un: embêter quelqu'un avec ce que l'on raconte.

Le passif

Exercice II

Prendre quelqu'un la main dans le sac: attraper quelqu'un au moment où il commet un délit.

Exercice III

De bouche à oreille: s'emploie pour dire qu'un message est transmis oralement, de personne à personne.

Le Cirque du soleil: cirque québécois, de renommée internationale, qui se distingue par sa théâtralité et la poésie de ses numéros.

Les temps du passé

En abordant les temps du passé, n'oubliez pas que:

1. En français il y a deux temps, le **passé composé** et l'**imparfait**, pour raconter ce qui s'est passé, là où l'anglais n'en utilise qu'un. Par exemple, on peut traduire *I went to bed at midnight* par:

    Je me suis couché à minuit.   (Hier soir)
    ou par:
    Je me couchais à minuit.   (Le soir)

    En anglais, les locutions adverbiales telles que *last night* ou *at night* sont donc nécessaires pour situer un événement ou une situation dans la temporalité; en français par contre, c'est en utilisant un temps plutôt que l'autre que vous donnez cette information. L'adverbe de temps, même s'il ajoute de la précision, est, en quelque sorte, redondant.

    Le choix du passé composé ou de l'imparfait dépend du type d'action ou d'état que l'on veut exprimer. Ainsi, on emploie le **passé composé** pour raconter les actions et les états tels qu'ils sont survenus dans le passé dans leur séquence chronologique. L'important n'est pas leur durée, mais bien le fait qu'ils ont eu lieu **à un moment défini** du passé, et que l'on se situe dans le présent pour en parler. Dans une narration, ce sont ces éléments qui, parce que leur durée a été circonscrite dans le passé, font **avancer le récit**.

    > Ex.: Ce matin, je **me suis levé**, je **me suis habillé** en vitesse, j'**ai avalé** un croissant et je **suis sorti**.
    > Née de mère française, elle **a passé** son enfance aux États-Unis. C'est là qu'elle **a fait** ses études après quoi elle **est venue** s'installer au Québec. Elle y **est restée** jusqu'à sa mort.

    Par contre, quand on veut **recréer** un cadre, une situation, une ambiance, ou encore **dépeindre** quelqu'un ou quelque chose, on met les verbes à l'**imparfait**.

    > Ex.: C'**était** le jour de mon entrevue avec le directeur.
    > Il me **regardait** attentivement; il **portait** des lunettes.
    > Il **faisait** beau; les cerisiers **étaient** en fleurs.
    > La foule **s'impatientait**; la fièvre **montait**.
    > Est-ce que je te dérange? Qu'est-ce que tu **lisais**?
    > Les enfants **jouaient** dans la cour.

    Vous pouvez constater que ces précisions ne font pas avancer un récit. Elles permettent simplement de **décrire** le contexte dans lequel se sont déroulés les événements racontés.

    L'**imparfait** permet aussi de traduire l'aspect **habituel** d'un état ou d'une action. Dans ce cas, on se replace dans le passé pour en parler.

    > Ex.: Je **me couchais** à minuit.   (Tous les soirs)
    > Il **me téléphonait**.   (Régulièrement)
    > Il **savait** que j'**étais** inquiet.   (Chaque fois qu'il était absent)

2. Quand on veut raconter un incident ou faire un récit quelconque, on commence généralement en annonçant ce dont on va parler. On présente ensuite, dans l'ordre chronologique, les événements qui nous semblent les plus importants pour faire avancer notre récit. Il arrive, cependant, que pour expliquer ou clarifier un des événements ou encore mettre en relief celui qui va suivre, on ouvre une sorte de parenthèse pour rappeler un événement **antérieur** à celui dont il est question. C'est alors qu'on emploie le **plus-que-parfait**.

    > Ex.: Mme Jeanne Sauvé a occupé le poste de Gouverneur général du Canada de 1984 à 1990. Elle a été la première femme à accéder à ce poste. Il faut dire que la brillante carrière qu'elle **avait eue** auparavent l'**avait** bien **préparée** pour ce poste prestigieux. Sa nomination n'a donc étonné personne.

3. Le choix du temps est souvent indépendant de la signification du verbe. Ainsi, le verbe *durer* qui signifie *se prolonger dans le temps* peut se mettre au passé composé (Le Moyen Âge **a duré** de la chute de l'Empire romain au début de la Renaissance), à l'imparfait (Comme l'examen **durait** trois heures, j'ai eu le temps de répondre à toutes les questions) ou au plus-que-parfait (Comme l'opération **avait duré** trois heures, le chirurgien était épuisé).

Rappelez-vous enfin que le choix d'employer l'un ou l'autre temps du passé dépendra toujours et avant tout du **contexte** et de votre **intention**, c'est-à-dire de ce que vous voulez exprimer. Pour plus de détails sur l'emploi et la concordance des temps du passé, consultez votre manuel de grammaire.

Pré-test

Mettez les verbes entre parenthèses à l'imparfait, au passé composé ou au plus-que-parfait, selon le cas.

La légende de Rose Latulipe (*légende québécoise*)

On (être) _____ 1 à la veille du Carême*. Chez le père Latulipe*, un colon du Québec, on (fêter) _____ 2 le Mardi gras*. Cet homme (avoir) _____ 3 une fille appelée Rose à qui il (tenir) _____ 4 comme à la prunelle de ses yeux*. Elle (aimer) _____ 5 d'amour tendre un certain Gabriel Lepard mais, par coquetterie et par vanité, il lui (arriver) _____ 6 souvent de l'abandonner toute une soirée pour se laisser faire la cour* par d'autres cavaliers*.

Ce soir-là, tout le monde (s'amuser) _____ 7 follement. Tout à coup, on (entendre) _____ 8 un bruit effrayant devant la porte; une carriole (venir d'arriver) _____ 9, tirée par deux chevaux à la robe aussi noire que du charbon et aux yeux aussi ardents que le feu. Un homme (descendre) _____ 10 et (s'avancer) _____ 11 vers la maison; grand, tout de noir vêtu, le regard foudroyant, il (demander) _____ 12 au maître de maison s'il (pouvoir) _____ 13 se divertir lui aussi. En bon hôte, le père Latulipe le (inviter) _____ 14 à se joindre au groupe et lui (offrir) _____ 15 un verre d'eau-de-vie. Chose étrange, à chaque gorgée, l'inconnu (faire) _____ 16 une grimace infernale. C'est que, comme ses réserves d'eau-de-vie (tirer) _____ **17** à leur fin, notre hôte y (ajouter)

_____ **18** de l'eau bénite un peu avant l'arrivée du mystérieux visiteur.

Puis l'étranger (se mettre) _____ **19** à danser avec Rose. Plus ils (danser)

_____ **20**, plus Rose (se sentir) _____ **21** attirée

par le bel inconnu. Tant et si bien qu'avant même d'y avoir réfléchi deux fois, elle lui (déjà

donner) _____ **22** son âme pour toujours. Au douzième coup de

minuit, le père Latulipe (décider) _____ **23** de faire cesser la danse, car

le Carême (commencer) _____ **24** avec le mercredi des Cendres* et que

le salut de sa fille lui (paraître) _____ **25** en danger.

Par un hasard divin, le curé du village (passer) _____ **26** justement

par là; aussitôt, il (reconnaître) _____ **27** le diable et le (chasser)

_____ **28**. Regrettant sa faute irréparable, Rose (entrer)

_____ **29** au couvent où elle (mourir) _____ **30**

trois ans plus tard, laissant pour la pleurer un père inconsolable et un amoureux désespéré.

Morale: À l'époque où l'on racontait cette triste histoire, bien des jeunes filles ont pris la décision de craindre Dieu, le diable, leur père et leur mari!

Corrigé du pré-test

1. était
2. fêtait
3. avait
4. tenait
5. aimait
6. arrivait
7. s'amusait
8. a entendu
9. venait d'arriver
10. est descendu
11. s'est avancé
12. a demandé
13. pouvait

14. l'a invité
15. a offert
16. faisait
17. tiraient
18. avait ajouté
19. s'est mis
20. dansaient
21. se sentait
22. avait déjà donné
23. a décidé
24. commençait
25. paraissait
26. passait

27. a reconnu
28. l'a chassé
29. est entrée
30. est morte

Barème

28/30................. .95%
25/30................. .85%
22/30................. .75%
19/30................. .65%
16/30................. .55%

Exercice la
(sans corrigé)

Mettez les verbes entre parenthèses au passé composé et continuez les phrases.

1. Ce matin, je (se lever) _____ en retard, _____

    _____

2. La semaine dernière, Luc me (téléphoner) _____ , _____

    _____

3. Hier à midi, Sandra (venir) _____ me rejoindre au centre-ville _____

    _____

4. Nous (arriver) _____ à Paris le 10 mai, _____

    _____

5. Ce criminel est une victime des circonstances de la vie: il (perdre) _____ ses

    parents à l'âge de trois ans, _____

    _____

Exercice Ib

Mettez les verbes au passé composé et relevez les expressions de temps contenues dans les phrases.

1. Martin (travailler) _____ pendant toute la matinée.

2. Il y a trois ans, mon père (subir) _____ un infarctus et, depuis lors, il

    (complètement modifier) _____ son mode de vie.

3. Depuis qu'elle (s'inscrire) _____ à l'université, Christine étudie tout

    le temps.

4. Quand nos amis (rentrer) _____ , nous leur (apprendre)

    _____ la bonne nouvelle.

5. On (être) _____ chanceux* pour notre pique-nique; il (faire)

    _____ beau toute la journée.

6. — Tiens? Tu fais la mayonnaise comme ça, toi?

    — Je (toujours faire) _____ la mayonnaise de cette façon et je ne la

    (jamais rater) _____ .

7. Je suis allée voir les chutes du Niagara. Le trajet (durer) _____ sept

heures.

8. Lincoln (vivre) _____ de 1809 à 1865.

9. Après son accident, elle (rester) _____ handicapée.

Exercice IIa   Mettez les verbes entre parenthèses à l'imparfait et complétez les phrases.

(sans corrigé)

1. Quand il (neiger) _____ , chacun (s'occuper) _____ comme il (vouloir)

_____ : certains _____

_____

2. Dans mon rêve, les autos (aller) _____ et (venir) _____ sur la grande route.

Mélissa (essayer) _____ de traverser et n'y (arriver) _____ pas*. Moi, je __

_____

_____

3. Avant, je (être) _____ une personne très timide, _____

_____

4. Quand Clarisse (faire) _____ du bénévolat* à l'Hôpital des enfants, elle _____

_____

5. Dans ma famille on (célébrer) _____ Noël ensemble: ça (commencer)

_____ par le réveillon, _____

_____

Exercice IIb   Mettez les verbes à l'imparfait et relevez les indications de temps données.

1. Je (venir) _____ d'arriver à Montréal quand j'ai connu les Jalbert.

2. Dans la maison de mon enfance, le sous-sol (se remplir) _____

d'eau chaque fois qu'il (pleuvoir) _____ .

3. Pendant qu'Alice (prendre) _____ son café, je lui ai demandé si elle

(vouloir) _____ avoir plus de temps avant de me donner sa réponse.

4. Comme le ciel (se couvrir) _____ , on a pensé qu'il (aller)

_____ pleuvoir.

5. Plus ils (réfléchir) _____ , plus ils (se rendre compte)

_____ qu'il (falloir) _____ trouver une

autre solution.

Exercice III

Vous remarquerez que dans des phrases semblables, les verbes peuvent se mettre tantôt à l'imparfait, tantôt au passé composé, selon le sens. Complétez les phrases suivantes en mettant le verbe donné au temps qui convient.

1. **Avoir**

Quand je _____ vingt ans, on a célébré mon anniversaire en

grand*.

Quand je _____ vingt ans, je portais une barbe.

Elle _____ trois enfants en trois ans.

Ils _____ trois enfants quand je les ai connus.

2. **Être**

Il a mangé des champignons vénéneux et il _____ très malade.

Mon vieux chien est mort; c'est mieux comme ça; il _____ très

malade.

Vous _____ chanceux de retrouver votre portefeuille.

Elle _____ chanceuse de nature: chaque fois qu'elle achetait un

billet de loterie, elle gagnait.

Mon père me dit souvent: «Tu sais, je _____ jeune, moi aussi.»

Mon père m'a dit: «Tu sais, je _____ jeune à l'époque, je ne m'en

souviens plus très bien.»

3. **Devenir**

Au moment de ses crises, il _____ complètement irrationnel.

Jeanne Sauvé _____ la première femme Gouverneur général du

Canada.

4. **Mourir**

Cette plante _____ parce que vous l'avez trop arrosée.

Je _____ de faim*; alors j'ai commandé la plus grosse pizza du

menu.

5. **Aimer**

C'est un très bon film; je le _____ énormément.

À cinq ans, elle _____ déjà faire du théâtre.

6. **Avoir peur**

Ouf! Je _____ ! Je ne t'avais pas entendu venir.

Avant de suivre ma thérapie, je _____ de prendre l'avion.

Exercice IV

Récrivez le texte suivant en utilisant l'imparfait ou le passé composé selon l'indication de temps qui vous est donnée pour les versions **a** et **b**.

Je vais très tôt au marché Jean-Talon. Je commence par faire le tour des* étalages où s'empilent des montagnes de fruits et légumes de toutes les couleurs. J'en profite pour faire un brin de causette* avec les marchands. L'italien et le français se mêlent dans toutes les conversations. En une demi-heure, je réussis à me faire une bonne idée des prix du jour et, comme tout bon habitué du marché, je m'amuse à marchander. Une fois mes sacs remplis, je me rends dans les boutiques qui bordent la place. Je suis fasciné par les devantures où pendent les stalactites de fromages, de jambons et de saucissons. Toutes ces bonnes odeurs me mettent en appétit et je me fais plaisir en m'offrant une délicieuse pizza chez *Baffone*. Pour bien finir la matinée je m'arrête au café *Marco* pour déguster un espresso bien tassé*.

a) Le samedi matin, _____

_____

_____

_____

_____

_____

_____

_____

_____

_____

b) Samedi matin, _____

_____

_____

_____

_____

_____

_____

_____

_____

_____

_____

_____

Exercice V

Mettez les verbes entre parenthèses au plus-que-parfait. Notez la concordance des temps du passé dans les phrases.

1. Hier soir, je n'ai pas pu ouvrir la porte parce que je (oublier) _____

   ma clé.

2. Un jour, la voiture est tombée en panne* parce que Laurent (ne pas penser)

   _____ à faire le plein*.

3. Lundi soir, nous avons cru que vous étiez à la maison parce que vous (laisser)

   _____ les lumières allumées.

4. Ça m'étonne qu'Étienne ne soit pas venu; il nous (pourtant dire)

   _____ qu'il serait là!

5. Quand Johanne s'est rendu compte qu'elle (se tromper) _____ , elle

   a tout recommencé.

6. Au début de l'hiver j'ai été obligé de m'acheter d'autres gants parce que je (perdre)

   _____ les miens l'année dernière.

7. Sylvie voulait te donner un coup de main* ce matin, mais tu (déjà terminer)

   _____ .

Exercice VIa

Le choix du temps (passé composé ou plus-que-parfait) nous permet de reconstituer l'ordre chronologique des événements racontés. Lisez ce bulletin de nouvelles daté du 22 mai 1990, et relevez les événements en les remettant dans l'ordre chronologique. Servez-vous des lignes numérotées qui suivent le bulletin.

Hier matin le peintre naïf, Arthur Villeneuve, est mort subitement à la résidence de sa fille Micheline, à Montréal. Il avait 80 ans. Le peintre avait quitté la région du Saguenay au début de la fin de semaine pour assister au vernissage d'une exposition de ses œuvres au musée Laurier d'Arthabaska. C'est ainsi que dimanche, accompagné de son épouse Hélène, il a participé à l'inauguration de l'exposition *Arthur Villeneuve et la peinture naïve* à laquelle avaient été invités plus de 500 personnes. Apparemment «content de la fête» au dire de ses proches, cet homme d'une grande timidité a signé des autographes et conversé avec plusieurs invités.

   Après la fête, il s'est rendu chez sa fille Micheline où il devait se reposer avant de rentrer à Chicoutimi. C'est donc là qu'il a dormi ce soir-là. Vers 9 h le lendemain, Hélène Morin, sa deuxième épouse, a constaté qu'il était mort dans son lit. Il semble que, lorsqu'il s'était réveillé environ trois heures plus tôt, il se sentait «frileux» et n'arrêtait pas d'éternuer.

1. _____

2. _____

3. _____

4. _____

5. _____

6. _____

7. _____

8. _____

Exercice VIb
(sans corrigé)

Lisez la suite du bulletin de nouvelles et remettez les événements dans l'ordre chronologique. Chaque ligne numérotée correspond à un événement.

C'est à l'âge de 47 ans qu'Arthur Villeneuve a délaissé son métier de barbier pour se consacrer à la peinture. Il avait entendu, à l'église, un sermon du curé sur la parabole des talents. Malgré les protestations de sa femme, il a peint sur tous les murs de la résidence familiale des fresques représentant des scènes historiques québécoises. Cette œuvre recouvrait 5500 pieds carrés.

En 1972, la publication d'un article important dans le magazine américain *Time* a fait connaître Arthur Villeneuve, peintre naïf, au-delà des frontières du Québec. Ce grand coloriste a reproduit sur la toile une multitude de scènes de la vie quotidienne ainsi que ses visions de l'univers qui l'entourait, en faisant fi de toutes les règles de perspective. Dernièrement, sa maison de la rue Taché, à Chicoutimi, lui a causé quelques soucis. En effet, le peintre-barbier avait accepté, il y a deux ans, de la céder à l'Université du Québec à Chicoutimi pour qu'elle soit transformée en musée. Il avait convenu de la quitter en mars de cette année, mais il avait compris, entre temps, qu'il souhaitait y mourir. L'Université a donc dû retarder le projet.

1. _____

2. _____

3. _____

4. _____

5. _____

6. _____

7. _____

8. _____

Exercice VII

Récrivez ce texte au passé. Attention à la concordance des temps.

Aujourd'hui la journée s'annonce belle. Je me lève, je prends mon petit déjeuner et je sors faire une promenade. Je peux me permettre de flâner parce que, hier, j'ai fait toutes mes courses, j'ai rangé l'appartement et que j'ai même terminé mon travail de français. Pendant que je me promène, je rencontre Denise. Je ne l'ai pas vue depuis longtemps, alors je lui parle et nous rentrons.

L'autre jour, _____

_____

_____

_____

_____

_____

_____

_____

Exercice VIII

Révision. Mettez les verbes au temps du passé qui convient.

(sans corrigé)

1.   Alfred Nobel (vivre) _____ **1** de 1833 à 1896. C'est lui qui (inventer)

_____ **2** la dynamite en 1866. Il (passer)

_____ **3** sa vie à inventer des explosifs. Il (commencer)

_____ **4** par fabriquer des mines terrestres et sous-marines, puis il

(mettre) _____ **5** au point* la dynamite et enfin une poudre à

canon. Les usines Nobel (s'établir) _____ **6** à travers le monde et le

savant (devenir) _____ **7** extrêmement riche. À la fin de sa vie,

comme il (se préoccuper) _____ **8** des conséquences des

recherches qu'il (entreprendre) _____ **9** au cours de sa carrière, il

(léguer) _____ **10** sa fortune à la fondation Nobel pour

récompenser ceux qui travailleraient pour la paix dans le monde.

2. M. Bernard Riendeau, président de la Corporation industrielle, (annoncer)

_____ **1** sa démission aujourd'hui. On (soupçonner)

_____ **2** ses intentions depuis un certain temps: en effet, en

décembre dernier, il (créer) _____ **3** un nouveau poste pour alléger

sa tâche et il y (nommer) _____ **4** M. Réal Latouche, son bras

droit*. De plus il (assigner) _____ **5** à peu près en même temps de

nouveaux membres à son conseil exécutif. Cela sans parler de la somptueuse demeure qu'il

(se faire) _____ **6** construire l'été dernier à Nassau.

3. Mémé* chez le dépanneur*.

— M. Dufour, dites-nous ce qui (se passer) _____ **1**.

— Eh bien voilà, M. l'Inspecteur. Je (faire) _____ **2** tranquillement l'inventaire de

 mes étalages et la vieille dame (circuler) _____ **3** dans les rangées,

 normalement, comme si elle (chercher) _____ **4** quelque chose. C'est ma

 femme qui (se trouver) _____ **5** à la caisse. Tout à coup, la vieille dame (se

 diriger) _____ **6** vers elle et lui (crier) _____ **7**: «C'est un hold-up,

 videz votre caisse!» Ma femme (rester) _____ **8** tellement surprise qu'elle (ne

 pas réagir) _____ **9** tout de suite. Alors, la vieille dame (sortir) _____ **10**

 un revolver et (tirer) _____ **11** un coup dans le plafond. Sous l'impact, le

 plafonnier lui (tomber) _____ **12** sur la tête.

— Ce n'est donc pas vous qui l'(assommer) _____ **13** ?

— Voyons, M. l'Inspecteur, ma mère me (répéter) _____ **14** cent fois dans ma

 jeunesse: «Il ne faut jamais battre une femme, même avec une fleur!»

— Bon! Et est-ce que vous (déjà voir) _____ **15** cette dame auparavant?

— Oui, M. l'Inspecteur. Elle (déjà venir) _____ **16** au magasin à quelques reprises

 pour acheter des bandes dessinées de «Supermom». Elle (toujours arriver)

 _____ **17** en moto.

Exercice IX

(pour les mordus*)

Attention: certains verbes peuvent changer de sens selon qu'ils sont employés à l'imparfait ou au passé composé. Faites cet exercice et donnez un synonyme du verbe lorsqu'on vous le demande.

1. (être) Comme elle _____ à l'hôpital, je _____ (= _____) la voir.

2. (pouvoir) Quand, finalement, Gabriel _____ (= _____) me rejoindre au

   téléphone, je ne _____ plus rien faire pour l'aider.

3. (savoir) Marie-Hélène ne _____ plus où donner de la tête* quand elle

   _____ (= _____) au dernier moment que son mari ramenait six

   collègues à dîner.

4. (connaître) Je _____ (= _____) Lise et Michael à une

   soirée chez les Bertrand. Apparemment, ils me _____ de vue* depuis longtemps.

5. (devoir) Les Dumouchel _____ (= _____) partir la semaine dernière,

   mais ils _____ changer leurs projets à cause de la grève des contrôleurs aériens.

6. (vouloir) Quand il _____ (= _____) se lever pour marcher, ses jambes

   ne _____ plus lui obéir.

Exercice X

Mettez les verbes au temps du passé qui convient.

La Révolution française

Il (être) _____ **1** une fois un groupe d'étudiants qui (essayer) _____ **2** depuis

longtemps de comprendre la concordance des temps au passé. Ils (ne pas ignorer)

_____ **3** la différence entre le passé composé et l'imparfait, mais quand il (falloir)

_____ **4** utiliser l'un ou l'autre en parlant ou en discutant, tout (s'embrouiller)*

_____ **5** dans leur tête; ils (commencer) _____ **6** à douter de leur perception

et la difficulté (devenir) _____ **7** on ne peut plus présente. Il (falloir) _____ **8**

trouver une solution.

   Un jour, le professeur (entrer) _____ **9** dans la classe et, d'un air soulagé, leur

(annoncer) _____ **10** la nouvelle qui, apparemment, (faire) _____ **11** la manchette* ce matin-là. Il (expliquer) _____ **12** que l'Académie française, consciente

des difficultés que (poser) _____ **13** depuis toujours aux étudiants étrangers la

concordance des temps au passé, (venir) _____ **14** de décider d'éliminer soit le passé

composé, soit l'imparfait afin de simplifier l'apprentissage du français.

Les étudiants (ne pas en croire) _____ **15** leurs oreilles. La réaction (ne pas se faire)

_____ **16** attendre et le professeur (entendre) _____ **17** les commentaires

suivants: «Ah non! Maintenant que je (faire) _____ **18** tous ces efforts pour apprendre

les participes passés irréguliers, on ne va pas laisser tomber* le passé composé!»; «Mais alors,

sans imparfait, comment est-ce qu'on va exprimer la durée, l'action qui continue?»; «Et moi qui

(passer) _____ **19** toute la fin de semaine à essayer de comprendre la différence entre

les deux, ce n'est pas sérieux!»; «Je (croire) _____ **20** que le rôle de l'Académie

française (être) _____ **21** de protéger la langue française! Ils (devenir)

_____ **22** complètement fous, ces académiciens!»

En constatant l'effet produit par ce qu'il (venir) _____ **23** d'annoncer, le professeur

(se mettre) _____ **24** à rire et (s'empresser) _____ **25** de fixer la date de

l'examen qui (aller) _____ **26** porter sur la concordance des temps au passé.

Exploitation orale

1. Racontez une excursion, un voyage, des vacances, mais relatez-en seulement les événements. Laissez les autres étudiant(e)s vous poser des questions pour recréer le cadre.

   > Ex.: Nous avons eu une panne de voiture; nous sommes partis à la recherche d'un poste d'essence; nous n'en avons pas trouvé; nous sommes revenus sur nos pas...
   > Où est-ce que vous vous trouviez? Est-ce qu'il faisait beau? Depuis combien de temps marchiez-vous quand...?

2. Racontez un événement marquant de votre vie ou une aventure cocasse.

   > Ex.: La première leçon de ski.
   > La plus grande honte de votre vie.

3. Composez un bulletin de nouvelles que vous présenterez à la classe. Puis demandez à d'autres étudiant(e)s de résumer les nouvelles les plus intéressantes.

4. *Les Grands Esprits*
   Choisissez un personnage historique. Le meneur de jeu présente une biographie de ce personnage. Un(e) autre étudiant(e) incarne ce personnage et les autres, à tour de rôle, lui posent des questions pour qu'il justifie ce qu'il a dit ou ce qu'il a fait. Choisissez des

personnages qui ont été contestés pour leur prise de position, par exemple Einstein qui a permis que les résultats de ses recherches soient utilisés à des fins destructrices (C. De Gaulle, M. Thatcher, Y. Arafat, R. Lévesque, M. Gorbatchev, H. Morgentaler, J.M. Le Pen, G. Bush, ...).

Corrigé des exercices

Exercice Ib

1. a travaillé
2. a subi; a complètement modifié
3. s'est inscrite
4. sont rentrés; avons appris
5. a été; a fait
6. j'ai toujours fait; l'ai jamais ratée
7. a duré
8. a vécu
9. est restée

Exercice IIb

1. venais
2. se remplissait; pleuvait
3. prenait; voulait
4. se couvrait; allait
5. réfléchissaient; se rendaient compte; fallait

Exercice III

1. j'ai eu; j'avais a eu; avaient
2. a été; était avez été; était j'ai été; j'étais
3. devenait; est devenue
4. est morte; mourais
5. l'ai aimé; aimait
6. J'ai eu peur; j'avais peur

Exercice IV

a) Le samedi matin, j'**allais** très tôt au marché Jean-Talon. Je **commençais** par faire le tour des étalages où **s'empilaient** des montagnes de fruits et légumes de toutes les couleurs. J'en **profitais** pour faire un brin de causette avec les marchands. L'italien et le français **se mêlaient** dans toutes les conversations. En une demi-heure, je **réussissais** à me faire une bonne idée des prix du jour et, comme tout(e) bon(ne) habitué(e) du marché, je **m'amusais** à marchander. Une fois mes sacs remplis, je **me rendais** dans les boutiques qui **bordaient** la place. J'**étais fasciné(e)** par les devantures où **pendaient** des stalactites de fromages, de jambons et de saucissons. Toutes ces bonnes odeurs **me mettaient** en appétit et je **me faisais** plaisir en m'offrant une délicieuse pizza chez *Baffone*. Pour bien finir la matinée, je **m'arrêtais** au café *Marco* pour déguster un espresso bien tassé.

b) Samedi matin, très tôt, je **suis allé(e)** au marché Jean-Talon. J'**ai commencé** par faire le tour des étalages où **s'empilaient** des montagnes de fruits et légumes de toutes les couleurs. J'en **ai profité** pour faire un brin de causette avec les marchands. L'italien et le français **se mêlaient** dans toutes les conversations. En une demi-heure, j'**ai réussi** à me faire une bonne idée des prix du jour et, comme tout(e) bon(ne) habitué(e) du marché, je **me suis amusé(e)** à marchander. Une fois mes sacs remplis, je **me suis rendu(e)** dans les boutiques qui **bordaient** la place. J'**ai été/J'étais fasciné(e)** par les devantures où **pendaient** des stalactites de fromages, de jambons et de saucissons. Toutes ces bonnes odeurs **m'ont mis(e)** en appétit et je **me suis fait** plaisir en m'offrant une délicieuse pizza chez *Baffone*. Pour bien finir la matinée, je **me suis arrêté(e)** au café *Marco* pour déguster un espresso bien tassé.

Exercice V

1. j'avais oublié
2. n'avait pas pensé
3. aviez laissé
4. avait pourtant dit
5. s'était trompée
6. j'avais perdu
7. avais déjà terminé

Exercice VIa

1. Plus de 500 personnes ont été invitées au vernissage de l'exposition des œuvres d'Arthur Villeneuve.
2. Le peintre a quitté la région du Saguenay au début de la fin de semaine pour assister à ce vernissage.
3. Dimanche, il a participé à l'inauguration de l'exposition.
4. Il a signé des autographes et conversé avec plusieurs invités.
5. Après la fête, il s'est rendu chez sa fille.
6. C'est là qu'il a dormi ce soir-là.
7. Vers 6 h, il s'est éveillé; il se sentait «frileux» et il n'arrêtait pas d'éternuer.
8. Vers 9 h, son épouse a constaté sa mort.

Exercice VII

L'autre jour, la journée **s'annonçait** belle. Je **me suis levé(e)**, **j'ai pris** mon petit déjeuner et je **suis sorti(e)** faire une promenade. Je **pouvais** me permettre de flâner parce que, **la veille**, **j'avais fait** toutes mes courses, **j'avais rangé** l'appartement et **j'avais** même **terminé** mon travail de français. Pendant que je **me promenais**, **j'ai rencontré** Denise. Je ne l'**avais pas vue** depuis longtemps, alors je lui **ai parlé** et nous **sommes rentré(e)s** ensemble.

Exercice IX

1. était; j'ai été (= je suis allé(e))
2. a pu (= a réussi à); pouvais
3. savait; a su (= a appris)
4. j'ai connu (= j'ai rencontré; j'ai fait la connaissance de); connaissaient
5. devaient (= étaient censés); ont dû
6. a voulu (= a essayé de); voulaient

Exercice X

1. était
2. essayaient
3. n'ignoraient pas
4. fallait
5. s'embrouillait
6. commençaient
7. devenait
8. fallait
9. est entré
10. a annoncé
11. faisait
12. a expliqué
13. posait
14. venait
15. n'en croyaient pas
16. ne s'est pas fait
17. a entendu
18. j'ai fait
19. ai passé
20. croyais
21. était
22. sont devenus
23. venait
24. s'est mis
25. s'est empressé
26. allait

Expressions idiomatiques et notes explicatives

Pré-test

Le Carême: chez les chrétiens, période de pénitence qui commence après le Mardi gras et dure jusqu'à Pâques.

Le père Latulipe: terme familier qu'on emploie parfois à la place de *monsieur* pour désigner un homme d'un certain âge, surtout dans un milieu rural.

Le Mardi gras: dernier jour du carnaval avant le Carême.

Tenir à quelqu'un (ou à quelque chose) comme à la prunelle de ses yeux: accorder une extrême importance à quelqu'un ou à quelque chose; ne pas pouvoir vivre sans cette personne ou cette chose.

Faire la cour à quelqu'un: pour un homme, se montrer galant auprès d'une femme pour lui plaire.

Un cavalier: compagnon de danse.

Le mercredi des Cendres: premier jour du Carême dans le calendrier catholique.

Exercice Ib

Être chanceux: au Québec on utilise plus fréquemment cette tournure que *avoir de la chance.*

Exercice IIa

Y arriver: réussir.

Faire du bénévolat: travailler gratuitement pour une cause qui nous tient à cœur, que l'on considère importante.

Exercice III

En grand: avec éclat, de façon spectaculaire.

Être chanceux/chanceuse: voir Exercice 1b, plus haut.

Mourir de faim: avoir très faim.

Exercice IV

Faire le tour de: passer en revue.

Faire un brin de causette: bavarder un petit moment.

Bien tassé: bien fort, bien concentré.

Exercice V

Tomber en panne: arrêter de fonctionner.

Faire le plein: remplir le réservoir d'essence.

Donner un coup de main à quelqu'un: aider quelqu'un.

Exercice VIII

Mettre au point: concevoir, inventer, perfectionner.

Le bras droit de quelqu'un: son principal adjoint.

Mémé: terme affectueux pour *grand-mère.*

Le dépanneur: au Québec, magasin général ouvert après les heures habituelles d'ouverture. (*Dépanner:* aider quelqu'un qui est en difficulté.)

Exercice IX

Les mordus: personnes qui ont un goût ou un intérêt très marqué pour quelque chose, les amateurs.

Ne plus savoir où donner de la tête: ne pas savoir quoi faire, avoir trop d'occupations.

Connaître de vue: connaître quelqu'un pour l'avoir vu mais sans jamais lui avoir parlé.

Exercice X

Tout s'embrouille: tout se mêle, tout devient compliqué.

Laisser tomber quelqu'un on quelque chose: ne plus tenir compte de quelqu'un ou de quelque chose.

La manchette: gros titre en première page d'un journal. La nouvelle qui fait la manchette est la nouvelle la plus importante de la journée. On peut aussi dire *faire la manchette*.

Le conditionnel

Le conditionnel est un mode qui exprime que l'action décrite par le verbe n'est pas réelle mais **hypothétique**. On se place sur le plan de **l'imaginaire**. Ce mode exprime:

1.   La possibilité de voir se réaliser un fait imaginé ou souhaité dans la mesure où une condition est remplie. **On imagine ce qui n'est pas**.

    Ex.:   S'il faisait beau, nous **ferions** du camping.

2.   La constatation, parfois teintée de regret, d'un fait qui n'a pu se réaliser parce qu'une condition n'a pas été remplie. **On imagine ce qui n'a pas été**.

    Ex.:   S'il avait fait beau, nous **aurions fait** du camping.

Évitez à tout prix d'employer le conditionnel dans la proposition introduite par un *si* de condition. Cette erreur courante est faite aussi bien par l'étudiant de langue étrangère que par le francophone.

Remarquez qu'on peut avoir des verbes au conditionnel sans qu'il y ait une proposition introduite par un *si* de condition. C'est le cas du conditionnel de **politesse** (ex.: Pourriez-vous...) ou du conditionnel de **supposition** ou d'**interprétation**, fréquemment employé dans le style journalistique (ex.: Le suspect aurait étranglé la victime.).

Cependant, il faut prendre note que la conjonction *si* n'introduit pas toujours une phrase de condition. En effet, le *si* se retrouve également dans le **discours indirect** (ex.: Je me demandais s'il viendrait...). Dans ce cas, la concordance est bien différente. Il faudra à cet égard consulter le chapitre 11 portant sur le discours indirect.

Il importe également de distinguer l'usage du présent du conditionnel de celui du **futur de l'indicatif**. Dans ce cas, on ne se place plus sur le plan de l'imaginaire, mais au contraire on envisage une situation **probable** qui a toutes les chances de se réaliser.

    Ex.:   S'il fait beau, nous ferons du camping.

Pour une révision complète de la concordance des temps dans les phrases de condition, hypothèse dans le passé et probabilité, consultez votre manuel de grammaire.

Pré-test

Mettez les verbes entre parenthèses au mode et au temps appropriés.

Avec des si, on mettrait Montréal en bouteille*

Omer
Tranquille: Tu ne devineras jamais le rêve que j'ai fait cette nuit... J'étais maire de

    Montréal!

Yvan
Dubois: Si tu (avoir) ＿＿＿＿＿＿ **1** les pieds sur terre*, tu (agir) ＿＿＿＿＿＿ **2** et tu

    te (présenter) ＿＿＿＿＿＿ **3** aux prochaines élections municipales, comme

    moi.

Omer: C'est justement ce que je veux faire, car je suis sûr que c'est un rêve prémonitoire.

Yvan: Voyons donc! Tu (être) _____ **4** drôlement embêté* si cela (se réaliser)

            _____ **5**. Je parie que tu n'as même pas élaboré de programme!

Omer: Détrompe-toi! Si je (être élu) _____ **6** maire de Montréal, je (faire)

            _____ **7** construire un immense dôme en plexiglas qui (couvrir)

            _____ **8** tout Montréal. Il (être) _____ **9** rose; comme ça, tous

            les Montréalais (voir) _____ **10** la vie en rose*!

Yvan: Ça commence bien!

Omer: Ce dôme nous (permettre) _____ **11** également de capter l'énergie

            solaire! On n'(avoir) _____ **12** plus besoin de pelleter la neige! Plus

            personne n'(aller) _____ **13** en Floride. Au contraire, tous les touristes du

            continent (venir) _____ **14** ici. On (interdire) _____ **15** toute

            circulation automobile; tous les Montréalais (savoir) _____ **16** et

            (vouloir) _____ **17** faire de la bicyclette. Je t'assure que si on (faire)

            _____ **18** cela il y a longtemps, on ne (devoir) _____ **19** pas

            lutter contre la pollution aujourd'hui. Les cocotiers (pouvoir) _____ **20**

            pousser à côté des érables, les crocodiles (fraterniser) _____ **21** avec les

            castors, tout (respirer) _____ **22** la bonne humeur* et…

Yvan: Mon pauvre ami! Tu rêves en couleurs*! Ton programme est complètement

            loufoque! Qui (vouloir) _____ **23** te faire confiance? Moi, au moins, j'ai

            des idées rentables. Donc, j'ai d'excellentes chances d'être élu. Tu verras, si je

            (être) _____ **24** maire, je (nettoyer) _____ **25** la ville. Je (faire)

            _____ **26** démolir toutes les maisons datant de plus de cinquante ans. On

            les (remplacer) _____ **27** par des gratte-ciel, ce qui (régler)

            _____ **28** la crise du logement. Les rues (devenir) _____ **29** des

            autoroutes et les espaces verts (être converti) _____ **30** en terrains de

            stationnement. L'industrie de la construction (connaître) _____ **31** un

            grand essor et on (éliminer) _____ **32** du même coup le chômage. Ah! si seulement quelqu'un (penser) _____ **33** à cela plus tôt, nous (pouvoir)

_____ **34** éviter bien des déboires passés et nous ne (être)

_____ **35** pas dans le pétrin* en ce moment!

Omer: À t'entendre parler, on (dire) _____ **36** que les dés sont jetés*! Ma foi, s'il

(falloir) _____ **37** que tu l'emportes*, notre ville (mourir)

_____ **38** étouffée par le béton et les émanations toxiques!

Yvan: Et moi, je soutiens que si les Montréalais (être) _____ **39** assez naïfs pour

se rallier à tes idées farfelues, eh bien! je (être) _____ **40** depuis belle

lurette* danseuse étoile aux Grands Ballets canadiens, malgré ma bedaine*!

Corrigé du pré-test

1. avais	18. avait fait	35. serions
2. agirais	19. devrait	36. dirait
3. présenterais	20. pourraient	37. fallait
4. serais	21. fraterniseraient	38. mourrait
5. se réalisait	22. respirerait	39. étaient
6. j'étais élu	23. voudrait	40. serais
7. ferais	24. suis	
8. couvrirait	25. nettoierai	
9. serait	26. ferai	
10. verraient	27. remplacera	
11. permettrait	28. réglera	
12. aurait	29. deviendront	**Barème**
13. irait	30. seront convertis	38/40...................95%
14. viendraient	31. connaîtra	34/40...................85%
15. interdirait	32. éliminera	30/40...................75%
16. sauraient	33. avait pensé	26/40...................65%
17. voudraient	34. aurions pu	22/40...................55%

Exercice I

Mettez les phrases suivantes au conditionnel présent. Notez la différence de sens entre les deux phrases.

1. J'aime écouter de la musique. _____

2. Il faut qu'elle se dépêche. _____

3. On doit l'inviter. _____

4. En Écosse, tu verras peut-être le monstre du loch Ness. _____

_____

5. Il y a des fantômes dans ce château. _____

6. Le divan va bien devant la fenêtre. _____

Exercice II

Mettez les phrases suivantes au conditionnel passé. Notez la différence de sens entre les deux phrases.

1. Je n'ai jamais dit ça. _____

2. Il est venu avec moi. _____

3. L'auto a dérapé. _____

4. Il n'a jamais oublié de nous prévenir. _____

5. Les voleurs sont entrés par le garage. _____

6. J'ai pu revoir ce film à la télé. _____

Exercice III
(sans corrigé)

Complétez les paragraphes suivants en mettant le verbe souligné de l'expression entre parenthèses au conditionnel présent ou passé, selon le cas.

1. Une terrible catastrophe aérienne s'est produite hier à 19 h 45 à l'aéroport international de

    Hong-Kong. (On suppose qu'il n'y a) Il _____ **1** aucun survivant. Le Boeing 747

    à bord duquel se trouvaient 249 passagers et 15 membres d'équipage s'est écrasé au sol au

    moment de l'atterrissage. (On suppose que le pilote a perdu) Le pilote _____ **2** le

    contrôle de l'appareil et (on suppose qu'il a fait) _____ **3** une fausse manœuvre.

2. Devant les problèmes écologiques auxquels nous faisons face, la ville de Montréal a décidé

    de mettre sur pied* une série de programmes (susceptibles de sensibiliser) qui

    _____ **4** les citoyens à la nécessité de la collecte sélective des déchets. Grâce à la

    collaboration des Montréalais, (on suppose qu'on récupérera) on _____ **5**

    plusieurs tonnes de papier et carton, sauvant ainsi jusqu'à un million d'arbres. De plus, d'ici

    quelques années, la ville (a l'intention de distribuer) _____ **6** des composteurs domestiques (susceptibles de réduire) qui _____ **7** le contenu du sac vert tout en

recyclant les matières organiques récupérées. (On suppose qu'on obtiendra) On

_____ **8** ainsi un excellent compost naturel pour les travaux horticoles.

3. Selon les météorologues, le temps froid et pluvieux qui recouvre la région montréalaise (on

suppose qu'il doit) _____ **9** persister jusqu'à la fin de la semaine. (On suppose que

la situation commencera) La situation _____ **10** à s'améliorer d'ici à trois jours.

(On suppose qu'il fera) Il _____ **11** alors un temps plus proche de la normale d'un

mois de mai.

Exercice IV

Complétez les mini-situations en choisissant parmi les phrases qui suivent celle qui convient le mieux. Chaque phrase ne doit être utilisée qu'une seule fois.

a) — On devrait déjà être couchés.
b) — Il faudrait bien que je lui téléphone.
c) — On dirait qu'elle manque d'eau.
d) — Je pense que ça t'irait bien.
e) — Rex? Il ne ferait pas de mal à une mouche*.
f) — Je mangerais un cheval.
g) — Il devrait arriver d'une minute à l'autre.
h) — Qu'est-ce que tu dirais d'une bonne bière?
i) — Est-ce que ça vous ennuierait de ne pas fumer?
j) — Je pourrais te donner un coup de main*.

1. — J'ai peur de ce gros chien. — _____

2. — J'ai une faim de loup*. — Moi aussi, _____

3. — Quand l'attendez vous? — _____

4. — Déjà minuit! — _____

5. — _____ — Excusez-

   moi, je ne savais pas que la fumée vous dérangeait.

6. — Je n'arriverai jamais à tout finir. — _____

7. — As-tu des nouvelles de Marie? — Pas encore. _____

8. — Qu'est-ce qu'elle a, cette plante? — _____

9. — J'ai bien envie de me faire couper les cheveux. — _____

10. — Je meurs de soif. — _____

Exercice V

Transformez les phrases de chaque groupe en une seule phrase exprimant, selon l'indication donnée, (a) une situation probable, (b) une situation hypothétique ou (c) une possibilité non réalisée.

Modèles: J'ai le temps.
> Je passe chez toi.
> a) Résultat probable, presque sûr.
> (Si j'ai le temps, je passerai chez toi.)
> b) Résultat possible, hypothétique.
> (Si j'avais le temps, je passerais chez toi.)
> c) Possibilité non réalisée, regret.
> (Si j'avais eu le temps, je serais passé chez toi.)

1. On n'a pas la télévision.

    Les gens lisent davantage. (b)

    _____

2. Nous obtenons une subvention du gouvernement.

    Nous construisons une maison solaire. (a)

    _____

    _____

3. Tu me donnes ta recette de tourtière.

    Je sers ce plat à mes invités. (a)

    _____

    _____

4. Tu ne laisses pas toutes les lumières allumées.

    Ton compte d'électricité est moins élevé. (c)

    _____

    _____

5. Tu es gentil.

    Tu me prépares un bon grog. (b)

    _____

6. Nous avons une alimentation saine.

   Nous n'avons pas besoin de régimes amaigrissants. (b)

   _____

   _____

7. Je vis à l'époque de la Renaissance.

   Je m'embarque à la découverte du Nouveau Monde. (c)

   _____

   _____

8. Nous continuons à gaspiller de l'énergie.

   Nos ressources sont vite épuisées. (a)

   _____

   _____

9. On connaît les principes élémentaires de l'hygiène.

   La mortalité infantile est moins élevée. (c)

   _____

   _____

10. Tu téléphones le soir.

    Tes appels interurbains te coûtent moins cher. (b)

    _____

    _____

11. Tu arroses tes plantes.

    Elles ne meurent pas. (c)

    _____

12. Tu ne brûles pas un feu rouge*.

    Le policier ne te donne pas de contravention. (c)

    _____

    _____

Exercice VI

Complétez les phrases suivantes en mettant les verbes au mode et au temps qui conviennent selon la concordance des temps dans la phrase hypothétique simple: **si + imparfait, ... conditionnel présent.**

1. Si tu (boire) _____ moins de café, tu (être) _____ beaucoup moins nerveux.

2. On passe son temps à dire qu'on est pressé, mais si on (prendre) _____ le temps de s'arrêter, on y (prendre) _____ certainement goût.

3. Quel numéro ce Patrick! S'il (n'exister) _____ pas, il (falloir) _____ l'inventer!

4. Sa famille (s'inquiéter) _____ beaucoup moins s'il (écrire) _____ régulièrement à la maison.

5. Si vous (étudier) _____ la faune marine, plusieurs débouchés intéressants (s'offrir) _____ à vous.

6. J'(envoyer) _____ mon curriculum vitæ si je (croire) _____ avoir une chance d'avoir cet emploi.

7. Si nous (faire) _____ un petit effort, nous (faire) _____ des miracles.

8. Jacqueline (tenir) _____ volontiers le rôle principal si vous le lui (proposer) _____ .

9. Si nous (envoyer) _____ des signaux à une planète d'un autre système solaire, combien de temps est-ce qu'ils (mettre) _____ à se rendre?

10. Si Babette (commencer) _____ à économiser son argent dès maintenant, elle (pouvoir) _____ envisager un grand festin comme on n'en voit qu'au cinéma.

Exercice VII

Complétez les phrases suivantes en mettant les verbes au mode et au temps qui conviennent selon la concordance des temps de l'hypothèse dans le passé: **si + plus-que-parfait, ... conditionnel passé.**

1. Grâce à ma soeur Loulou, mon oncle est encore avec nous aujourd'hui. Si elle (ne pas

suivre) _____ de cours en techniques de réanimation, elle (ne pas réussir)

_____ à le garder en vie jusqu'à l'arrivée des ambulanciers.

2. Certains athlètes (ne jamais prendre) _____ d'anabolisants s'ils (savoir)

_____ qu'ils se feraient prendre un jour.

3. Si la publicitaire (paraître) _____ vraiment intéressée, je lui (faire) _____

voir tous mes dessins. En fin de compte, je ne lui ai rien montré du tout.

4. Quel dommage! Si je (se rendre compte) _____ de mon erreur au début, je (ne

pas être) _____ obligé de tout recommencer; j'ai perdu au moins deux heures.

5. Il n'y a qu'une cinquantaine d'années que les femmes votent au Québec, mais si Madame

Gérin-Lajoie (ne pas se battre) _____ pour le droit de vote des femmes, Dieu sait

quand nous l'(obtenir) _____ !

6. Je suis sûre que les passagers (réagir) _____ autrement s'ils (comprendre)

_____ la gravité de la situation.

7. Vous (répondre) _____ à la question sans problème si vous (lire) _____

la consigne comme il faut. Malheureusement vous êtes passé à côté de la question.

8. Si tu (voir) _____ le numéro du chef d'orchestre au Cirque du soleil*, tu (mourir)

_____ de rire. C'était vraiment hilarant.

9. Traverser le lac à la nage? Je (pouvoir) _____ le faire si je (le vouloir)

_____ . Je n'en avais pas envie.

10. Mon ancienne voisine était d'origine indienne. Si je la (connaître mieux) _____ ,

je lui (demander) _____ de m'expliquer comment on fait un bon curry.

Exercice VIII

Complétez les phrases suivantes en mettant les verbes au conditionnel présent ou passé. Tenez bien compte des expressions qui vous situent dans le temps.

1. Si les citadins consentaient à utiliser les transports en commun, il y (avoir) _____

moins d'embouteillages.

2. On (pouvoir) _____ faire la tournée* des boîtes à chansons si vous veniez à Montréal.

3. Si, après le mariage, on ne pouvait plus regarder les jolies filles ou les beaux garçons, la vie (être) _____ un martyre!

4. S'il n'y avait pas eu la crise du pétrole, les petites voitures (ne pas connaître) _____ actuellement un tel succès sur le marché nord-américain.

5. Si Serge n'était pas si rancunier, il (te pardonner) _____ bien avant aujourd'hui.

6. Gilles Vigneault* (ne pas écrire) _____ la chanson «Mon pays, c'est l'hiver» s'il n'avait pas vécu au Québec.

7. Si Roch n'avait pas l'habitude de jeter l'argent par les fenêtres*, il (réfléchir) _____ avant d'acheter sa Ferrari le mois passé.

8. Si Pierre de Coubertin ne s'était pas passionné pour les Jeux olympiques, peut-être qu'ils (ne plus exister) _____ .

9. Si vous aviez bu moins de champagne à cette soirée, vous (ne pas avoir) _____ la gueule de bois* ce matin.

10. Qui sait? Si Adam et Ève n'avaient pas croqué la pomme, nous (être) _____ peut-être encore au paradis...

11. Si les Indiens n'avaient pas secouru Jacques Cartier et ses hommes pendant leur premier hiver au Canada, ils (mourir) _____ de faim et de froid en 1534.

12. Si Astérix* n'avait pas bu sa potion magique avant de se battre contre les troupes de Jules César, il (ne pas remporter) _____ la victoire.

13. Le premier bébé-éprouvette (ne pas naître) _____ en 1978 si les hommes de science n'avaient pas poursuivi leurs recherches avec autant de ténacité.

14. Si les États-Unis n'avaient pas reconnu la République populaire de Chine, M. Deng Xiao Ping (ne pas se rendre) _____ à Washington en 1979.

15. Si nous avions un détecteur de fumée, notre prime d'assurance nous (coûter) _____ moins cher.

Exercice IX

Complétez les phrases suivantes en mettant les verbes au mode et au temps appropriés. Tenez bien compte des expressions qui vous situent dans le temps.

1. Regarde bien cette cannette d'aluminium: si tu la (jeter) _____ l'an dernier, il lui

   (falloir) _____ encore 99 ans pour se décomposer dans le sol!

2. Si la météo (prévoir) _____ cette tempête de neige, il est certain que les Martin

   (ne pas partir) _____ pour Toronto hier matin.

3. Quand j'ai la grippe, ma mère me dit toujours: «Si tu m'avais écoutée, tu (mettre)

   _____ ton écharpe et tu (ne pas être) _____ malade à présent.»

4. Si Louis Riel (ne pas défendre) _____ la cause des métis francophones au

   Manitoba au siècle dernier, il (ne pas être pendu) _____ .

5. Si les Anglais (ne pas déporter) _____ les Acadiens* au XVIIIᵉ siècle, il (ne pas y

   avoir) _____ de Cajuns* en Louisiane aujourd'hui.

6. Si on (se décider) _____ plus tôt, on (pouvoir) _____ profiter des tarifs

   aériens réduits l'été dernier.

7. Une erreur judiciaire ne se découvre souvent que par un coup de théâtre. Par exemple, si

   le vrai coupable (se pas se rendre) _____ à la police, le pauvre Marshall (croupir)

   _____ toujours en prison aujourd'hui.

8. Si William (mieux comprendre) _____ le français, il (ne pas me suggérer)

   _____ d'en parler au concierge quand je lui ai dit que j'avais le cafard*.

9. Si tu (avoir) _____ un tant soit peu de manières, tu (ne pas me couper)

   _____ la parole pendant que je parlais à David. Je me demande comment on t'a

   élevé, toi!

10. Ne te fâche pas, Jeanne! Je te (laisser) _____ de la mousse au chocolat si tu en

    (manger) _____ habituellement, mais comme ce n'est pas le cas, j'ai cru rendre

    service à tout le monde.

Exercice X

Changez les phrases suivantes pour obtenir une phrase de condition et faites les modifications qui s'imposent.

Modèle: Je ne regarde pas la télévision parce que j'ai un examen demain.

Si je n'avais **pas** d'examen demain, je regarderais la télévision.

1. Je ne vais pas au cinéma parce que je n'ai pas le temps.

   _____

2. Il n'est pas venu parce qu'il ne se sentait pas bien.

   _____

3. Nous ne nous sommes pas baignés parce qu'il ne faisait pas assez chaud.

   _____

   _____

4. Ils ont annulé l'excursion parce qu'il pleuvait.

   _____

5. Bertrand n'a pas obtenu cet emploi parce qu'il n'est pas diplômé.

   _____

6. Il ne réussit pas parce qu'il ne fait pas d'efforts.

   _____

7. Il ne mange pas de sucre parce qu'il est diabétique.

   _____

8. Elle suit un régime parce qu'elle a pris du poids.

   _____

9. Je n'ai pas bu de café parce que ça m'empêche de dormir.

   _____

10. C'est parce qu'ils sont des mordus* du ski qu'on les a vus sur les pentes par un temps pareil*.

    _____

    _____

Exercice XI

Complétez les dialogues en mettant les verbes au temps et au mode appropriés.

À la porte du ciel

(*Toc toc toc...*)

Saint Pierre: Oui, entrez!

Une voix: J'ai une réservation pour le Paradis.

Saint Pierre: Est-ce que vous (pouvoir) _____ **1** me donner votre nom?

Une voix: Jean Senterre.

Saint Pierre: Ah! M. Senterre, vous (devoir) _____ **2** confirmer!

Jean Senterre: Qu'est-ce que vous vous imaginez! Si j'avais eu le temps, je le (faire)

                   _____ **3** .

Saint Pierre: Je regrette, le règlement c'est le règlement. Si je n'ai pas de confirmation, je

                   ne (pouvoir) _____ **4** pas vous faire entrer. Un point c'est tout*.

Jean Senterre: Ah! j'ai l'air fin*! Et qu'est-ce que je peux faire maintenant?

Saint Pierre: Et si vous (aller) _____ **5** au Purgatoire en attendant?

Jean Senterre: Qu'est-ce que c'est que ce service! Ah! si je (savoir) _____ **6** !

Tristes réflexions sur le sort plus triste encore d'un pauvre employé qui vient de demander une augmentation à son patron

Je sais ce que je (devoir) _____ **1** lui dire: «Si vous ne m'augmentez pas, je

(démissionner) _____ **2** .» Non, quand même, j'ai besoin d'un emploi. Voyons... Ah,

j'y suis*: «Si vous pensez que je vais continuer à faire des heures supplémentaires à ce tarif, vous

(se tromper) _____ **3** ; parce que si je n'étais pas là, moi, vous (avoir) _____ **4**

de sérieux problèmes!»

     Ah! si je lui (dire) _____ **5** ça, ça lui aurait cloué le bec*!

(*Dring!...*)

— Oui, ici Tremblay.

— M. Tremblay, si vous avez une minute, (venir) _____ **6** donc m'apporter une tasse

de café.

— Oui, madame. Tout de suite madame.

Une vie de chien*

(*Deux chiens se rencontrent près d'une borne-fontaine*.*)

Rex: Salut, tu n'as pas l'air dans ton assiette*, aujourd'hui.

Fido: C'est vrai, ça (pouvoir) _____ **1** aller mieux.

Rex: Est-ce que, par hasard, tu (faire) _____ **2** la fête* hier?

Fido: Non, j'ai encore des histoires* avec ma patronne.

Rex: Si tu voyais la mienne, tu (ne pas se plaindre) _____ **3** ! Elle a décidé que je

(être) _____ **4** le chien le mieux habillé en ville. Si tu (voir) _____ **5**

les bottillons qu'elle m'a achetés, tu te serais sauvé en criant: «Kaï kaï!»

Fido: Ce n'est rien, ça; si tu (devoir) _____ **6** porter un maillot de bain comme

moi, à la plage, l'été dernier, tu (apprécier) _____ **7** tes bottines.

Rex: Ah! si Snoopy nous voyait, la tête qu'il (faire) _____ **8***!

Fido: Tu parles d'une vie de chien!

Exercice XII   Mettez les verbes entre parenthèses au mode et au temps appropriés.

Ah! Si j'étais née homme...

Ah! si j'étais née homme! Mon enfance (être) _____ **1** tout autre. Je (ne pas passer)

_____ **2** mes premières années dans le rose bonbon, couleur que je (détester)

_____ **3**. Je (pouvoir) _____ **4** montrer sans crainte des signes de force, de

curiosité et d'agressivité. Je (avoir) _____ **5** le droit de me battre pour ce que je

(désirer) _____ **6** . On me (épargner) _____ **7** les robes de dentelle, les rubans

et autres fanfreluches* du même genre. Je (pouvoir) _____ **8** explorer le monde à ma

guise* et relever plein de défis. Aujourd'hui, je (ne pas être) _____ **9** obligée de réaliser des exploits pour qu'on consente à m'écouter. Je (être) _____ **10** moins susceptible et

moins frustrée! Je (savoir) _____ **11** mieux profiter de la vie et je (prendre)

_____ **12** davantage de risques. Je (avoir) _____ **13** moins besoin de

m'affirmer maintenant si on (respecter) _____ **14** mon autonomie dès le départ.

Exercice XIII   Mettez les verbes entre parenthèses au mode et au temps appropriés.

Ah! Si j'étais né femme...

Je (ne pas passer) _____ **1** mon enfance à faire semblant*. Je (ne pas avoir)

_____ **2** à adopter constamment une attitude agressive. On (ne pas me pousser)

_____ **3** à être fort et compétitif. Je (pouvoir) _____ **4** jouer tranquillement à

la poupée, m'attendrir, pleurer! Je (s'abandonner) _____ **5** à mon tempérament et je

(ne pas sentir) _____ **6** l'obligation de prouver continuellement mon courage et ma

force, en un mot ma masculinité. Je (être) _____ **7** aujourd'hui moins désarmé devant

les femmes. Je (ne pas chercher) _____ **8** à les dominer au nom de ma sacro-sainte*

supériorité. Je (hésiter) _____ **9** moins à abandonner mes privilèges de mâle si on (ne

pas me les imposer) _____ **10** autrefois. Je (savoir) _____ **11** mieux faire la

cuisine. Je (avoir) _____ **12** à présent une plus grande confiance en moi-même si on (ne

pas me contraindre) _____ **13** à suivre, au départ, un modèle, sorte de stéréotype

masculin, ne correspondant ni à mon caractère ni à mes aspirations.

   Il semble évident que si on laisse les enfants suivre leurs penchants naturels, on (assister)

_____ **14** à une transformation complète des rapports entre adultes des deux sexes.

L'homme (ne plus sentir) _____ **15** le besoin de dominer et la femme (ne plus avoir)

_____ **16** envie de l'être. Hommes et femmes (unir) _____ **17** leurs efforts

pour transformer une société divisée au plus profond d'elle-même par les conflits qui opposent

ceux et celles qui la constituent. Si on (commencer) _____ **18** avec les enfants, les

adultes (ne plus avoir) _____ **19** à se libérer.

Exercice XIV

Mettez les verbes au mode et au temps qui conviennent.

(sans corrigé)

Fantasme électronique

Si je (être) _____ **1** un robot, mon cerveau (être) _____ **2** programmé de telle

sorte que je (ne pas avoir) _____ **3** à réfléchir avant de prendre une décision. Je (aller)

_____ **4** droit au but et je (ne jamais faire) _____ **5** d'erreur. Je (pouvoir)

_____ **6** accomplir toutes les tâches domestiques en un clin d'oeil*. Je (savoir)

_____ **7** tirer le meilleur parti de* mon temps et je (venir) _____ **8** à bout de

toutes les difficultés* sans même y penser. Je (voir) _____ **9** à ce que tout soit

parfaitement organisé et je n'(envoyer) _____ **10** que des ondes positives à tout mon

entourage. Ah! si j'(être) _____ **11** un robot!

Nostalgie du temps jadis*

Si je (naître) _____ **1** au Moyen Âge, je (vivre) _____ **2** dans une petite ville

fortifiée de France ou d'Italie. Je (être) _____ **3** troubadour* ou bâtisseur de

cathédrales. Je (tomber) _____ **4** amoureux d'une gente dame* que j'(aimer)

_____ **5** d'amour courtois*. Je (ne pas l'abandonner) _____ **6** pour partir en

croisade contre les Infidèles et je (se contenter) _____ **7** d'être son chevalier. Nous

(avoir) _____ **8** des enfants qui (apprendre) _____ **9** le grec et le latin et qui

(devenir) _____ **10** philosophes, poètes ou enlumineurs* de manuscrits. Ah! si

seulement l'esprit médiéval (pouvoir) _____ **11** renaître un jour!

Résultat garanti ou sourire remis*

Si on (être) _____ **1** conscient comme toute personne raisonnable que la santé est

notre bien le plus précieux, on (faire) _____ **2** tout notre possible pour la conserver.

Ainsi, si on (avoir) _____ **3** tendance à être gourmand comme tout gourmet qui se

respecte, on (modérer) _____ **4** son appétit en ne mangeant que des mets délicats et

dispendieux*. Si on (détester) _____ **5** faire le moindre effort, on (éviter)

_____ **6** de s'incrire à un cours de musculation ou de danse aérobique, mais plutôt on

(s'acheter) _____ **7** un de ces merveilleux petits appareils qui stimulent électriquement

chaque muscle sans qu'il soit nécessaire de lever le petit doigt*. Si on (ne pas pouvoir)

_____ **8** s'empêcher de fumer comme une cheminée, on (s'efforcer) _____ **9**

de toujours avoir deux cigarettes allumées en même temps pour ne plus savoir où donner de la

narine*! Si on (souffrir) _____ **10** d'insomnie chronique, on (boire) _____ **11**

des quantités de plus en plus grandes de café pour ne jamais avoir sommeil en attendant de se

faire piquer, un jour, par une mouche tsé-tsé égarée. Non, non! Je ne travaille pas du chapeau*!

Mais si vous (croire) _____ **12** que toutes ces recommandations sont complètement

farfelues, vous (jouir) _____ **13** probablement d'une bonne santé... mentale. De là à

dire que votre santé physique est bonne, c'est une autre histoire. Seul votre médecin le sait!

Exploitation orale

1.   Imaginez différentes situations qui pourraient se produire et dites ce qu'on ferait dans les
     circonstances.

> Ex.:   Si on faisait plus de sport...
>   Si tu déménageais, où irais-tu vivre?
>   Si j'étais acupuncteur...
>   Si je devenais une vedette de la télévision...
>   Si vous appreniez un secret d'État...
>   Si on pouvait devenir invisible...

2.   Évoquez différentes situations qui auraient pu se présenter, si les circonstances s'y étaient
     prêtées.

> Ex.:   Si tu t'étais mieux renseigné(e), tu aurais pu faire une demande de bourse.
>   Elle serait venue vous voir si elle en avait eu le temps.
>   Si j'étais né au XVIIIe siècle, j'aurais aimé être Mozart.

3.   On constitue un jury de trois ou quatre personnes qui devront choisir la réponse la plus
     originale, donnée à différentes questions formulées selon le modèle suivant.

   a) Si tu étais un animal, lequel serais-tu et que ferais-tu?
      Chaque personne interrogée devra répondre par une phrase complète.

> Ex.:   Si j'étais un animal, je serais un chat et je me prélasserais toute la journée.
>   Moi, si j'étais un animal, je serais un zèbre, mais je ne porterais pas mon pyjama rayé à longueur de journée.

   b) Si tu étais un instrument de musique...
   c) Si tu étais un personnage de bande dessinée...

Ces trois exercices peuvent aussi se faire par écrit sous forme de courtes compositions.

Corrigé des exercices

Exercice I

1. J'aimerais écouter de la musique.
2. Il faudrait qu'elle se dépêche.
3. On devrait l'inviter.
4. En Écosse, tu verrais peut-être le monstre du loch Ness.
5. Il y aurait des fantômes dans ce château.
6. Le divan irait bien devant la fenêtre.

Exercice II

1. Je n'aurais jamais dit ça.
2. Il serait venu avec moi.
3. L'auto aurait dérapé.
4. Il n'aurait jamais oublié de nous prévenir.
5. Les voleurs seraient entrés par le garage.
6. J'aurais pu revoir ce film à la télé.

Exercice IV

1. e
2. f
3. g
4. a
5. i
6. j
7. b
8. c
9. d
10. h

Exercice V

1. Si on n'avait pas la télévision, les gens liraient davantage.
2. Si nous obtenons une subvention du gouvernement, nous construirons une maison solaire.
3. Si tu me donnes ta recette de tourtière, je servirai ce plat à mes invités.
4. Si tu n'avais pas laissé toutes les lumières allumées, ton compte d'électricité aurait été moins élevé.
5. Si tu étais gentil, tu me préparerais un bon grog.
6. Si nous avions une alimentation saine, nous n'aurions pas besoin de régimes amaigrissants.
7. Si j'avais vécu à l'époque de la Renaissance, je me serais embarqué à la découverte du Nouveau Monde.
8. Si nous continuons à gaspiller l'énergie, nos ressources seront vite épuisées.
9. Si on avait connu les principes élémentaires de l'hygiène, la mortalité infantile aurait été moins élevée.
10. Si tu téléphonais le soir, tes appels interurbains te coûteraient moins cher.
11. Si tu avais arrosé tes plantes, elles ne seraient pas mortes.
12. Si tu n'avais pas brûlé un feu rouge, le policier ne t'aurait pas donné de contravention.

Exercice VI

1. buvais; serais
2. prenait; prendrait
3. n'existait; faudrait
4. s'inquiéterait; écrivait
5. étudiiez; s'offriraient
6. enverrais; croyais
7. faisions; ferions
8. tiendrait; proposiez
9. envoyions; mettraient
10. commençait; pourrait

Exercice VII

1. n'avait pas suivi; n'aurait pas réussi
2. n'auraient jamais pris; avaient su
3. avait paru; aurais fait
4. m'étais rendu compte; n'aurais pas été
5. ne s'était pas battue; aurions obtenu
6. auraient réagi; avaient compris
7. auriez répondu; aviez lu
8. avais vu; serais mort(e)
9. J'aurais pu; je l'avais voulu
10. l'avais mieux connue; aurais demandé

Exercice VIII

1. aurait
2. pourrait
3. serait
4. ne connaîtraient pas
5. t'aurait pardonné
6. n'aurait pas écrit
7. aurait réfléchi
8. n'existeraient plus
9. n'auriez pas/n'auriez pas eu
10. serions
11. seraient morts
12. n'aurait pas remporté
13. ne serait pas né
14. ne se serait pas rendu
15. coûterait

Exercice IX

1. l'avais jetée; faudrait
2. avait prévu; ne seraient pas partis
3. aurais mis; ne serais pas
4. n'avait pas défendu; n'aurait pas été pendu
5. n'avaient pas déporté; n'y aurait pas
6. s'était décidés; aurait pu
7. ne s'était pas rendu; croupirait
8. comprenait mieux; ne m'aurait pas suggéré
9. avais; ne m'aurais pas coupé
10. t'aurais laissé; mangeais

Exercice X

1. Si j'avais le temps, j'irais au cinéma.
2. S'il s'était senti bien, il serait venu.
3. S'il avait fait assez chaud, nous nous serions baignés.
4. S'il n'avait pas plu, ils n'auraient pas annulé l'excursion.
5. Si Bertrand était diplômé, il aurait obtenu cet emploi.
6. S'il faisait des efforts, il réussirait.
7. S'il n'était pas diabétique, il mangerait du sucre.
8. Si elle n'avait pas pris du poids, elle ne suivrait pas de régime.
9. Si ça ne m'empêchait pas de dormir, j'aurais bu du café.
10. S'ils n'étaient pas des mordus du ski, on ne les aurait pas vus sur les pentes par un temps pareil.

Exercice XI

1. pourriez
2. auriez dû
3. l'aurais fait
4. peux
5. alliez
6. j'avais su

1. j'aurais dû
2. démissionne/vais démissionner/démissionnerai
3. vous trompez
4. auriez
5. avais dit
6. venez

1. pourrait
2. aurais fait
3. ne te plaindrais pas
4. serais
5. avais vu
6. avais dû
7. apprécierais
8. ferait

Exercice XII

1. aurait été
2. n'aurais pas passé
3. déteste/détestais
4. J'aurais pu
5. J'aurais eu
6. désirais
7. m'aurait épargné
8. J'aurais pu
9. ne serais pas
10. serais
11. saurais
12. prendrais
13. J'aurais
14. avait respecté

Exercice XIII

1. n'aurais pas passé
2. n'aurais pas eu
3. ne m'aurait pas poussé
4. J'aurais pu
5. me serais abandonné
6. n'aurais pas senti
7. serais
8. ne chercherais pas
9. J'hésiterais

10. ne me les avait pas imposés
11. saurais
12. J'aurais
13. ne m'avait pas contraint

14. assistera
15. ne sentira plus
16. n'aura plus
17. uniront

18. commence/commençait
19. n'auront plus/n'auraient plus

Expressions idiomatiques et notes explicatives

Pré-test

Avec des si, on mettrait Montréal en bouteille: adaptation du proverbe *Avec des si, on mettrait Paris en bouteille* qui veut dire que, sur le plan de l'hypothèse, tout est possible.

Avoir les pieds sur terre: avoir le sens pratique, vivre dans la réalité.

Drôlement embêté: très embêté, très embarrassé.

Voir la vie en rose: être très optimiste.

Respirer la bonne humeur: exprimer la joie de vivre.

Rêver en couleurs: faire des rêves irréalisables.

Dans le pétrin: dans une situation embarrassante ou très désagréable. (*Pétrin*: coffre dans lequel on pétrit (travaille) la pâte pour faire le pain.)

Les dés sont jetés: la résolution est prise et l'on s'y tiendra quoi qu'il arrive.

L'emporter: (sous-entendu: la victoire) gagner, triompher.

Depuis belle lurette: depuis bien longtemps.

Une bedaine: un ventre rebondi.

Exercice III

Mettre sur pied: organiser; mettre un organisme, une entreprise en état de fonctionner.

Exercice IV

Ne pas faire de mal à une mouche: être inoffensif.

Donner un coup de main à quelqu'un: aider quelqu'un.

Avoir une faim de loup: avoir très faim.

Exercice V

Brûler un feu rouge: ne pas s'arrêter à un feu rouge.

Exercice VII

Le Cirque du soleil: cirque québécois de renommée internationale qui se distingue par sa théâtralité et la poésie de ses numéros.

Exercice VIII

Faire la tournée: aller d'un endroit à un autre.

Gilles Vigneault: le plus connu des chansonniers québécois au sens où ce mot est employé au Québec, c'est-à-dire auteur, compositeur et interprète de la chanson. Sa réputation est internationale.

Jeter l'argent par les fenêtres: dépenser sans compter.

Avoir la gueule de bois: avoir la tête lourde et la langue pâteuse le lendemain d'une soirée où on a trop bu.

Astérix: célèbre personnage de la bande dessinée française qui porte son nom et qui est l'œuvre de Uderzo et Goscinny.

Exercice IX

Acadiens: population francophone des provinces maritimes du Canada (la Nouvelle-Écosse et le Nouveau-Brunswick).

Cajuns: habitants de la Louisiane de descendance acadienne. Le mot *cajun* est une déformation phonétique du mot *acadien*.

Avoir le cafard: être déprimé. Les cafards (ou blattes) sont des insectes qui peuvent infester un logement. Malgré leur couleur noire, les cafards n'ont rien à voir avec la dépression… bien qu'ils puissent en provoquer une!

Exercice X

Un(e) mordu(e) de quelque chose: un(e) fanatique de quelque chose.

Par un temps pareil: ici, par un aussi mauvais temps.

Exercice XI

Un point c'est tout: c'est indiscutable, définitif.

Avoir l'air fin: (ironique) avoir l'air bête, stupide.

J'y suis: dans cette phrase, l'expression veut dire *j'ai trouvé.*

Clouer le bec à quelqu'un: réduire cette personne au silence.

Une vie de chien: une vie difficile.

Une borne-fontaine: terme utilisé au Québec pour désigner une sortie d'eau dont les pompiers se servent en cas d'incendie.

Ne pas avoir l'air dans son assiette: ne pas avoir l'air en forme.

Faire la fête: faire des excès de table, trop manger et trop boire.

Avoir des histoires avec quelqu'un: avoir des difficultés avec quelqu'un.

La tête qu'il ferait!: il serait drôlement étonné!

Exercice XII

Des fanfreluches: des ornements: nœuds, dentelle, volant, pompon.

À sa guise: selon son goût, comme on le veut.

Exercice XIII

Faire semblant: faire comme si.

Sacro-saint: terme ironique qui signifie que quelque chose est respecté de façon excessive.

Exercice XIV

En un clin d'œil: très rapidement, très vite.

Tirer le meilleur parti de quelque chose: profiter de quelque chose au maximum.

Venir à bout des difficultés: vaincre les difficultés grâce à ses efforts.

Jadis: il y a longtemps, autrefois. Ici, le *temps jadis* est emprunté à la célèbre *Ballade des dames du temps jadis*, composée au XVe siècle par le poète français François Villon.

Un troubadour: poète médiéval du sud de la France qui chantait l'amour courtois.

Une gente dame: une dame de la noblesse au Moyen Âge.

Amour courtois: amour chevaleresque et raffiné dans la haute société médiévale.

Un enlumineur: artiste médiéval qui illustrait en couleurs les manuscrits.

Résultat garanti ou sourire remis: jeu de mots sur le slogan publicitaire *Resultat garanti ou argent remis* (*remis*: remboursé).

Dispendieux: qui coûte cher. Au Québec, ce terme est employé plus couramment que *coûteux*.

Lever le petit doigt: faire le plus petit effort.

Narine: un des deux orifices du nez. Jeu de mots sur l'expression *ne plus savoir où donner de la tête* qui veut dire être perdu, dépassé par les événements.

Travailler du chapeau: expression familière pour *être fou*.

Le subjonctif

À première vue, le mot **subjonctif** peut vous sembler rébarbatif, c'est-à-dire difficile et ennuyeux. C'est bien votre opinion sur le subjonctif, n'est-ce pas? Eh bien, le but de ce chapitre est de vous prouver le contraire!

Alors que le mode indicatif exprime la réalité d'un fait (**ce qui est**), le mode subjonctif exprime la possibilité de réalisation d'un fait (**ce qui pourrait être**).

> Ex.: Les ministres savent que l'accord sera signé. (réalité)
> Les ministres doutent que l'accord soit signé. (possibilité)

Le mode subjonctif **s'emploie très couramment en français** dans la langue orale comme dans la langue écrite. On l'utilise aussi bien dans un registre de langue familier que littéraire. Il n'a de sophistiqué que son nom! Conjuguer un verbe au présent du subjonctif est d'ailleurs très simple puisque dans la majorité des cas (c'est-à-dire pour les verbes dont l'infinitif se termine en *ER*, sauf *aller*) il a **les mêmes formes qu'au présent de l'indicatif**, sauf pour les formes de *nous* et *vous* qui sont identiques à celles de **l'imparfait de l'indicatif**. Quant aux autres verbes, sauf les dix énumérés ci-après, il suffit de connaître **la 3e personne du pluriel du présent de l'indicatif** pour trouver le présent du subjonctif:

> Ex.: Réussir: ils réussiss**ent** → Il faut que je réussi**sse**.
> Prendre: ils prenn**ent** → Il faut que tu prenn**es** le temps de vivre.

Il vous reste donc à:

1. mémoriser les formes irrégulières des dix verbes suivants: *avoir*, *être*, *faire*, *pouvoir*, *vouloir*, *savoir*, *valoir*, *aller*, *falloir*, *pleuvoir*.

2. savoir dans quelles circonstances bien définies on utilise le subjonctif au lieu de l'indicatif, soit:
    a) après des verbes qui marquent
       – une **obligation** (*il faut que*, *on veut que*, etc.)
       – un **doute** (*je doute que*, *il est possible que*, etc.)
       – un **sentiment** (*j'aimerais que*, *j'ai peur que*, etc.)
    b) après certaines conjonctions de subordination dont les plus courantes sont: *pour que**, *afin que**, *avant que**, *à moins que**, *bien que*, *quoique*, *pourvu que*, *jusqu'à ce que*, *sans que**.
    *Les conjonctions marquées d'un astérisque (*) peuvent aussi se construire avec un verbe à l'infinitif. Dans ce cas, le *que* est remplacé par *de*: *afin de*, *avant de*, *à moins de*. Attention: *pour que* → *pour* et *sans que* → *sans*.

    > Ex.: Je leur ai rendu visite **avant qu'**ils partent.
    > Je leur ai rendu visite **avant de** partir.
    > Ils sont partis **sans que** je puisse leur parler.
    > Ils sont partis **sans** me dire au revoir.

3. savoir qu'on doit employer l'infinitif à la place du subjonctif quand le sujet est le même dans la principale et la subordonnée:

    > Ex.: **Tu** es content. **Tu** pars. → Tu es content **de partir**.
    > *mais*:
    > **Tu** es content. **Je** pars. → Tu es content **que je parte**.

    et qu'on peut employer l'infinitif à la place de l'indicatif dans le même cas:

    > Ex.: Il pense. Il réussira. → Il pense réussir
    > *ou*
    > Il pense qu'il réussira.

    ou avec les constructions impersonnelles (*il faut*, *il semble*, *il vaut mieux*, etc.), pour simplifier.

    > Ex.: Nous partons immédiatement. (Il faut.)
    > Il (nous) faut **partir** immédiatement.
    > Il faut **que nous partions** immédiatement.

4. savoir que le **subjonctif présent** a une valeur de présent, de passé ou de futur et qu'on l'utilise quand l'événement présenté dans la subordonnée est **simultané** ou **postérieur** à celui de la principale.

>   Ex.: J'**étais** contente **que vous veniez**. (simultanéité dans le passé)
>   Je **suis** contente **que vous veniez**. (maintenant ou plus tard)

Le **subjonctif passé** s'emploie seulement quand l'événement présenté dans la subordonnée est **antérieur** à celui de la principale ou à une autre indication de temps donnée dans la phrase.

>   Ex.: Je suis contente que vous soyez venus avec nous **hier soir**.
>   Il faut que vous ayez terminé **avant demain**.

Pour former le subjonctif passé, il suffit de mettre l'auxiliaire requis au subjonctif présent et de le faire suivre du participe passé du verbe à conjuguer.

Pré-test

Mettez les verbes donnés entre parenthèses au mode et au temps appropriés.

Scène de magasinage*

Personnages V.: une vendeuse

C.: une cliente, dame d'un certain âge, très grosse et très grincheuse

A.: Anselme, mari de la cliente, qui porte tous les paquets de sa femme

V.: Bonjour madame. Est-ce que je peux vous aider?

C.: Oui, je voudrais que vous me (montrer) _____ 1 des robes du soir.

V.: Ah! mais il faut absolument que vous (voir) _____ 2 nos modèles de chez

Courage*! Je suis sûre que vous les (aimer) _____ 3.

C.: J'ai peur que ces modèles (être) _____ 4 trop jeunes mais voyons quand

même. Pourvu que vous (avoir) _____ 5 ma taille.

V.: (*Elle regarde la dame et apprécie son embonpoint avec diplomatie.*) Mais je ne

crois pas qu'il (falloir) _____ 6 vous inquiéter; je trouve que vous (ne pas

être) _____ 7 grosse du tout. Vous avez une allure sportive... comment

dire?... le port olympique...

C.: Oh! Anselme, est-ce que tu voudrais que je (essayer) _____ 8 ce ravissant

petit modèle L'An Vingt*?

A.:   Mais…

C.:   Attends, il faudrait que je (aller)_____ **9** au fond pour que tu (pouvoir)

_____ **10** m'admirer.

V.:   Madame! Je ne crois pas qu'un modèle vous (aller) _____ **11** mieux que

celui-là. N'est-ce pas, monsieur?

A.:   Mais…

C.:   Est-ce que c'est lavable?

V.:   Mais bien sûr, à condition que vous (savoir) _____ **12** comment vous y

prendre*. Il faut que vous (utiliser) _____ **13** du savon Doudou, que vous

(ne pas la laisser) _____ **14** tremper trop longtemps et que vous la (faire)

_____ **15** sécher à plat. À moins qu'il ne vous (paraître) _____ **16**

plus simple de l'envoyer chez le nettoyeur.

C.:   Tout compte fait*, je doute que cette robe en (valoir) _____ **17** la peine*.

D'abord, je ne trouve pas qu'elle me (faire) _____ **18** paraître assez mince,

n'est-ce pas Anselme?

A.:   Mais…

C.:   De plus, je crains fort que ce vert bouteille (ne pas me rajeunir) _____ **19**

assez; je crois même qu'il me (vieillir) _____ **20** considérablement.

V.:   (*Bien déçue.*) Eh bien, puisque vous (ne pas trouver) _____ **21** la couleur à

votre goût et comme le modèle (ne pas vous plaire) _____ **22**, il vaudrait

mieux que je vous en (apporter) _____ **23** un qui vous (plaire)

_____ **24**! Mais c'est vraiment dommage que vous (ne pas vouloir)

_____ **25** d'un si charmant modèle.

(*23 robes plus tard.*)

C.:   J'ai bien peur que vous (ne plus avoir) _____ **26** de robes qui (être)

_____ **27** de ma taille.

V.:   (*Exaspérée.*) Madame, il va falloir que vous (maigrir) _____ **28** un peu avant

que je (vouloir) _____ **29** de nouveau m'occuper de vous!

C.:   Oh! quel culot*! J'espère que le directeur vous (mettre) _____ **30** à la

   porte*! (*En sortant.*) Anselme, je ne comprends pas que tu (ne rien dire)

   _____ **31** quand cette pimbêche m'a insultée.

A.:   Mais…

C.:   Je suis sûre maintenant que tu (ne plus m'aimer) _____ **32**. Au fond, tu ne

   voulais pas que je (s'acheter) _____ **33** une nouvelle robe. Oh! il va falloir

   que je (se plaindre) _____ **34** au propriétaire de cette boutique! S'ils

   s'attendent à ce que je (passer) _____ **35** l'éponge*, ils se trompent. Quant

   à toi, je ne te parle plus jusqu'à ce que tu me (faire) _____ **36** des excuses!

   En attendant, je meurs de faim! Tu ne crois pas que…

Corrigé du pré-test

1. montriez
2. voyiez
3. aimerez
4. soient
5. ayez
6. faille
7. n'êtes pas
8. j'essaie/j'essaye
9. j'aille
10. puisses
11. aille
12. sachiez
13. utilisiez
14. ne la laissiez pas
15. fassiez

16. paraisse
17. vaille
18. fasse/fait
19. ne me rajeunisse pas
20. vieillit
21. ne trouvez pas
22. ne vous plaît pas
23. apporte
24. plaise
25. ne vouliez pas
26. n'ayez plus
27. soient
28. maigrissiez
29. veuille
30. mettra

31. n'aies rien dit
32. ne m'aimes plus
33. m'achète
34. me plaigne
35. passe
36. fasses/m'aies fait

Barème

34/36	95%
31/36	85%
27/36	75%
23/36	65%
20/36	55%

Exercice I

Dans les phrases suivantes, le verbe **devoir** a été remplacé par le verbe **falloir**. Terminez les phrases en faisant les changements qui s'imposent.

1.   Tu ne dois pas perdre ton sang-froid* pour si peu de chose!

   Il ne faut pas que _____

2. L'amour ne devrait pas vous faire perdre la tête*!

    Il ne faudrait pas que _____

3. Tu ne dois pas lui en vouloir*, il ne l'a pas fait exprès*!

    Il ne faut pas que _____

4. Vous devriez être plus bavard dans votre cours de conversation. Vous êtes muet comme

    une carpe*!

    Il faudrait que _____

    _____

5. Le candidat doit pouvoir s'exprimer dans les deux langues.

    Il faut que _____

6. On doit savoir à quoi s'attendre.

    Il faut que _____

7. Vous devez avoir la monnaie exacte pour prendre l'autobus à Montréal.

    Il faut que _____

    _____

8. Simone devra prendre le train pour rentrer.

    Il faudra que _____

9. Tu devrais aller visiter Disneyland si tu vas en Floride!

    Il faudrait que _____

10. Il ne devrait pas pleuvoir davantage.

    Il ne faudrait pas que _____

Exercice IIa

Mettez les verbes donnés entre parenthèses au subjonctif présent ou à l'indicatif présent ou futur, selon le cas.

1. Il pense que les gens (être) _____ fous de croire aux soucoupes volantes.

2. Quoi! Vous voulez que je (prendre) _____ soin de vos cinq chats pendant que

    vous serez en vacances? Vous plaisantez!

3. Ils s'attendent à ce qu'on (se réunir) _____ chaque semaine pour faire le point*.

4. J'aimerais que vous (réfléchir) _____ sérieusement avant de prendre une telle

    décision.

5. Il vaudrait mieux que tu (savoir) _____ exactement à quoi t'en tenir* avant de

    signer le contrat.

6. On me dit que vous (connaître) _____ très bien Montréal et que vous (pouvoir)

    _____ vous débrouiller* facilement tout seuls. C'est vrai?

7. J'espère que le gouvernement (intervenir) _____ à temps pour éviter une autre

    grève.

8. Catherine tient absolument à ce que ses enfants (s'inscrire) _____ à des cours

    d'informatique. Elle est persuadée que dans quelques années tous les savoirs (être)

    _____ disponibles sous forme de logiciels.

9. Il serait temps que la psychosomatique (faire) _____ son chemin dans les

    hôpitaux et chez les médecins.

10. Pourquoi est-ce qu'il insiste pour me téléphoner le samedi matin? Il sait que je (dormir)

    _____ jusqu'à midi!

11. Imagine un peu! Elle refuse de partir en vacances parce qu'elle a peur que ses plantes

    (mourir) _____ pendant son absence! Elle croit dur comme fer* que personne ne

    (pouvoir) _____ s'en occuper à sa place.

12. Vous savez bien que votre propriétaire ne permettra jamais que vous (jeter) _____

    la moitié des murs à terre sous prétexte que vous souffrez tous deux de claustrophobie. Il

    faudrait plutôt que vous (déménager) _____ ou alors que vous (se construire)

    _____ une maison sans cloisons. J'ai bien peur que vous (ne pas avoir)

    _____ d'autre solution.

Exercice IIb

Certaines conjonctions exigent le subjonctif et d'autres l'indicatif. Complétez les phrases suivantes en utilisant le mode qui convient. Assurez-vous que vous comprenez bien le sens de chaque conjonction.

1. Du moment que tu (promettre) _____ de ne pas conduire trop vite, je veux bien t'accompagner.

2. Bien que je (faire) _____ des efforts, je demeure terriblement distrait.

3. Téléphonez-lui pour qu'elle (ne pas venir) _____ après 19 h.

4. Il ne bougera pas d'ici jusqu'à ce que vous lui (dire) _____ ce qui s'est réellement passé hier à la réunion.

5. Elle te retrouvera devant le cinéma à moins que tu ne (vouloir) _____ l'attendre ici.

6. Cessez de faire des blagues pendant que nous (discuter) _____ .

7. Depuis qu'il (sortir) _____ avec Catherine, il n'arrête pas de se dire avec inquiétude: «Pourvu que je (plaire) _____ à son père!»

8. Il se promène avec un journal français afin que tout le monde (croire) _____ qu'il (être) _____ francophone.

9. Philippe est toujours furieux quand je (arriver) _____ en retard. Pourtant, lorsque je (être) _____ à l'heure, il a le don de* ne pas le remarquer. Peut-être que je (s'absenter) _____ carrément* un de ces quatre matins*!

10. Il va falloir s'occuper de cette affaire avant qu'il ne (être) _____ trop tard. Comme vous (avoir) _____ beaucoup d'expérience dans ce domaine, vous trouverez bien une solution sans qu'il (falloir) _____ interrompre tous les travaux.

Exercice III

Formez une seule phrase en reliant la 2e à la 1re à l'aide des mots donnés entre parenthèses. Attention: si le sujet est le même dans les deux phrases, employez l'infinitif au lieu du subjonctif.

1. Je resterai près de toi. Tu iras mieux. (jusqu'à ce que)

_____

2. Il faudra lui proposer un bon salaire. Il veut faire ce travail. (pour)

   _____

   _____

3. Nous te téléphonerons. Nous aurons de tes nouvelles. (pour)

   _____

   _____

4. Vous aurez droit à une réduction. Vous montrez votre carte d'étudiant. (pourvu que)

   _____

   _____

5. Vous arriverez à temps à l'aéroport. Vous partez tout de suite. (à condition)

   _____

   _____

6. Tu ne pourras pas entrer en Grèce. Tu as un passeport en règle. (à moins)

   _____

   _____

7. Je suis un régime. Je maigrirai. (afin)

   _____

8. Je le leur dirai. Ils sauront la vérité. (afin)

   _____

9. Passe-moi un coup de fil*. Tu viens. (avant)

   _____

10. Passe-moi un coup de fil. Il vient. (avant)

    _____

11. Je suis parti. Ils m'ont vu. (sans)

    _____

12. Je suis parti. Je me retourne. (sans)

    _____

Exercice IV

Formez une seule phrase avec les éléments donnés. Laissez le verbe souligné à l'indicatif ou mettez-le au subjonctif présent ou à l'infinitif présent, selon le cas. Attention: quand le verbe donné entre parenthèses commande un subjonctif, l'infinitif *doit* remplacer le subjonctif si le sujet est le même dans les deux propositions. Dans le cas de l'indicatif, c'est facultatif.

1. Je réussirai à cet examen. (J'espère)

   _____

2. J'échouerai à cet examen. (J'ai peur)

   _____

3. Tu comprends enfin le subjonctif, n'est-ce pas? (Tu es content)

   _____

4. Ils font beaucoup d'exercices. (Il vaudrait mieux)

   _____

5. Vous l'utiliserez dans la conversation maintenant. (Il va falloir)

   _____

6. Tu viendras à la dégustation de vins et fromages. (On espère)

   _____

7. Ils ont raison. (Ils pensent)

   _____

8. On va s'en aller. (Allez-vous nous embêter jusqu'à)

   _____

9. Je t'accompagne à cette soirée. (J'ai insisté pour)

   _____

10. Il vient me voir. (J'ai attendu)

    _____

11. Il sera en retard. (Je m'attends à)

    _____

12. Cet automobiliste va payer cher son infraction au code de la route. (Je suis certain)

    _____

    _____

13. On lui <u>prendra</u> son permis de conduire. (Il est possible)

_____

14. Elles <u>ont obtenu</u> le droit de vote. (Les suffragettes voulaient)

_____

15. Vous <u>voyagiez</u> en avion. (Vous aviez peur)

_____

Exercice Va

Formez une seule phrase avec les éléments donnés. Mettez le verbe souligné au subjonctif présent ou passé, selon le cas. Référez-vous aux explications données dans l'introduction.

1. En 1989, peu de gens <u>ont bénéficié</u> du programme provincial d'aide à l'achat d'une maison.

   (Il est regrettable)

   _____

   _____

2. Un plus grand nombre de personnes <u>pourront</u> en profiter. (Il serait souhaitable)

   _____

3. Le gouvernement <u>prendra</u> les mesures nécessaires. (Il était temps)

   _____

4. On <u>a fait</u> des changements au programme. (Des experts ont recommandé)

   _____

5. Des ingénieurs <u>ont conçu</u> des logiciels pour le développement urbain. (Il semble)

   _____

   _____

6. Ils <u>ont réfléchi</u> aux conséquences écologiques. (On a proposé)

   _____

7. Ils <u>ont réfléchi</u> aux conséquences écologiques. (Je doute)

   _____

Exercice Vb

Formez une seule phrase avec les éléments donnés. Mettez le verbe souligné à l'infinitif présent ou passé. Attention: l'infinitif présent prend une valeur de présent, de passé ou de futur, alors que l'infinitif passé a toujours une valeur de passé. Il y aura donc parfois deux réponses possibles.

1. Je vous <u>verrai</u> avant mon départ. (J'aurais aimé)

_____

2. Tu n'as pas <u>pu</u> venir. (Tu regrettes)

_____

3. Ils <u>vont</u> à la campagne. (Ils ont préféré)

_____

4. Elle <u>a gagné</u> à la loterie. (Elle est ravie)

_____

5. Elle <u>fera</u> le voyage de ses rêves. (Elle est ravie)

_____

6. Je <u>prends</u> la parole. (Je tenais à)

_____

Exercice VI

Mettez les verbes donnés entre parenthèses au mode et au temps appropriés. Attention à la concordance des temps qui dépend du sens de la phrase.

1. Comment, vous prétendez que je (ne pas réussir) _____ à traverser ce lac à la nage? Vous allez voir ce que vous allez voir!

2. Nous avons longtemps discuté avec lui, mais je doute que nous (parvenir) _____ à le convaincre.

3. Elle regrette (se faire) _____ couper les cheveux avant de consulter Luc.

4. Tu n'as rien dit mais au fond, tu étais ravi qu'elle lui (dire) _____ ses quatre vérités*, n'est-ce pas?

5. Bien que nous (déjà faire) _____ beaucoup d'exercices, nous avons encore des difficultés avec le subjonctif.

6. Je suis déçue que tu (ne pas venir) _____ à la Place des Arts* hier soir. J'aurais

    tellement aimé que tu (voir) _____ Charles Dutoit au pupitre. Je t'assure qu'il

    (être) _____ à son meilleur. Le temps a passé sans que je (s'en apercevoir)

    _____ .

7. Puisqu'il (ne pas pleuvoir) _____ de la journée, tout le monde s'attendait à ce que

    le spectacle (avoir) _____ lieu à l'extérieur. Or, tout s'est quand même déroulé à

    l'intérieur.

8. Quel dommage que tu (rater) _____ le congrès sur l'ordinateur et l'éducation la

    semaine dernière. Il est temps que tout enseignant (prendre) _____ conscience

    du défi que pose cette nouvelle technologie.

9. Je suis furieuse que Jeanne (ne pas m'appuyer) _____ quand j'ai

    proposé qu'on (aller) _____ protester chez le député. J'espère qu'elle (s'en

    mordre) _____ les doigts*.

10. J'ai l'impression qu'il regrette déjà (aller) _____ si loin. Il voudrait bien (faire)

    _____ marche arrière maintenant.

Exercice VII
(sans corrigé)

Faites des phrases complètes en employant les expressions suivantes.
Évitez d'utiliser les verbes du 1er groupe.

1. Tout le monde croit que _____

2. Il est vrai que _____

3. Ils s'attendent à ce que _____

4. Il a fallu que _____

5. Son patron exige que _____

6. Je m'oppose à ce que _____

7. Il serait préférable que _____

8. Tous ses amis étaient désolés que _____

9. On est sûr que _____

10. Je voudrais que _____

11. Avez-vous peur que _____

12. Elle espère que _____

Exercice VIII
(sans corrigé)

En utilisant la proposition qui vous est donnée, faites d'autres phrases en mettant le verbe au subjonctif, à l'infinitif ou à l'indicatif, selon le cas. Attention à la concordance des temps qui dépend du sens de la phrase.

1. Gisèle fera le tour du monde.

   Il paraît _____

   Il est possible _____

   Gisèle voudrait _____

2. Thierry a eu un accident.

   Je regrette _____

   Êtes-vous sûrs _____

   Thierry est fâché _____

3. Martine sait nager.

   On s'attend _____

   Je pense _____

   Martine aimerait _____

4. Les voyageurs ne pourront pas partir.

   Ils savent _____

   Ils craignent _____

   C'est dommage _____

5. Daniel a gagné la course.

   Lise espère _____

   Daniel est fier _____

   Ils sont étonnés _____

Exercice IX

Le subjonctif s'emploie aussi pour exprimer un ordre à la troisième personne du singulier et du pluriel. Dans ce cas, il s'agit d'un ordre qui ne peut pas être donné directement à la personne à qui il s'adresse. Dans l'exercice suivant, complétez les phrases en utilisant l'impératif ou le subjonctif, selon le cas.

1. Quand elle sera prête à partir, _____ (venir) me voir.

2. Si tu veux perdre du poids, _____ (manger) plus de fruits et moins de gâteaux.

3. S'il n'a plus besoin de ma calculatrice, _____ (me la rendre).

4. Si elles veulent se faire des amis, _____ (sortir) un peu plus souvent.

5. Si vos étudiants ne veulent pas faire d'erreur, _____ (réfléchir) un peu avant de répondre.

6. Si son patron ne veut pas mourir d'une crise cardiaque à quarante ans, _____ (aller) donc se reposer de temps en temps.

7. Quand on vous rend un service, _____ (avoir) au moins la délicatesse de dire merci!

8. Si sa voiture est en panne, _____ (prendre) l'autobus.

9. Si ta voiture est en panne, _____ (prendre) l'autobus.

10. Si on veut servir un punch ce soir, _____ (aller) vite acheter des jus de fruits et du rhum.

11. Si vous ne voulez plus faire d'erreur, _____ (savoir) vos règles sur le bout des doigts*.

Exercice X
(sans corrigé)

Mettez les verbes donnés entre parenthèses au temps et au mode appropriés.

Au Bureau de tourisme de Montréal

Éric Turin: Pardon, mademoiselle, j'aimerais que vous me (dire) _____ **1** ce qu'il y a d'intéressant à voir à Québec. J'y vais la semaine prochaine.

Mlle Langevin: Avec plaisir, monsieur. D'abord, dès que vous (arriver) _____ **2** il faudra que vous (aller) _____ **3** à la terrasse Dufferin, devant le château Frontenac, pour admirer le magnifique panorama et avoir une vue

d'ensemble de la ville et du fleuve Saint-Laurent. De là, il serait bon que

vous (prendre) _____ **4** le petit funiculaire qui vous (permettre)

_____ **5** de descendre sans vous fatiguer jusqu'à la place Royale,

qui est à mon avis le cœur de Québec.

Éric Turin: Ah oui? Qu'est-ce qu'il y a de si pittoresque, là?

Mlle Langevin: Beaucoup de choses. Il faut que vous (voir) _____ **6** les vieilles

maisons qui ont été restaurées et dont certaines (pouvoir) _____ **7**

être visitées. Il y a aussi l'église Notre-Dame-des-Victoires qui (valoir)

_____ **8** la peine d'être vue. Il ne faudrait pas non plus que vous

(repartir) _____ **9** vers le Château sans (visiter) _____ **10**

la maison Dumont, située juste en face et qui est des plus typiques. La cave

a été transformée en un magasin spécialisé de la S.A.Q.*, nommé la «Maison

des vins».

Éric Turin: Vous pouvez être sûre que je (aller) _____ **11** y faire un tour.*

Mlle Langevin: Il est également essentiel que vous (faire) _____ **12** une longue

promenade à pied dans le parc des Champs de bataille qui domine les

plaines d'Abraham où...

Éric Turin: ... s'est déroulée la sanglante bataille où l'armée de Wolfe (vaincre)

_____ **13** les troupes de Montcalm en 1759.

Mlle Langevin: Bravo! Je vois que vous (connaître) _____ **14** bien l'histoire du

Canada.

Éric Turin: Un peu, oui. Mais j'essayais surtout de vous impressionner. Puisque vous

(être) _____ **15** si aimable à mon égard, mon seul regret est que

vous (ne pas pouvoir) _____ **16** m'accompagner.

Mlle Langevin: Ma parole*! Vous me faites du charme*! Vous mériteriez que je vous

(prendre) _____ **17** au mot* et que je (ne plus vous quitter)

_____ **18** d'une semelle* pendant votre séjour dans la capitale!

Éric Turin: Je serais ravi que vous (mettre) _____ **19** cette menace à exécution!

Mlle Langevin: Voyons*, soyez sérieux!... Une dernière suggestion: il est impensable que

vous (quitter) _____ **20** Québec sans (passer) _____ **21**

par la rue du Trésor où de nombreux artistes, surtout des peintres, exposent

leurs œuvres. Il est probable que vous (se faire) _____ **22**

beaucoup solliciter et il se peut même qu'on (vouloir) _____ **23** à

tout prix vous vendre un souvenir.

Éric Turin: Oh! pour ça, (ne pas avoir peur) _____ **24** ! À moins que ce (être)

_____ **25** quelque chose qui me (plaire) _____ **26**, je

doute qu'on (réussir) _____ **27** à me vendre quoi que ce soit! Vous,

par contre...

Mlle Langevin: Au revoir, M. Turin, et bon voyage à Québec!

Exploitation orale

1. **Que faut-il faire**...
    a) pour être en bonne santé?
    b) pour trouver un travail?
    c) pour mieux parler français?
    Donnez le plus grand nombre de réponses possibles avec des verbes à l'infinitif mais aussi
    avec des verbes conjugués au subjonctif.

2. **La charte des droits**
    Vous écrivez une charte des droits pour:
    a) les jeunes;
    b) les hommes de l'an 2000;
    c) les femmes de l'an 2000;
    d) les animaux.
    Rédigez-la en commençant par:
    – Nous recommandons que...
    – Nous voulons que...
    – Il serait bon de...
    – Il est juste que...
    – Il est temps de...

3. **Informations touristiques**
    En vous inspirant du modèle donné dans l'exercice X, faites des suggestions et des
    recommandations à un(e) touriste qui voudrait savoir ce qu'il y a d'intéressant à visiter dans
    votre ville ou région.

Corrigé des exercices

Exercice I

1. que tu perdes...
2. que l'amour vous fasse...
3. que tu lui en veuilles, il ne l'a pas fait exprès.
4. que vous soyez...
5. que le candidat puisse...
6. qu'on sache...
7. que vous ayez...
8. que Simone prenne...
9. que tu ailles...
10. qu'il pleuve...

Exercice IIa

1. sont
2. prenne
3. se réunisse
4. réfléchissiez
5. saches
6. connaissez; pouvez
7. interviendra
8. s'inscrivent; seront/vont être
9. fasse
10. dors
11. (ne) meurent; peut/pourra
12. jetiez; déménagiez; vous construisiez; n'ayez (pas)

Exercice IIb

1. Du moment que tu promets
2. Bien que je fasse
3. pour qu'elle ne vienne pas
4. jusqu'à ce que vous lui disiez
5. à moins que tu (ne) veuilles
6. pendant que nous discutons
7. Depuis qu'il sort; «Pourvu que je plaise...»
8. afin que tout le monde croie qu'il est
9. quand j'arrive; lorsque je suis; Peut-être que je m'absenterai
10. avant qu'il (ne) soit; Comme vous avez; sans qu'il faille

Exercice III

1. Je resterai près de toi jusqu'à ce que tu ailles mieux.
2. Il faudra lui proposer un bon salaire pour qu'il veuille faire ce travail.
3. Nous te téléphonerons pour avoir de tes nouvelles.
4. Vous aurez droit à une réduction, pourvu que vous montriez votre carte d'étudiant.
5. Vous arriverez à temps à l'aéroport à condition de partir tout de suite.
6. Tu ne pourras pas entrer en Grèce à moins d'avoir un passeport en règle.
7. Je suis un régime afin de maigrir.
8. Je le leur dirai afin qu'ils sachent la vérité.
9. Passe-moi un coup de fil avant de venir.
10. Passe-moi un coup de fil avant qu'il (ne) vienne.
11. Je suis parti sans qu'ils me voient/m'aient vu.
12. Je suis parti sans me retourner.

Exercice IV

1. J'espère réussir/que je réussirai
2. J'ai peur d'échouer
3. Tu es content de comprendre
4. Il vaudrait mieux qu'ils fassent
5. Il va falloir que vous l'utilisiez
6. On espère que tu viendras
7. Ils pensent qu'ils ont raison
8. Allez-vous nous embêter jusqu'à ce qu'on s'en aille?
9. J'ai insisté pour t'accompagner
10. J'ai attendu qu'il vienne me voir.
11. Je m'attends à ce qu'il soit en retard.
12. Je suis certain que cet automobiliste va payer/ paiera/payera
13. Il est possible qu'on lui prenne
14. Les suffragettes voulaient obtenir
15. Vous aviez peur de voyager

Exercice Va

1. Il est regrettable que peu de gens aient bénéficié
2. Il serait souhaitable qu'un plus grand nombre de personnes puissent
3. Il était temps que le gouvernement prenne

4. Des experts ont recommandé qu'on fasse

5. Il semble que des ingénieurs aient conçu

6. On a proposé qu'ils réfléchissent

7. Je doute qu'ils aient réfléchi

Exercice Vb

1. J'aurais aimé vous voir/vous avoir vu

2. Tu regrettes de n'avoir pas pu/ de ne pas avoir pu

3. Ils ont préféré aller

4. Elle est ravie d'avoir gagné

5. Elle est ravie de faire

6. Je tenais à prendre

Exercice VI

1. ne réussirai pas
2. soyons parvenus
3. de s'être fait
4. dise/ait dit
5. ayons déjà fait
6. ne sois pas venu(e); voies; était; m'en aperçoive
7. n'avait pas plu; ait
8. aies raté; prenne
9. ne m'ait pas appuyée; aille; s'en mordra/s'en mord
10. d'être allé; faire

Exercice IX

1. qu'elle vienne
2. mange
3. qu'il me la rende
4. qu'elles sortent
5. qu'ils réfléchissent
6. qu'il aille
7. ayez
8. qu'il/qu'elle prenne
9. prends
10. allons
11. sachez

Expressions idiomatiques et notes explicatives

Pré-test

Magasinage: le canadianisme *faire du magasinage* ou *magasiner* remplace, au Québec, l'anglicisme *faire du shopping* couramment employé en France.

Courage: jeu de mots sur le nom du grand couturier français Courrèges.

L'An Vingt: jeu de mots sur le nom du grand couturier français Lanvin.

Savoir comment s'y prendre: savoir comment faire.

Tout compte fait: tout bien considéré, après réflexion.

En valoir la peine: mériter qu'on s'y intéresse, qu'on y porte attention.

Quel culot!: expression d'indignation utilisée pour dire que quelqu'un est effronté.

Mettre quelqu'un à la porte: renvoyer quelqu'un.

Passer l'éponge: pardonner, oublier une offense.

Exercice I

Perdre son sang-froid: perdre son calme.

Perdre la tête: devenir fou.

En vouloir à quelqu'un: rester fâché contre une personne, lui garder rancune.

Faire exprès: faire quelque chose intentionnellement, délibérément.

Être muet comme une carpe: se taire, ne pas ouvrir la bouche.

Exercice IIa

Faire le point: préciser la situation où on se trouve.

Savoir à quoi s'en tenir: savoir à quoi on peut s'attendre.

Se débrouiller: se tirer d'affaire, s'en tirer, s'en sortir, être capable de s'arranger seul.

Croire dur comme fer: être absolument convaincu de quelque chose.

Exercice IIb

Avoir le don de: avoir une disposition innée pour quelque chose (ici, emploi ironique).

Carrément: absolument, de façon ferme et définitive.

Un de ces quatre matins: un de ces jours.

Exercice III

Passer un coup de fil: téléphoner.

Exercice VI

Dire ses quatre vérités à quelqu'un: ne pas craindre de dire à quelqu'un des choses désagréables sur son compte.

La Place des Arts: édifice qui regroupe trois des principales salles de spectacles de Montréal. L'Orchestre symphonique de Montréal (l'OSM), qui est dirigé par Charles Dutoit, y donne ses concerts.

S'en mordre les doigts: regretter une action qu'on a faite.

Exercice IX

Savoir quelque chose sur le bout des doigts: savoir quelque chose parfaitement.

Exercice X

S.A.Q.: Société des alcools du Québec, société provinciale qui a le monopole de la distribution des vins et spiritueux au Québec.

Ma parole!: interjection marquant la surprise.

Faire du charme à quelqu'un: essayer de plaire à quelqu'un.

Prendre quelqu'un au mot: accepter une proposition de quelqu'un sans la mettre en question.

Ne pas quitter d'une semelle quelqu'un: suivre partout quelqu'un.

Voyons!: interjection utilisée pour rappeler quelqu'un à l'ordre.

L'interrogation et le style indirect

L'interrogation

Cette partie du chapitre a pour but de vous montrer comment on pose une question en français. Ce qui importe avant tout, c'est de se rappeler qu'il n'y a que deux grands types de phrases interrogatives:

1. celles qui portent essentiellement sur **le verbe** et qui demandent une réponse affirmative ou négative.

     Ex.: — Est-ce que tu fais du ski? (*ou* Fais-tu du ski?)
     — Oui, j'en fais. / Non, je n'en fais pas.

2. celles qui portent sur **le sujet** ou sur **le complément du verbe** et qui exigent une réponse spécifique. Le choix du mot interrogatif est directement lié à la réponse envisagée.

     Ex.: — **Qui** vient dîner? — Irène. (sujet)
     — **Qu'est-ce que** tu vas servir? — Du poisson. (C.O.D.)
     — **À quoi** vous attendez-vous? — À un festin. (C.O.I.)
     — **Quand** arrive-t-elle? — Vers 17 h. (C.C.)

I. Les pronoms interrogatifs

	Sujet	**Complément (C.O.D.)**	**Complément (autre)**
personne	Qui (est-ce qui) Lequel, laquelle...	Qui (est-ce que) Lequel, laquelle...	À / de / pour / avec qui (est-ce que) Auquel, duquel, pour lequel...
chose	Qu'est-ce qui Lequel, laquelle...	Que (qu'est-ce que) Lequel, laquelle...	À / de / pour / avec quoi (est-ce que) Auquel, duquel, avec lequel...

II. Les adjectifs interrogatifs

	Sujet	**Complément (C.O.D.)**	**Complément (autre)**
personne	Quel(s), quelle(s)	Quel(s), quelle(s)	À / de / pour / avec quel(s), quelle(s)
chose	Quel(s), quelle(s)	Quel(s), quelle(s)	À / de / pour / avec quel(s), quelle(s)

III. Les adverbes interrogatifs

un lieu	Où (D'où, par où...)
un moment / une durée	Quand (Depuis quand, depuis combien de temps...)
une caractéristique / une manière	Comment
une quantité	Combien
une cause / un but	Pourquoi

Pré-test

Complétez le dialogue en utilisant les mots ou groupes de mots interrogatifs qui conviennent.

Air Ourania… On y va?

Zoé: Dis donc, sais-tu _____ 1 émission j'ai vue hier soir à la télé?

Arthur: Non, _____ 2 c'était?

Zoé: Il s'agissait d'une émission spéciale sur les ovnis.

Arthur: Les ovnis? _____ 3 ça?

Zoé: Voyons, c'est le sigle des objets volants non identifiés!

Arthur: Ah bon! Mais c'est un sujet passionnant! _____ 4 on a montré des photos ou des films de ces objets?

Zoé: Mais c'est évident! _____ 5 peux-tu poser une question pareille?

Arthur: _____ 6 ressemblent-ils?

Zoé: De façon générale, ils ont la forme d'une soucoupe ou d'un cigare lumineux. Mais, dis-moi, _____ 7 ils se déplacent dans l'espace? Le sais-tu, toi?

Arthur: Oui, bien sûr! Tout le monde sait ça! Mais _____ 8 a-t-on encore parlé dans cette émission? _____ 9 et _____ 10 ces ovnis apparaissent-ils le plus fréquemment? _____ 11 les a vus? _____ 12 il y a des êtres vivants à bord? des femmes?

Zoé: Mais attends, laisse-moi le temps de répondre! Les ovnis peuvent apparaître n'importe où et n'importe quand! Les spécialistes ont remarqué l'existence de cycles de vingt-quatre mois où les apparitions sont plus fréquentes!

Arthur: _____ 13 aura lieu la prochaine période favorable?

Zoé: Mais nous sommes en plein dans cette période*!

Arthur: Ah! ça alors! Quelle chance! J'aurai peut-être l'occasion de voir des petits hommes verts ou peut-être même de jolies petites femmes vertes!

Zoé: Oh! ce que tu es primaire! D'abord, _____ 14 dis-tu cela? Ils ne sont pas plus verts que toi et moi!

Arthur: Ah, tu crois? _____ **15** te fait dire ça?

Zoé: C'est un canular qui est à l'origine de cette expression.

Arthur: Ah! tant mieux! Car tu sais aussi bien que moi que les hommes préfèrent les blondes aux vertes!

Zoé: Décidément, tu es trop bête*! Tu ferais mieux d'écouter et de t'instruire! Ces êtres dont la taille varie entre un et trois mètres sont des humanoïdes auxquels on a donné le nom d'Ouraniens, du mot grec *ouranos**.

Arthur: _____ **16** les a appelés comme ça?

Zoé: Les spécialistes de la question, les ovniologues ou, si tu préfères, les ufologues.

Arthur: _____ **17** preuves tangibles ont-ils de leur existence? _____ **18** de fois ces êtres étranges sont-ils apparus?

Zoé: Un des physiciens interviewés a raconté en particulier l'histoire de gens que les Ouraniens avaient séquestrés pendant deux heures dans leur soucoupe volante pour leur faire subir des tests et des analyses!

Arthur: _____ **19** cette aventure extraordinaire est arrivée?

Zoé: À un couple de Boston qui a fait ces révélations troublantes sous hypnose. Un scientifique, Fuller, raconte tout cela dans *Le Voyage interrompu*.

Arthur: Se faire enlever par des Ouraniennes, je veux bien! Mais... par des Ouraniens, c'est tout simplement effrayant!

Zoé: Voyons, _____ **20** faut-il avoir le plus peur? Des Ouraniens qui sont pacifiques ou des Terriens qui se prennent pour des surhommes au volant de leur voiture?

Arthur: Ma foi, c'est vrai! J'ai probablement plus de chances de revenir vivant d'une promenade dans l'espace avec les Ouraniens... et les Ouraniennes que d'une promenade dans les rues de Montréal!

Corrigé du pré-test

1. quelle
2. qu'est-ce que
3. Qu'est-ce que c'est que
4. Est-ce qu'
5. Comment
6. À quoi
7. comment est-ce qu'
8. de quoi
9. Où

10. quand
11. Qui / Qui est-ce qui
12. Est-ce qu'
13. Quand
14. pourquoi
15. Qu'est-ce qui
16. Qui / Qui est-ce qui
17. Quelles
18. Combien

19. À qui est-ce que
20. de qui

Barème

19/20	.....................**95%**
17/20	.....................**85%**
15/20	.....................**75%**
13/20	.....................**65%**
11/20	.....................**55%**

Exercice I

Mettez les phrases suivantes à la forme interrogative, d'abord en employant la structure **est-ce que**, puis en faisant l'inversion verbe-sujet quand c'est possible.

1. La fumée vous dérange.

   _____

   _____

2. Mademoiselle, nous nous sommes déjà rencontrés quelque part.

   _____

   _____

3. Il y a beaucoup de pommeraies dans la région de Montréal.

   _____

   _____

4. J'apporte quelque chose pour le dîner.

   _____

   _____

5. Je peux vous voir après 17 h.

   _____

   _____

6. Vos étudiants ont l'occasion de parler français.

   _____

   _____

Exercice II

Pour chaque réponse donnée dans la colonne de droite, formulez une question à l'aide d'un adverbe interrogatif. Donnez toutes les formes possibles.

1. — _____ ce disque?   — Il coûte 10 $.

    — _____ ?

    — _____ ?

2. — _____ ?   — Je vais en Gaspésie.

    — _____ ?

3. — _____ ta chienne?   — Elle s'appelle Mirza.

    — _____ ?

    — _____ ?

4. — _____ ?   — Je suis arrivé il y a dix minutes.

    — _____ ?

5. — _____ ?   — On est venus en autobus.

    — _____ ?

Exercice III

Les pronoms interrogatifs **qui** (sans inversion), **qui est-ce qui** et **qu'est-ce qui** sont toujours *sujet* du verbe alors que les pronoms **qui est-ce que** et **qu'est-ce que** sont toujours C.O.D. Ils varient selon qu'ils se réfèrent à une personne ou à une chose. Attention: dans le cas des pronoms C.O.D., on emploie les formes courtes **qui** et **que** avec l'inversion. Complétez les phrases suivantes avec le pronom interrogatif qui convient.

1. _____ frappe à la porte?

2. _____ tu as appelé?

3. — _____ tu attends pour agir? — Rien.

4. — _____ tu attends pour agir? — Personne.

5. _____ on a dit du dernier film de Denys Arcand*?

6. _____ vous allez interviewer ce soir?

7. _____ faites-vous le dimanche?

8. _____ prend du café?

9. — _____ est arrivé après mon départ? — Un petit accident.

10. — _____ est arrivé après mon départ? — Jean-Claude.

11. _____ as-tu accompagné à ce concert?

12. _____ a été décidé finalement?

Exercice IVa

Complétez les phrases suivantes avec **que**, **qu'est-ce que** ou avec la forme de l'*adjectif* interrogatif qui convient. Attention: le verbe **être** n'a pas de C.O.D.

1. _____ est la capitale du Canada?

2. _____ veut dire le mot *escamoter*?

3. _____ seront les conséquences de cet accord?

4. _____ cette expérience t'a appris?

5. _____ a été la réaction des participants?

6. _____ vous pensez de la situation des autochtones au Canada?

7. _____ était le sujet de sa conférence?

8. _____ allez-vous faire de tout cet argent?

Exercice IVb

Complétez les phrases suivantes avec **que**, **qu'est-ce que**, **qu'est-ce qui** ou avec la forme du *pronom* interrogatif qui convient. Attention: le pronom ne s'emploie que lorsqu'il indique un choix entre des personnes ou des choses d'une même catégorie.

1. J'ai des rubans, des ballons, des guirlandes dorées, _____ vous préférez?

2. Regarde ces couleurs, _____ me va le mieux, à ton avis?

3. _____ te ferait plaisir? Une glace ou ce gâteau au chocolat?

4. _____ vous avez choisi finalement? L'argent ou le voyage?

5. Je sais que tu as apprécié tous leurs commentaires, mais _____ t'ont semblé les plus pertinents?

6.   Voilà une semaine que tu fais passer des auditions à ces chanteurs. _____ vas-tu engager en fin de compte?

7.   On peut louer une voiture ou aller en train; à deux, _____ nous coûtera le moins cher?

8.   _____ vas-tu jouer? Une fugue de Bach ou une sonate de Beethoven?

Exercice V

Complétez les phrases soit avec l'adjectif interrogatif **quel**, soit avec le pronom interrogatif **lequel** et faites les accords qui s'imposent. Attention: dans certains cas vous devrez utiliser une préposition.

1.   _____ est donc ce gadget dont on a tant parlé à la télévision?

2.   À votre avis, _____ de ces deux annonces publicitaires est la meilleure?

3.   — _____ langue sont issues les langues romanes?

     — Du latin populaire, sans doute.

4.   De tous les livres que je vous ai conseillé de lire, _____ avez-vous préférés?

5.   _____ promesses électorales le premier ministre a-t-il faites pour se faire élire?

6.   — Dis donc, parmi les cinq candidates qui se sont présentées, _____ as-tu voté?

     — Pour la plus dynamique, bien entendu!

7.   — _____ de ces offres d'emploi vas-tu répondre?

     — À toutes!

8.   — Voici deux dictionnaires; _____ avez-vous besoin?

     — De celui-ci, c'est le plus récent.

9.   De ces deux costumes pour le Mardi gras*, _____ te plaît le plus?

10. _____ déguisement a gagné le premier prix?

Exercice VI

En tenant compte de la réponse donnée, complétez les questions suivantes.

1. — _____ ressemble le plus à une goutte d'eau?

   — Une autre goutte d'eau!

2. — _____ Christophe Colomb a découvert l'Amérique?

   — En 1492.

3. — _____ est la montagne la plus haute au monde?

   — Le mont Everest.

4. — _____ on fait pour faire entrer quatre éléphants dans une

   Volkswagen?

   — On en met deux devant et deux derrière.

5. — _____ a inventé les boutons à quatre trous?

   — Certainement pas vous!

6. — _____ sert le carbone 14?

   — À déterminer l'âge de différentes substances.

7. — _____ les caméléons changent-ils de couleur?

   — Pour qu'on ne les prenne pas pour ce qu'ils sont.

8. — _____ le Wen-do?

   — Une technique d'auto-défense.

9. — _____ a-t-on besoin pour faire une tourtière?

   — La recette vous le dira.

10. — _____ on s'adresse quand on emploie le titre de «Maître»?

    — À un(e) avocat(e), voyons!

11. — _____ se sont déroulés les Jeux olympiques en 1956?

    — À Melbourne.

12. — _____ il faut faire en cas d'hémorragie?

    — Un garrot.

13. — _____ parle Simenon* dans le *Chien jaune*?

    — De l'inspecteur Maigret.

14. — _____ vous êtes daltonien?

    — Non, je suis myope.

15. — _____ époque se situent les aventures d'Astérix*?

    — À l'époque des Gaulois.

16. — _____ on devrait consulter quand on souffre de maux de gorge chroniques?

    — Un oto-rhino-laryngologiste.

17. — _____ pensez-vous de l'avenir de la bicyclette en Amérique du Nord?

    — Elle vaincra!

18. — _____ y a-t-il de jours dans une année bissextile?

    — Un de plus que dans une année normale.

Exercice VII

Complétez le dialogue en écrivant les mots interrogatifs appropriés. N'oubliez pas de les faire précéder d'une préposition, s'il y a lieu.

Chez le vétérinaire

Mme Matou: Oh! docteur, c'est affreux!

Dr Duchenil: Voyons, madame, _____ **1** il y a?

Mme Matou: Mon chat ne mange plus depuis cinq jours.

Dr Duchenil: Mon Dieu! Si ce n'est que ça, il n'y a pas de quoi* s'affoler! _____ **2** le nourrissez-vous?

Mme Matou: Avec des boîtes de Miss Minou et de Miaou Mix.

Dr Duchenil: _____ **3** vous lui donnez aussi du poisson frais et de la viande crue?

Mme Matou: Non, jamais.

Dr Duchenil: Ah! voilà! Tout s'explique. Votre chat, madame, souffre d'anorexie.

Mme Matou: Hein! _____ **4** il souffre?

Dr Duchenil:	D'anorexie. C'est un terme médical qui décrit un manque, une perte d'appétit.
Mme Matou:	Mais _____ **5** il souffre de cette maladie, docteur? Moi qui en prends un tel soin!
Dr Duchenil:	Parce qu'il en a assez de manger de la nourriture en conserve. C'est son droit, _____ **6** ?
Mme Matou:	Euh! euh! Bien sûr, docteur.

Exercice VIII   Complétez le dialogue en tenant compte de la réplique.

Au Bureau de la main-d'oeuvre

Le fonctionnaire:	Bonjour monsieur. _____ **1** ?
Pierre Bolduc:	Je m'appelle Pierre Bolduc.
Le fonctionnaire:	_____ **2** ?
Pierre Bolduc:	J'ai vingt-quatre ans.
Le fonctionnaire:	_____ **3** dans la vie?
Pierre Bolduc:	Je suis étudiant.
Le fonctionnaire:	_____ **4** vous étudiez?
Pierre Bolduc:	La comptabilité.
Le fonctionnaire:	_____ **5** obtiendrez-vous votre diplôme?
Pierre Bolduc:	Dans un an environ.
Le fonctionnaire:	Alors, comme ça, vous cherchez un travail pour cet été.
Pierre Bolduc:	C'est bien ça. _____ **6** avez-vous à m'offrir?
Le fonctionnaire:	Pas grand-chose*, hélas! Je peux seulement vous proposer des emplois comme serveur de restaurant.
Pierre Bolduc:	_____ **7** ça? À Montréal?
Le fonctionnaire:	Non, à Laval. _____ **8** ça vous intéresse?
Pierre Bolduc:	Tout dépend du salaire. _____ **9** ça rapporte par semaine?

Le fonctionnaire: Calculez entre 20 et 25 heures au salaire minimum. Mais ça n'inclut pas les pourboires.

Pierre Bolduc: _____ **10** sont les conditions de travail?

Le fonctionnaire: Vous travaillez cinq soirs par semaine, du mercredi au dimanche.

Pierre Bolduc: Bon. _____ **11** je peux commencer?

Le fonctionnaire: Le 1er juin. Ça vous va?

Pierre Bolduc: Entendu.

Exercice IX   Complétez le dialogue en écrivant les mots interrogatifs qui manquent.

Une vraie copine

(*On frappe à la porte...*)

Heather: _____ **1** ?

Lucie: C'est moi.

Heather: (*Elle ouvre.*) Ah! c'est toi! _____ **2** tu veux?

Lucie: Je voulais tout simplement te dire bonjour en passant. Mais tu as l'air de mauvais poil*! _____ **3** il y a?

Heather: Rien.

Lucie: Mais si, il y a quelque chose. _____ **4** s'est passé?

Heather: Rien du tout. Tu m'énerves avec toutes tes questions. Mêle-toi de tes oignons*! _____ **5** tu te prends*?

Lucie: Pour ton amie tout simplement. Alors, _____ **6** tu as le temps d'offrir un petit café à ton amie qui est passée te voir si gentiment?

Heather: Bon, bon, si tu insistes! Mais je t'avertis, je suis pressée, j'ai un travail à terminer.

Lucie: Ah oui? _____ **7** sorte de travail?

Heather: Quelle importance? À moins que tu veuilles le faire à ma place?

Lucie: C'est _____ **8** cours?

Heather: Pour mon cours de français.

Lucie: Ah bon! _____ 9 ?

Heather: Sur l'interrogation. Et je n'ai que des questions, pas une seule réponse!

Lucie: Mais de quoi te plains-tu? C'est bien ce qu'il te faut, des questions,

_____ 10 ?

Heather: Très drôle! Je voudrais bien te voir à ma place! Je dois imaginer une entrevue que

j'aurais avec un ou une francophone. Il me faut un thème, un sujet de discussion,

quoi!

Lucie: _____ 11 tu dois rendre ce travail?

Heather: Demain matin à 9 h. Tu vois que je n'ai pas de temps à perdre. Alors,

_____ 12 tu as quelque idée géniale à me proposer?

Lucie: Peut-être bien. _____ 13 a ton professeur? Plus de quarante

ans?

Heather: Ça, je n'en ai pas la moindre idée! _____ 14 me demandes-tu

ça?

Lucie: Tu vas voir. _____ 15 elle enseigne le français?

Heather: _____ 16 je sais, moi? Depuis des années, sans doute.

Lucie: Et _____ 17 elle pense de la situation politique actuelle?

_____ 18 en faveur des revendications des autochtones du

Canada? _____ 19 est sa position en ce qui concerne leur

droit à l'autodétermination? _____ 20 elle s'oppose

radicalement au recours à la violence? _____ 21 elle voit les

rapports entre les Amérindiens, les deux peuples fondateurs et les Néo-Canadiens?

_____ 22 donne-t-elle son appui?

_____ 23 elle entrevoit pour l'avenir?

Heather: Assez! C'est que tu es un véritable moulin à questions*! Une fois lancée, rien ne peut

plus t'arrêter!

Lucie: Mais puisqu'il s'agit d'interrogation, voilà bien ta chance d'inverser les rôles et

d'être celle qui pose les questions! De plus, c'est l'occasion ou jamais d'en savoir

plus long* sur les opinions politiques de ton professeur préféré.

Heather: _____ **24** tu prends toutes ces idées géniales? Vraiment, tu

m'impressionnes. Et quelle copine! _____ **25** je t'offre un

café?

Lucie: Si j'ai bonne mémoire, c'est ce que je voulais il y a une demi-heure. Avoue que je ne

l'ai pas volé*!

Exercice X
Complétez le dialogue en écrivant les mots interrogatifs appropriés.

(sans corrigé)

Un mycologue... Qu'est-ce que ça mange en hiver*?

(*Le réveil sonne: bibibip! bibibip! bibibip! bip!*)

Sylvie: Ah non! Déjà! _____ **1** est-il?

Alice: 7 h. Vite! Lève-toi! Le monde appartient à ceux qui se lèvent tôt.

Sylvie: Oh! là là! Toi et tes maximes! Tu me casses les pieds*. _____ **2**

fait-il?

Alice: (*En ouvrant les rideaux.*) Une journée superbe! Un soleil radieux, quelques petits

nuages blancs et une légère brise. Le temps idéal pour des mycologues amateurs,

quoi!

Sylvie: Des myco... quoi? _____ **3** ce mot barbare?

Alice: C'est toi qui es barbare! My-co-logue est un mot d'origine grecque qui veut dire:

personne qui se spécialise dans l'étude des champignons.

Sylvie: Ça alors! _____ **4** tu t'intéresses à la flore... fongique?

Alice: Depuis bientôt un an.

Sylvie: Eh bien! Tu m'étonneras toujours. Mais dis-moi, _____ **5** a

provoqué cet engouement?

Alice: Une simple décision. Je suis devenue membre d'un club de mycologues et j'ai

participé à plusieurs excursions dont le seul but était de ramasser et d'identifier des

champignons de diverses espèces.

Sylvie: Ah bon! Mais _____ **6** tu as entendu parler de cette curieuse

association?

Alice: De la manière la plus banale. Je faisais un pique-nique à la fin de l'été dernier…

Sylvie: Ah oui! _____ **7** ça?

Alice: Dans le parc des Laurentides*. Et là, j'y ai rencontré des gens du Cercle des

mycologues amateurs de Montréal. Ils avaient des paniers remplis de champignons.

Ils les avaient ramassés dans les bois environnants.

Sylvie: Alors, curieuse comme je te connais, tu leur as posé un tas de questions. Euh!

Voyons! Tu les as abordés avec un grand sourire en t'exclamant: «Quels magnifiques

spécimens vous avez là!». Puis, d'un ton plus sérieux, tu leur as demandé:

«_____ **8** ils sont tous comestibles?», «Hum!

_____ **9** sont vénéneux?» «_____ **10**

peut-on les identifier?», «_____ **11** sont leurs signes

distinctifs?», «_____ **12** faut-il tout particulièrement faire

attention?» Et tu as terminé en disant: «_____ **13** il faut faire

pour devenir mycologue?»

Alice: Que tu es taquine! Eh bien oui, madame la psychologue, c'est à peu près comme ça

que mon aventure mycologique a débuté. _____ **14** devrais-

je encore me confesser?

Sylvie: De ton envie irrésistible de m'emmener à la chasse aux… champignons.

_____ **15** partons-nous?

Alice: Aussitôt que nous serons prêtes. Et vive la mycophilie!

Exploitation orale

1.   Le personnage-mystère
Vous pensez à un personnage célèbre et les autres doivent vous poser une question, à tour
de rôle, pour essayer de trouver de qui il s'agit.

> Ex.:   Est-ce que cette personne est un homme ou une femme?
> Est-elle morte ou vivante?
> Où est-elle née?

2.   La chose mystérieuse

C'est une variante du jeu précédent. Cette fois, les autres doivent deviner quelle est la «chose mystérieuse» à laquelle vous avez pensé en vous posant des questions précises (à l'exception de *qu'est-ce que c'est?*, évidemment).

> Ex.:   Est-ce une plante?
>
> Où est-ce qu'on trouve cet objet?
>
> À quoi est-ce qu'il sert?

Il est entendu que vous répondrez de la manière la plus évasive possible sans toutefois donner de faux indices.

3.   Le reportage

Une célébrité (vedette de cinéma, sportif de renommée internationale, homme politique, astronaute, etc.) est interviewée par une horde de journalistes. Vous jouez le rôle de la célébrité tandis que les autres font les reporters et posent une question, à tour de rôle, selon les modèles suivants:

> Ex.:   Quand êtes-vous arrivé(e)?
>
> Pourquoi … ?
>
> Avec qui … ?

Le style indirect

Quand on passe du style direct (citation exacte des mots prononcés) au style indirect (compte rendu de cette citation), il faut se poser deux questions:

1.   La phrase au style direct doit-elle être rapportée au style indirect, au **présent** ou au **passé**? Si elle est rapportée au style indirect au passé, des changements de temps vont se produire:

Style indirect au présent L'athlète se dit	**Style direct**	**Style indirect au passé** L'athlète se disait
	«Je **fais** de mon mieux.»	
… qu'il **fait** de son mieux. (indicatif présent)		… qu'il **faisait** de son mieux. (imparfait)
	«Je **ferai** de mon mieux.»	
… qu'il **fera** de son mieux. (futur)		… qu'il **ferait** de son mieux. (conditionnel présent)
	«**J'ai fait** de mon mieux.»	
… qu'il **a fait** de son mieux. (passé composé)		… qu'il **avait fait** de son mieux. (plus-que-parfait)

Notez que la logique vous oblige aussi à changer la personne des pronoms personnels et des adjectifs possessifs ainsi que les expressions de temps.

> Ex.:   L'athlète se disait: «**J'**ai battu **mon** record **hier**.»
>
> L'athlète se disait qu'**il** avait battu **son** record **la veille**.

Pour la liste complète de ces transformations, consultez votre manuel de grammaire.

2. La phrase au style direct est-elle impérative, déclarative ou interrogative? Remarquez la différence de forme dans chacun des cas:

> Ex.: On lui dit: «Ne t'en fais pas.»
> On lui dit **de ne pas s'en faire**.
>
> Le président a déclaré: «Nous sommes les premiers.»
> Le président a déclaré **qu'**ils étaient les premiers.
>
> Elle m'a demandé: «Es-tu heureuse?»
> Elle m'a demandé **si** j'étais heureuse.
>
> Il me demande: «Qu'est-ce que tu veux?»
> Il me demande **ce que** je veux.
>
> Tu voulais savoir: «Où, quand, comment, et pourquoi déménages-tu?»
> Tu voulais savoir où, quand, comment, et pourquoi je déménageais.

Exercice I

Mettez les ordres suivants au style indirect et faites les changements nécessaires.

1. On lui dit: «Prenez cette place et asseyez-vous.»

    _____

2. Je vous conseille: «Conduisez prudemment et faites attention au verglas.»

    _____

    _____

3. On nous a demandé: «Obéissez à la consigne et ne fumez pas.»

    _____

4. Tu leur as rappelé: «Venez à 20 h et n'oubliez pas vos disques.»

    _____

5. Mes parents me recommandent: «Ne nous oublie pas et écris-nous souvent.»

    _____

    _____

Exercice II

Mettez les phrases suivantes au style indirect, au présent ou au passé selon le cas, et faites les changements nécessaires.

1. On me répète: «C'est l'intention qui compte.»

     _____

2. Napoléon a dit à ses soldats: «Du haut de ces pyramides, quarante siècles vous

     contemplent.»

     _____

     _____

3. On nous a prévenus: «Vous ne pourrez pas faire de ski parce qu'il n'y a pas assez de neige.»

     _____

     _____

4. Le président a déclaré: «Il faut que tout le monde le sache.»

     _____

5. J'explique: «On ne peut ignorer les dangers de la cigarette.»

     _____

Exercice III

Mettez les interrogations suivantes au style indirect et faites les changements nécessaires.

1. Je m'informe: «Est-ce qu'il fait chaud à la Barbade en décembre?»

     _____

     _____

2. Tu me demandes: «As-tu des projets de vacances pour cet été?»

     _____

     _____

3. Elle veut savoir: «Où est-ce qu'ils sont allés l'année dernière?»

     _____

     _____

4. Elle me demande: «Qu'est-ce qui t'attire le plus, la mer ou la montagne?»

    _____

    _____

5. Nous voulons savoir: «Qu'est-ce que vous pensez de la crise du pétrole?»

    _____

    _____

Exercice IV

Mettez les interrogations suivantes au style indirect et faites les changements nécessaires.

1. Il a demandé à Séraphin*: «Qu'est-ce que tu vas faire de tout ton or?»

    _____

    _____

2. L'étudiant se demandait: «Qu'est-ce que c'est qu'un adverbe et qu'est-ce que ça fait dans une phrase?»

    _____

    _____

3. On nous avait demandé: «De quoi avez-vous parlé hier à la réunion?»

    _____

    _____

4. En 1982, tu voulais savoir: «La situation économique sera-t-elle meilleure l'année prochaine?»

    _____

    _____

5. Elle se demandait: «Comment est-ce que je pourrais m'y rendre demain matin?»

    _____

    _____

Exercice V

Mettez les phrases suivantes au style indirect et faites les changements requis.

1. On nous a demandé: «Quand est-ce que vous partirez en voyage?»

   _____

   _____

2. On nous a demandé: «À quelle heure va décoller votre avion?»

   _____

   _____

3. On nous a recommandé: «Ne soyez pas en retard et tâchez même d'arriver une heure à l'avance.»

   _____

   _____

4. Les journalistes ont demandé à l'ambassadeur: «Combien de temps avez-vous vécu au Brésil?»

   _____

   _____

5. Je t'avais demandé: «Qu'est- ce qui est arrivé hier à cette manifestation contre l'énergie nucléaire?»

   _____

   _____

6. Je voulais savoir: «Les manifestants arrêtés seront-ils relâchés demain?»

   _____

   _____

7. Je voulais aussi te demander: «Qu'est-ce que la population a pensé de tout cela?»

   _____

   _____

8.   Tu m'as répondu: «Ne me pose pas tant de questions et agis.»

_____

_____

Exercice VI

Récrivez le dialogue suivant en le rapportant au style indirect au passé. Faites les transformations nécessaires.

Dans la rue

Le policier: Qu'est-ce qu'il y a? Qu'est-ce qui se passe?

Le témoin: Un petit accident, monsieur.

Le policier: Comment est-ce que c'est arrivé?

Le témoin: Eh bien! voilà; le conducteur de la Mercedes a démarré et, comme il n'a pas vu venir la petite Renault, il l'a accrochée.

Le policier: Est-ce que la Renault allait vite?

Le témoin: Non, heureusement.

Le policier: À quelle vitesse roulait-elle?

Le témoin: À 25 km/h environ.

Le policier: Selon vous, qui est fautif?

Le témoin: Le conducteur de la Mercedes.

Le policier: Qu'est-ce qui vous permet d'affirmer ça?

Le témoin: Le conducteur de la Mercedes a démarré sans même jeter un coup d'œil* dans son rétroviseur. Il était trop occupé à bavarder avec sa passagère.

Le policier: Ah bon! Signez votre déposition.

_____

_____

_____

_____

_____

_____

_____

_____

_____

_____

_____

_____

_____

_____

_____

_____

_____

_____

Exercice VII
(sans corrigé)

Rapportez au style indirect au passé le dialogue suivant.

À la Douane canadienne

Le douanier: Bonjour! Êtes-vous Canadienne?

La touriste: Non, je suis Américaine.

Le douanier: Combien de temps comptez-vous passer au Canada?

La touriste: Trois semaines.

Le douanier: Quel est le motif de votre voyage?

La touriste: Le tourisme.

Le douanier: Où allez-vous séjourner?

La touriste: Nulle part en particulier. Je veux faire le tour de la province de Québec et m'arrêter là où je me plairai.

Le douanier:	Avez-vous quelque chose à déclarer?
La touriste:	Absolument rien.
Le douanier:	Qu'est-ce qu'il y a dans ce gros sac?
La touriste:	Mon équipement de varappe.
Le douanier:	Bon, ça va. Bienvenue au Québec et bonne escalade!

_____

_____

_____

_____

_____

_____

_____

_____

_____

_____

_____

_____

_____

Exercice VIII
(sans corrigé)

Dans le texte qui suit, Roger rapporte à Lucien la conversation qu'il a eue avec M. Mansour. Reconstituez cette conversation **entre Roger et M. Mansour** au style **direct**, c'est-à-dire sous forme de dialogue, et faites toutes les transformations qui s'imposent. Attention: plusieurs verbes et expressions disparaissent au style direct.

Le hasard fait des siennes*
ou Comment Cupidon s'associe au hasard pour favoriser l'intégration des immigrants au Québec

Roger: Il y a trois mois, j'ai fait la connaissance d'un certain M. Mansour. Il m'a dit qu'il

venait de la part d'Yves Côté qui, comme tu le sais, est un collègue de travail de

Gisèle et un bon ami à nous. Yves lui avait dit qu'en tant qu'administrateur à la C.E.C.M.*, je pourrais lui fournir quelques renseignements. Je lui ai dit que ce serait avec plaisir et lui ai demandé ce que je pouvais faire pour lui. Il m'a expliqué qu'il arrivait du Liban avec sa famille et qu'ils étaient ici depuis dix jours. Il a ajouté qu'il avait deux adolescents pour lesquels il voudrait trouver une bonne école. J'ai voulu savoir quel âge ils avaient. Il m'a dit que sa fille avait onze ans et son fils quinze. Il a ajouté qu'il avait vérifié à la commission scolaire et qu'on lui avait dit que sa fille était admissible en sixième année du primaire et son fils en quatrième du secondaire. C'est alors que je lui ai demandé où ils comptaient s'installer et s'ils avaient déjà trouvé un logement. Il m'a répondu que, justement, ils voulaient d'abord trouver une bonne école pour les enfants et qu'ils chercheraient ensuite une maison ou un appartement à proximité. Il a ajouté qu'on leur avait dit que les écoles privées étaient chères. Je l'ai assuré qu'il pouvait trouver d'excellentes écoles publiques et qu'elles étaient gratuites. J'ai confirmé mon propos en prenant l'exemple de Virginie. Je lui ai dit que notre fille allait à l'école Sophie-Barat et que nous n'avions pas sujet de nous plaindre. Il a voulu savoir où était située cette école. Je lui ai expliqué que c'était à Ahuntsic, dans le nord de la ville. J'ai ajouté que c'était un quartier très agréable où les loyers étaient abordables. Il a semblé très intéressé et m'a dit qu'il allait s'y rendre le jour même. Il m'a ensuite remercié de l'avoir reçu et a voulu savoir savoir si nous viendrions dîner chez eux quand ils seraient installés. J'ai répondu que ce serait un plaisir pour nous. Je lui ai souhaité bonne chance dans ses démarches et bienvenue au Québec. Eh bien, mon vieux, j'étais loin de me douter que ce serait ma fille qui se chargerait de faire connaître le Québec à son aîné!

Lucien: Comment ça? Qu'est-ce que tu me racontes?

Roger: Quand Virginie a invité son nouvel ami à la maison samedi dernier, figure-toi que c'est justement le fils de ce M. Mansour qu'elle nous a présenté. Tu parles d'une coïncidence! Soit dit en passant, il est très beau garçon et tout aussi charmant que son père. D'ailleurs, Virginie n'en avait que pour lui*. J'ai l'impression qu'on va revoir les Mansour plus tôt que prévu!

_____

_____

_____

_____

_____

_____

_____

_____

_____

_____

Corrigé des exercices

L'interrogation

Exercice I

1. Est-ce que la fumée vous dérange?
   La fumée vous dérange-t-elle?

2. Mademoiselle, est-ce que nous nous sommes déjà rencontrés quelque part?
   Mademoiselle, nous sommes-nous déjà rencontrés quelque part?

3. Est-ce qu'il y a beaucoup de pommeraies dans la région de Montréal?
   Y a-t-il beaucoup de pommeraies dans la région de Montréal?

4. Est-ce que j'apporte quelque chose pour le dîner?

5. Est-ce que je peux vous voir après 17 h?
   Puis-je vous voir après 17 h?

6. Est-ce que vos étudiants ont l'occasion de parler français?
   Vos étudiants ont-ils l'occasion de parler français?

Exercice II

1. Combien coûte ce disque?
   Combien ce disque coûte-t-il?
   Combien est-ce que ce disque coûte?

2. Où est-ce que tu vas?
   Où vas-tu?

3. Comment s'appelle ta chienne?
   Comment ta chienne s'appelle-t-elle?
   Comment est-ce que ta chienne s'appelle?

4. Quand est-ce que tu es arrivé?
   Quand es-tu arrivé?

5. Comment est-ce que vous êtes venus?
   Comment êtes-vous venus?

Exercice III

1. Qui/Qui est-ce qui
2. Qui est-ce que
3. Qu'est-ce que
4. Qui est-ce que
5. Qu'est-ce qu'
6. Qui est-ce que
7. Que
8. Qui/Qui est-ce qui
9. Qu'est-ce qui
10. Qui/Qui est-ce qui
11. Qui
12. Qu'est-ce qui

Exercice IVa

1. Quelle
2. Que
3. Quelles
4. Qu'est-ce que
5. Quelle
6. Qu'est-ce que
7. Quel
8. Qu'

Exercice IVb

1. Qu'est-ce que
2. laquelle
3. Qu'est-ce qui
4. Qu'est-ce que
5. lesquels
6. Lequel
7. qu'est-ce qui
8. Que

Exercice V

1. Quel
2. laquelle
3. De quelle
4. lesquels
5. Quelles
6. pour laquelle
7. Auxquelles/
   À laquelle
8. duquel
9. lequel
10. Quel

Exercice VI

1. Qu'est-ce qui
2. Quand est-ce que (En quelle année est-ce que)
3. Quelle
4. Comment est-ce qu'
5. Qui/Qui est-ce qui
6. À quoi
7. Pourquoi
8. Qu'est-ce que c'est que
9. De quoi
10. À qui est-ce qu'
11. Où
12. Qu'est-ce qu'
13. De qui
14. Est-ce que
15. À quelle
16. Qui est-ce qu'
17. Que
18. Combien

Exercice VII

1. qu'est-ce qu'
2. Avec quoi
3. Est-ce que
4. De quoi est-ce qu'
5. pourquoi est-ce qu'
6. n'est-ce pas

Exercice VIII

1. Comment vous appelez-vous?
2. Quel âge avez-vous?
3. Que faites-vous/
   Qu'est-ce que vous faites
4. Qu'est-ce que
5. Dans combien de temps/
   Quand
6. Qu'
7. Où
8. Est-ce que
9. Combien est-ce que
10. Quelles
11. Quand est-ce que

Exercice IX

1. Qui est là?/Qui est-ce?
2. Qu'est-ce que
3. Qu'est-ce qu'
4. Qu'est-ce qui
5. Pour qui est-ce que
6. est-ce que
7. Quelle
8. pour quel
9. Sur quoi?/Sur quel sujet?
10. n'est-ce pas?
11. Quand est-ce que
12. est-ce que
13. Quel âge
14. Pourquoi
15. Depuis quand est-ce qu'

16. Est-ce que
17. qu'est-ce qu'
18. Est-elle
19. Quelle

20. Est-ce qu'
21. Comment est-ce qu'
22. À qui

23. Qu'est-ce qu'
24. Où est-ce que
25. Est-ce que

Le style indirect

Exercice I

1. On lui dit de prendre cette place et de s'asseoir.
2. Je vous conseille de conduire prudemment et de faire attention au verglas.
3. On nous a demandé d'obéir à la consigne et de ne pas fumer.
4. Tu leur as rappelé de venir à 20 h et de ne pas oublier leurs disques.
5. Mes parents me recommandent de ne pas les oublier et de leur écrire souvent.

Exercice II

1. On me répète que c'est l'intention qui compte.
2. Napoléon a dit à ses soldats que, du haut de ces pyramides-là, quarante siècles les contemplaient.
3. On nous a prévenus que nous ne pourrions pas faire de ski parce qu'il n'y avait pas assez de neige.
4. Le président a déclaré qu'il fallait que tout le monde le sache.
5. J'explique qu'on ne peut (pas) ignorer les dangers de la cigarette.

Exercice III

1. Je m'informe s'il fait chaud à la Barbade en décembre.
2. Tu me demandes si j'ai des projets de vacances pour cet été.
3. Elle veut savoir où ils sont allés l'année dernière.
4. Elle me demande ce qui m'attire le plus, la mer ou la montagne.
5. Nous voulons savoir ce que vous pensez de la crise du pétrole.

Exercice IV

1. Il a demandé à Séraphin ce qu'il allait faire de tout son or.
2. L'étudiant se demandait ce que c'était qu'un adverbe et ce que ça faisait dans une phrase.
3. On nous avait demandé de quoi nous avions parlé la veille à la réunion.
4. En 1982, tu voulais savoir si la situation économique serait meilleure l'année suivante.
5. Elle se demandait comment elle pourrait s'y rendre le lendemain matin.

Exercice V

1. On nous a demandé quand nous partirions en voyage.
2. On nous a demandé à quelle heure allait décoller notre avion.
3. On nous a recommandé de ne pas être en retard et même de tâcher d'arriver une heure à l'avance.
4. Les journalistes ont demandé à l'ambassadeur combien de temps il avait vécu au Brésil.
5. Je t'avais demandé ce qui était arrivé la veille à cette manifestation contre l'énergie nucléaire.
6. Je voulais savoir si les manifestants arrêtés seraient relâchés le lendemain.
7. Je voulais aussi te demander ce que la population avait pensé de tout cela.
8. Tu m'as répondu de ne pas te poser tant de questions et d'agir.

Exercice VI

Le policier a demandé ce qu'il y avait. Il voulait savoir ce qui se passait.
Le témoin a répondu que c'était un petit accident.
Le policier a demandé comment c'était arrivé.
Le témoin a alors expliqué que le conducteur de la Mercedes avait démarré et que, comme il n'avait pas vu venir la petite Renault, il l'avait accrochée.

Le policier a demandé si la Renault allait vite.
Le témoin a répondu que non.
Le policier a voulu savoir à quelle vitesse elle roulait.
Le témoin a répondu qu'elle roulait à 25 km/h environ.
Le policier a voulu savoir qui était fautif, selon lui.
Le témoin a répondu que c'était le conducteur de la Mercedes.

Le policier a demandé ce qui lui permettait d'affirmer cela.
Le témoin a déclaré que le conducteur de la Mercedes avait démarré sans même jeter un coup d'œil dans son rétroviseur. Il a ajouté que ce dernier était trop occupé à bavarder avec sa passagère.
Le policier a demandé au témoin de signer sa déposition.

Expressions idiomatiques et notes explicatives

L'interrogation

Pré-test

En plein dans cette période: tout à fait, exactement dans cette période.

Bête: (adjectif) stupide. Le nom *bête* désigne un animal.

Ouranos: signifie *ciel* en grec.

Exercice III

Denys Arcand: cinéaste québécois de renommée internationale qui a produit de nombreux films dont *Le déclin de l'empire américain*, *Jésus de Montréal*...

Exercice V

Le Mardi gras: dernier jour du carnaval que l'on célèbre souvent en organisant une fête costumée.

Exercice VI

Simenon: écrivain belge, auteur de nombreux romans policiers dont le principal héros, l'inspecteur Maigret, est connu internationalement.

Astérix: héros de la célèbre bande dessinée d'Uderzo et de Goscinny.

Exercice VII

Il n'y a pas de quoi s'affoler: il n'y a aucune raison de s'énerver.

Exercice VIII

Pas grand-chose: peu de chose.

Exercice IX

De mauvais poil: de mauvaise humeur.

Mêle-toi de tes oignons!: occupe-toi de tes affaires!

Se prendre pour: se prendre pour quelqu'un d'autre. (Sous-entendu: *Qui t'imagines-tu être pour me parler ainsi?*)

Un moulin à questions: jeu de mots sur l'expression *un moulin à paroles* qui signifie *une personne qui parle sans arrêt.*

En savoir plus long: en savoir davantage.

Ne pas l'avoir volé: avoir vraiment mérité quelque chose.

Exercice X

Qu'est-ce que ça mange en hiver?: expression qui signifie *qu'est-ce que c'est que ça?*

Tu me casses les pieds!: tu m'embêtes! tu m'ennuies!

Le parc des Laurentides: grand parc provincial situé au nord de la ville de Québec et qui s'étend jusqu'au lac Saint-Jean.

Le style indirect

Exercice IV

Séraphin Poudrier: personnage du roman *Un homme et son péché*, de l'auteur québécois Claude-Henri Grignon. On le retrouve également dans la série télévisée *Les Belles Histoires des pays d'en haut*. Au Québec, *être séraphin* veut dire *être avare*.

Exercice VI

Jeter un coup d'œil: regarder rapidement.

Exercice VIII

Le hasard fait des siennes: le hasard nous réserve des surprises, comme d'habitude.

La C.E.C.M.: La Commission des écoles catholiques de Montréal.

N'en avoir que pour quelqu'un: concentrer toute son attention admirative sur lui, ne parler que de lui en ne tarissant pas d'éloges à son égard.

La négation

Voici cinq points importants à retenir pour bien employer la forme négative.

1. En français, la négation simple comporte toujours deux parties: *ne* + un autre mot négatif.

2. Il y a des termes négatifs qui donnent lieu à des confusions de forme et de sens. C'est le cas de certains adverbes:

   Ex.: — Avez-vous **déjà** terminé?   (Are you finished **already/yet**?)
   — Non, **pas encore**, mais presque.   (No, **not yet**, but almost.)

   — Avez-vous **déjà** rencontré Pauline?   (Did you **ever** meet Pauline?)
   — Non, **jamais**.   (No, **never**.)

   — Avez-vous **encore** faim?   (Are you **still** hungry?)
   — Non, je n'ai **plus** faim.   (No, I'm **not** hungry **any more**.)

   et de certains pronoms et adjectifs indéfinis:

   Ex.: — Est-ce que **quelqu'un** a téléphoné?   (Did **somebody** phone?)
   — Non, **personne**.   (No, **nobody**.)

   — Est-ce que **quelque chose** t'agace?   (Is **something** disturbing you?)
   — Non, **rien**.   (No, **nothing**.)

3. Certains mots négatifs peuvent changer de place en changeant de nature (pronom ou adjectif) et de fonction (sujet ou objet):

   Ex.: **Aucun** spectacle **ne** m'a autant plu. (adjectif)
   De tous les spectacles que j'ai vus, **aucun ne** m'a autant plu. (pronom sujet)
   De tous les spectacles présentés cette année, je n'en ai vu **aucun** de plus intéressant. (pronom C.O.D.)
   Personne n'est venu, je n'ai donc inscrit **personne**. (pronom sujet, pronom C.O.D.)

4. Les adverbes (sauf **nulle part** et **non plus**) ainsi que le pronom **rien** (C.O.D.) changent de place selon que le verbe auquel ils se rattachent est à un temps simple, à un temps composé ou à la forme infinitive.

   Ex.: Je **ne** suis **plus** allé **nulle part** depuis et n'irai probablement **plus jamais** nulle part.
   Je **ne** me souvenais de **rien**; c'est comme si je n'avais **rien** appris. C'est pour ça que je **ne** suis arrivé à **rien** pendant cette semaine-là.
   Il n'a **rien** oublié; tâche de **ne rien** oublier **non plus**.

5. Comme vous venez de le voir dans la négation multiple de l'exemple précédent, la deuxième partie de l'expression négative peut se composer de deux ou trois mots. Notez cependant que la négation multiple exclut l'adverbe **pas**:

   Ex.: Muriel n'a **pas encore** terminé son travail; ça n'est **encore jamais** arrivé à **personne** de prendre autant de temps.

En somme, il s'agit de sélectionner les termes négatifs appropriés, de les identifier selon leur nature et de les placer dans la phrase selon leur fonction.

Ordre des mots dans la phrase négative

a) À un temps simple

Sujet	**ne**	pronom	verbe	**pas**	complément
personne		personnel		**plus**	**personne**
aucun		complément	.	**(pas) encore**	**aucun**
rien				**jamais**	**rien**
					nulle part

Ex.: **Personne ne** lui parle **jamais** de **rien**.

b) À un temps composé

Sujet	ne	pronom	auxiliaire	**pas**		participe	complément
personne		personnel		**plus**		passé	**personne**
aucun		complément		**(pas) encore**	**rien**		**aucun**
rien				**jamais**	(C.O.D.)		**rien (C.O.I.)**
							nulle part

Ex.: On **ne** le lui a **pas encore** demandé.

On **ne** lui a **encore rien** demandé.

Pré-test

Complétez le dialogue en employant toujours la forme négative.

Les enquêtes Jolibidon* *ou* Pas de solution, pas de crime!

Insp. Pigeon: Bonjour, inspecteur Jolibidon. Est-ce qu'un des témoins a parlé?

Insp. Jolibidon: _____ **1** .

Insp. Pigeon: Avez-vous une idée de ce qui s'est passé?

Insp. Jolibidon: _____ **2** . Et vous?

Insp. Pigeon: _____ **3** ! Allons interroger le concierge, M. Ledoux. Il est au

poste*?

(*Au poste*.)

Insp. Jolibidon: M. Ledoux, pouvez-vous nous raconter ce qui s'est passé?

Le concierge: Je regrette, monsieur l'inspecteur, _____ **4** .

Insp. Jolibidon: Comment! Mais vous avez dit à l'agent que vous aviez tout vu!

Le concierge: Oh! monsieur l'inspecteur, je suis tellement bouleversé, c'est comme si

_____ **5** !

Insp. Jolibidon: Mais vous devez bien vous souvenir de quelque chose?

Le concierge: _____ **6** .

Insp. Jolibidon: Vous avez certainement remarqué quelque chose d'anormal, non?

Le concierge: _____ **7** .

Insp. Jolibidon: Voyons M. Ledoux, reprenez votre sang-froid*. Voici du thé, ça vous

calmera. Est-ce que vous prenez du lait et du sucre?

Le concierge: Non, merci, _____ **8** .

Insp. Jolibidon: Bon, revenons à nos moutons*. Mlle Laflamme recevait-elle souvent des

gens chez elle?

Le concierge: _____ 9 .

Elle vivait en ermite.

Insp. Jolibidon: Parlait-elle souvent aux autres locataires?

Le concierge: _____ 10 .

Insp. Jolibidon: Mais elle devait bien parler à quelqu'un?

Le concierge: _____ 11 .

Insp. Jolibidon: Et à vous?

Le concierge: _____ 12 .

Insp. Jolibidon: Elle n'avait donc pas d'amis?

Le concierge: _____ 13 .

Toutefois, l'été dernier, tous les jeudis soirs, un monsieur d'un certain âge

venait lui rendre visite.

Insp. Jolibidon: Est-ce qu'elle le voyait encore ces derniers temps?

Le concierge: _____ 14 .

Insp. Jolibidon: À partir de ce moment-là, quelque chose a-t-il changé dans son

comportement?

Le concierge: _____ 15 .

Insp. Jolibidon: Voyons, reprenons la scène depuis le début. Ce jour-là, Mlle Laflamme est

rentrée chez elle vers 21 h. Est-ce que quelqu'un l'accompagnait?

Le concierge: _____ 16 .

Insp. Jolibidon: En êtes-vous bien sûr?

Le concierge: À bien y penser, _____ 17 .

Il me semble bien que quelqu'un l'accompagnait, mais je n'ai entendu que

des pas.

Insp. Jolibidon: On sait qu'il y avait deux personnes en plus de Mlle Laflamme; avez-vous

vu quelqu'un arriver après?

Le concierge: _____ **18** .

Insp. Jolibidon: Alors, cette personne était déjà dans l'appartement?

Le concierge: _____ **19** .

Insp. Jolibidon: Pouvait-elle être cachée quelque part ailleurs dans la maison?

Le concierge: _____ **20** .

Je m'en serais aperçu.

Insp. Jolibidon: M. Ledoux, vous êtes déconcertant; vous semblez avoir des yeux pour tout

voir et pourtant… (*Se tournant vers son assistant*.) Inspecteur Pigeon,

avez-vous encore quelque chose à ajouter?

Insp. Pigeon: _____ **21** .

(*On entend frapper. Jolibidon va à la porte et sort quelques instants; quand il revient, il murmure à Pigeon.*)

Insp. Jolibidon: On nous dit de (le laisser partir) _____ **22** .

Le concierge: Monsieur l'inspecteur, il est presque midi; est-ce que je peux partir?

Insp. Jolibidon: Non, (partir *à l'impératif*) _____ **23** tout de suite; il reste encore

quelques points à éclaircir. Mais vous…

«Mesdames et messieurs, (régler) _____ **24** votre appareil. Nous éprouvons

présentement quelques difficultés techniques. Nous regrettons de (pouvoir) _____ **25**

vous présenter la suite des *Enquêtes Jolibidon*. Cette émission vous reviendra sur nos ondes* la

semaine prochaine, à la même heure…»

Corrigé du pré-test

Pour que la réponse soit bonne, il faut que le choix et l'ordre des mots négatifs correspondent à ceux des réponses ci-dessous.

1. Non, aucun (des témoins) n'a parlé. / Pas un seul (n'a parlé).

2. Non, je n'en ai aucune (idée). / Je n'en ai pas la moindre idée. / Pas la moindre!

3. Moi non plus!

4. je ne peux pas vous le raconter. / je ne le peux pas. / je ne peux rien vous raconter.

5. je n'avais rien vu (du tout).

6. Non, je ne me souviens (plus) de rien.

7. Non, je n'ai rien remarqué d'anormal.

8. je ne prends ni lait ni sucre. / ni l'un ni l'autre. / pas de lait ni de sucre.

9. Non, elle ne recevait jamais personne chez elle.

10. Non, elle ne leur parlait jamais.

11. Non, elle ne parlait (jamais) à personne.

12. Même pas! / À moi non plus.

13. Non, elle n'en avait aucun. / Elle n'avait aucun ami. / Pas un seul!

14. Non, elle ne le voyait plus.

15. Non, rien n'a changé.

16. Non, personne ne l'accompagnait.

17. je n'en suis pas sûr du tout. / pas vraiment. / pas du tout.

18. Non, je n'ai vu personne arriver après. / Je n'ai vu arriver personne.

19. Non, elle n'y était pas encore.

20. Non, elle ne pouvait être cachée nulle part ailleurs.

21. Non, je n'ai plus rien à ajouter.

22. ne pas le laisser partir

23. ne partez pas

24. ne réglez pas

25. ne (pas) pouvoir

Barème

23/25 . . . .**95%**
21/25 . . . .**85%**
18/25 . . . .**75%**
16/25 . . . .**65%**
13/25 . . . .**55%**

Exercice I

Répondez à la forme négative en utilisant l'**adverbe** approprié. Attention à la place des mots.

1. — Est-ce que les chiens savent patiner?

   — Non, _____ , sauf Snoopy!

2. — Est-ce que tu as encore faim?

   — _____

3. — As-tu fait du ski l'hiver dernier?

   — _____

4. — Il y a cent ans, est-ce que les femmes avaient déjà le droit de vote au Canada?

   — _____

5. — Est-ce que Grégoire parle toujours à ses plantes quand il les arrose?

   — _____

6. — Est-ce que les députés sont déjà partis en vacances pour l'été?

   — _____

7. — Au Québec, les hivers ont-ils toujours été aussi doux que cette année?

   — _____

8. — Est-ce que vous voyez les Dubois quelque part?

    — _____

9. — A-t-il encore toussé après le bon grog que je lui ai préparé?

    — _____

10. — Est-ce que tu es allée quelque part pendant le week-end de la fête du Travail?

    — _____

Exercice II   Répondez à la forme négative en utilisant le **pronom** qui convient.

1. — Qu'est-ce qui t'intéresse dans la vie?

    — _____

2. — Est-ce que quelqu'un a été tué dans cet accident?

    — _____

3. — Est-ce que certains membres du comité avaient fait des déclarations à la presse?

    — _____

4. — Est-ce que quelqu'un t'attend à l'aéroport?

    — _____

5. — Est-ce que certains de ces livres vous seraient utiles?

    — _____

6. — Qu'est-ce qui t'est arrivé?

    — _____

7. — Tous les billets pour le spectacle ont-ils été vendus?

    — _____

8. — Qui avait trouvé la formule $E = MC^2$ avant Einstein?

    — _____

9. — Est-ce que tous tes amis viendront te voir au chalet?

    — _____

10. — Qui est infaillible?

    — _____

Exercice III

Répondez à la forme négative en utilisant le **pronom** approprié. Attention à la place des mots.

1. — Est-ce que tu fais quelque chose ce soir?

    — _____

2. — Est-ce que Frédéric a rapporté quelques souvenirs de son voyage au Japon?

    — _____

3. — Lui as-tu acheté quelque chose pour sa fête?

    — _____

4. — Les Gagnon connaissent-ils quelqu'un à Boston?

    — _____

5. — Est-ce qu'il nous reste quelques bouteilles de champagne pour ce soir?

    — _____

6. — Est-ce que vous aviez rencontré quelqu'un de sympathique à cette soirée?

    — _____

    _____

7. — De quoi Claude s'est-il occupé dans l'élaboration de ce projet?

    — _____

8. — À quoi penses-tu en ce moment?

    — _____

9. — Est-ce que l'avocat en parlera à quelqu'un?

    — _____

10. — Avez-vous écrit à tout le monde pour Noël?

    — _____

Exercice IV

Mettez les phrases suivantes à la forme négative en utilisant soit ni... ni... ne, soit ne... ni... ni, soit ne... pas... ni.

1. La science-fiction et les romans policiers le passionnent.

    _____

2. Nous aimons le judo et le karaté.

   _____

3. Il me faut du sel et du poivre.

   _____

4. J'ai lu *Les Belles-soeurs* de Michel Tremblay et j'ai vu la pièce.

   _____

5. Élise veut qu'on lui rende visite ou qu'on lui téléphone à l'hôpital.

   _____

   _____

6. J'avais un imperméable et un parapluie.

   _____

7. C'est un homme de talent et un grand chercheur.

   _____

8. Je les vois encore souvent, elle et lui.

   _____

Exercice V

Répondez aux questions ou complétez les phrases à la forme négative. Notez que vous devrez utiliser des négations multiples.

1. — Est-ce qu'il y a déjà quelqu'un au bureau pour répondre au téléphone à 7 h?

   — _____

2. — Le docteur Duval vous a-t-il déjà révélé quelque chose au sujet de sa récente

   découverte?

   — _____

3. — Avez-vous encore quelque chose à me demander?

   — _____

4. L'un d'entre vous a-t-il déjà gagné quelque chose à la loterie? _____

   _____

5. Quand Michel était célibataire, on le voyait toujours partout; maintenant, _____

    _____

6. — Est-ce que quelque chose vous avait déjà fait soupçonner M. Ledoux?

    — _____

7. En voulant l'aider, j'ai fait une gaffe; dorénavant (j'aiderai encore tout le monde) _____

    _____

8. — Est-ce que Richard parle toujours de ses rêves à quelqu'un?

    — _____

9. — Est-ce que tu as toujours rapporté des cadeaux à tout le monde?

    — _____

10. — Est-ce que quelqu'un a déjà compris le mystère du Triangle des Bermudes?

    — _____

Exercice VI   Mettez les phrases suivantes au passé composé.

1. Vous ne voulez jamais répondre à mes questions.

    _____

2. Je ne comprends pas encore ce que vous voulez dire.

    _____

3. Je ne vois plus Georges depuis son mariage.

    _____

4. Tu ne donnes aucune chance à tes camarades.

    _____

5. Adèle ne sort jamais et elle n'invite personne chez elle.

    _____

6. Je ne fais jamais rien d'intéressant.

    _____

7. Il ne se passe rien ici.

    _____

8. Mes voisins ne parlent jamais à personne.

    _____

9. On ne dit plus rien à personne.

    _____

10. Nous n'allons plus jamais nulle part sans téléphoner auparavant.

    _____

Exercice VIIa

Faites des phrases négatives selon le modèle suivant.
Modèle: Chante plus fort.
   a) Ne chante pas plus fort.
   b) On te dit de ne pas chanter plus fort.

1. Soyons optimistes.

    a) _____

    b) On nous dit de _____

2. Ayez encore confiance en lui.

    a) _____

    b) On vous dit de _____

3. Mets-toi toujours debout dans un canot.

    a) _____

    b) On te dit de _____

4. Annoncez-le tout de suite.

    a) _____

    b) On vous dit de _____

5. Range-les quelque part.

    a) _____

    b) On te dit de _____

Exercice VIIb

Suivez le modèle précédent en employant les pronoms et les adverbes appropriés.

1. Inscrivez-les au camp.

    a) _____

    b) On vous demande de _____

2. Dis-le toujours à tout le monde.

    a) _____

    b) Je te demande de _____

3. Explique-moi encore quelque chose.

    a) _____

    b) Je te demande de _____

4. Emmenez-les toujours partout.

    a) _____

    b) Je vous demande de _____

5. Rendez-les-moi maintenant.

    a) _____

    b) Je vous demande de _____

Exercice VIII

Combinez les deux phrases données en utilisant l'infinitif selon le modèle suivant.

Modèle: Elle n'est pas à l'heure. Elle est désolée.
Elle est désolée de ne pas être à l'heure.

1. Je ne l'ai pas rencontré. Je suis triste.

    _____

2. Vous n'avez pas étudié. Vous regretterez.

    _____

3. Je ne suis plus réveillé la nuit. Je suis heureux.

    _____

4. Il n'a jamais fumé. Il se vante.

   _____

5. Ils n'y sont pas encore allés. Ils sont sûrs.

   _____

6. Je ne fais jamais rien. Je suis frustré.

   _____

7. Vous n'y rencontrez plus personne. Vous êtes surpris.

   _____

8. Tu n'en as rien dit à personne. Tu t'excuses.

   _____

9. Nous ne vous y avons encore jamais emmenés. Nous regrettons.

   _____

10. Tu ne le lui diras jamais. Tu me promets.

   _____

Exercice IX   Révision. Mettez les phrases suivantes à la forme négative.

1. «Être ou _____ , voilà la question.»

2. Parlez toujours aux inconnus dans la rue.

   _____

3. Avoir de l'argent vous empêchera d'être heureux.

   _____

4. Si je peux sortir, tu peux sortir aussi.

   _____

5. L'une ou l'autre solution me convient.

   _____

6. On a été à la cabane à sucre le printemps dernier.

   _____

7. On lui a déjà dit qu'elle ressemblait à Geneviève Bujold*.

   _____

8. Il y a encore des gens qui parlent le latin couramment.

   _____

9. Nous avons déjà annoncé cette nouvelle à quelqu'un.

   _____

10. Quelqu'un m'a déjà dit quelque chose à ce sujet.

   _____

Exercice X   Révision. Répondez aux questions à la forme négative.

1. — Y a-t-il du danger à patiner sur le Saint-Laurent en février?

   — _____

2. — Tu as l'air troublé; est-ce que quelque chose te préoccupe?

   — _____

3. — Est-ce que Sylvie travaille encore au Bureau de la main-d'œuvre?

   — _____

4. — Je n'ai pas fait mon travail, et toi?

   — _____

5. — Vois-tu toujours Bertrand et Madeleine?

   — _____

6. — Est-ce qu'ils sont déjà arrivés?

   — _____

7. — Est-ce que tu as envie d'aller quelque part ce soir?

   — _____

8. — Avec qui Éric veut-il faire ce voyage et de quoi a-t-il besoin?

   — _____

9. — As-tu déjà entendu quelque chose d'aussi stupide?

    — _____

10. — Est-ce qu'un des archéologues de l'expédition a déjà découvert quelque chose

        d'intéressant?

    — _____

        _____

Exercice XI

Complétez les dialogues suivants en utilisant la forme négative.

(sans corrigé)

À la caisse

Client: Est-ce que vous prenez toutes les cartes de crédit?

Vendeur: Je regrette, monsieur, _____ **1** .

Client: Et un chèque?

Vendeur: _____ **2** , sauf si vous avez une carte d'identité ou votre

             permis de conduire.

Client: _____ **3** .

Vendeur: Dans ce cas, il faudra payer comptant*.

Client: _____ **4** . Alors, ce sera pour une autre fois.

Autres temps, autres mœurs*

Fils: Papa, quand tu étais petit, est-ce que tu avais souvent de mauvaises notes à l'école?

Père: Mais non! _____ **1** .

Fils: Est-ce que tu te battais avec tous les enfants du quartier?

Père: _____ **2** .

Fils: Et puis, dis moi, où traînais-tu après l'école?

Père: _____ **3** .

Fils: Pauvre papa! Comme c'était ennuyeux à ton époque!

Exercice XII

(sans corrigé)

Complétez le dialogue en répondant aux questions à la forme négative. S'il y a lieu, mettez également les expressions données entre parenthèses à la forme négative.

Un coup de foudre* au club des moustachus

(Donald McDonald Jr rencontre son ami Antonio Bell'Amore.)

Donald: Salut! Ça va?

Antonio: Salut! _____ 1 .

Donald: Avant de me raconter ça, veux-tu quelque chose à boire?

Antonio: _____ 2 .

Donald: Oh! oh! as-tu des nouvelles de ta fiancée en Italie?

Antonio: _____ 3 .

          J'ai même l'impression qu'elle m'a déjà remplacé!

Donald: Je sais ce qu'il te faut alors: une blonde* à Montréal! Y avais-tu déjà pensé?

Antonio: _____ 4 .

Donald: Quelqu'un t'a-t-il déjà présenté des jeunes filles d'ici?

Antonio: _____ 5 .

Donald: As-tu déjà été* quelque part pour en rencontrer?

Antonio: _____ 6 .

Donald: En connais-tu au moins une?

Antonio: _____ 7 .

Donald: Les trouves-tu tellement laides?

Antonio: _____ 8 .

          Je les trouve même assez jolies!

Donald: Est-ce que quelque chose te ferait plus plaisir que d'en rencontrer une?

Antonio: _____ 9 .

Donald: Comme tu te débrouilles bien en français, tu as une longueur d'avance sur moi*.

          Préparons un plan d'attaque. Préfères-tu une brune comme ton ancienne fiancée?

Antonio: _____ 10 .

Donald: As-tu parfois pensé à faire la cour* à une rousse?

Antonio: _____ **11** .

Donald: Veux-tu aller quelque part pour en rencontrer une?

Antonio: _____ **12** .

(*Tout à coup, Antonio est distrait.*)

Donald: Antonio! Tony! M'écoutes-tu toujours?

Antonio: _____ **13** ,

mais (arrête-toi) _____ **14** de parler et regarde discrètement cette belle

blonde qui vient de s'asseoir à la table voisine. Elle parle français! Mizzica*, c'est

ma chance!

Donald: Darnit*! Pourquoi (avoir travaillé) _____ **15** comme il le

fallait à mon cours de conversation!

(*Elle s'appelait Pierrette Touchette. Antonio et elle se sont mariés et ils ont eu beaucoup d'enfants qui ont appris le français, l'italien et l'anglais.*)

Exercice XIII   Compositions.

Pour vous permettre d'utiliser la forme négative de façon spontanée, voici quelques sujets où vous pourrez laisser libre cours à votre imagination. Servez-vous du maximum d'expressions négatives que vous avez apprises.

- Je suis déprimé, j'ai le moral à zéro, je vois tout en noir.
- Moi, personne ne me comprend.
- Je n'ai pas de chance.
- Un voyage organisé… mal organisé!

Exploitation orale

1. **Une critique de film** (exercice de synthèse)
    Choisissez un film (ou un journal, un spectacle…) sur lequel vous accumulerez les réflexions négatives:

    Ex.: Je **n**'ai encore **jamais** vu un film aussi mauvais.
         Rien ne me plaisait dans ce film.
         Ni la musique **ni** le scénario **n**'étaient bons…

2. **Le défaitiste** (exercise de synthèse)

Un(e) étudiant(e) joue le rôle d'une personne déprimée et défaitiste. Les autres étudiants lui font des suggestions positives, à tour de rôle, pour lui remonter le moral, mais en vain.

> Ex.: — Moi, je **ne** fais **jamais rien** d'intéressant.
> — Tu pourrais peut-être faire un voyage?
> — Oui, mais je **n'**ai **pas du tout** d'argent.
> — Tu pourrais peut-être trouver un emploi d'été?
> — Bah! je **n'**ai **aucune** chance d'en trouver un...

Variations sur le thème du défaitiste:
— Moi, je **n'**ai **jamais** d'argent.
— Moi, je **ne** peux **jamais** me reposer.
— Moi, **rien ne** m'intéresse...

3. **La thérapie par la négation** (exercice de synthèse)

La classe organise une «thérapie de groupe» où chaque étudiant(e) jouera le rôle d'un personnage qu'il (elle) se sera choisi. Chacun(e), à tour de rôle, devra «s'affirmer en s'opposant».

> Ex.: Je **ne** ferai **jamais plus** de café pour mon patron.
> Je **ne** remettrai **plus aucun** travail à mes professeurs.
> **Personne ne** m'obligera **plus** à me lever tôt.
> **Aucune** critique **ne** me dérangera **plus**...

Corrigé des exercices

Exercice I

1. ils ne savent pas patiner
2. Non, je n'ai plus faim.
3. Non, je n'ai pas fait de ski. / Non, je n'en ai pas fait.
4. Non, elles n'avaient pas encore le droit de vote. / Non, elles ne l'avaient pas encore.
5. Non, il ne parle jamais à ses plantes. / Non, il ne leur parle jamais. / Non, il ne leur parle pas toujours.
6. Non, ils ne sont pas encore partis.
7. Non, ils n'ont jamais été aussi doux.
8. Non, je ne vois (nous ne voyons) les Dubois nulle part. / Non, je ne les vois (nous ne les voyons) nulle part.
9. Non, il n'a plus toussé.
10. Non, je ne suis allée nulle part.

Exercice II

1. Rien ne m'intéresse.
2. Non, personne n'a été tué dans cet accident.
3. Non, aucun n'avait fait de déclaration à la presse. / Non, aucun n'en avait fait.
4. Non, personne ne m'attend à l'aéroport. / Non, personne ne m'y attend.
5. Non, aucun ne me serait utile. / Non, aucun de ces livres ne me serait utile. / Non, pas un seul.
6. Rien ne m'est arrivé. / Il ne m'est rien arrivé.
7. Non, pas un n'a été vendu. / Non, pas un seul n'a été vendu. / Non, aucun n'a été vendu.
8. Nul n'avait trouvé la formule. / Nul ne l'avait trouvée. / Personne n'avait trouvé la formule. / Personne ne l'avait trouvée.
9. Non, pas un ne viendra me voir. / Non, pas un seul ne viendra me voir. / Non, aucun ne viendra me voir.
10. Nul n'est infaillible. / Personne n'est infaillible. (*Nul* est une forme plus littéraire que *personne*.)

Exercice III

1. Non, je ne fais rien.
2. Non, il n'a rapporté aucun souvenir. / Non, il n'en a rapporté aucun. / Non, pas un seul.
3. Non, je ne lui ai rien acheté.
4. Non, ils ne connaissent personne à Boston. / Non, ils n'y connaissent personne.
5. Non, il ne nous reste aucune bouteille de champagne. / Non, il ne nous en reste aucune.
6. Non, je n'y avais (nous n'y avions) rencontré personne de sympathique.
7. Il ne s'est occupé de rien.
8. Je ne pense à rien.
9. Non, il n'en parlera à personne.
10. Non, je n'ai (nous n'avons) écrit à personne.

Exercice IV

1. Ni la science-fiction ni les romans policiers ne le passionnent.
2. Nous n'aimons ni le judo ni le karaté. / Nous n'aimons pas le judo ni le karaté.
3. Il ne me faut ni sel ni poivre. / Il ne me faut pas de sel ni de poivre.
4. Je n'ai ni lu *Les Belles-sœurs* ni vu la pièce. / Je n'ai pas lu *Les Belles-Sœurs* ni vu la pièce.
5. Élise ne veut ni qu'on lui rende visite ni qu'on lui téléphone à l'hôpital. / Élise ne veut pas qu'on lui rende visite ni qu'on lui téléphone à l'hôpital.
6. Je n'avais ni imperméable ni parapluie. / Je n'avais pas d'imperméable ni de parapluie.
7. Ce n'est ni un homme de talent ni un grand chercheur. / Ce n'est pas un grand chercheur ni un homme de talent.
8. Je ne les vois plus souvent, ni elle ni lui / ni l'un ni l'autre.

Exercice V

1. Non, il n'y a encore personne au bureau pour répondre au téléphone à 7 h.
2. Non, il ne m'a encore rien révélé à ce sujet.
3. Non, je n'ai plus rien à vous demander.
4. Non, aucun d'entre nous n'a encore jamais rien gagné à la loterie.
5. on ne le voit plus nulle part.
6. Non, rien ne m'avait encore fait soupçonner M. Ledoux. / Non, rien ne m'avait jamais fait soupçonner M. Ledoux.
7. je n'aiderai plus jamais personne.
8. Non, il n'en parle jamais à personne.
9. Non, je n'ai jamais rapporté de cadeaux à personne. / Non, je n'en ai jamais rapporté à personne.
10. Non, personne n'a encore compris le mystère du Triangle des Bermudes. / Non, personne ne l'a jamais / ne l'a encore compris.

Exercice VI

1. Vous n'avez jamais voulu répondre à mes questions.
2. Je n'ai pas encore compris ce que vous avez voulu dire.
3. Je ne l'ai plus vu depuis son mariage.
4. Tu ne leur as donné aucune chance.
5. Adèle n'est jamais sortie et elle n'a invité personne chez elle.
6. Je n'ai jamais rien fait d'intéressant.
7. Il ne s'est rien passé ici.
8. Mes voisins n'ont jamais parlé à personne.
9. On n'a plus rien dit à personne.
10. Nous ne sommes plus jamais allés nulle part sans téléphoner auparavant.

Exercice VIIa

1. a) Ne soyons pas optimistes.
   b) ne pas être optimistes.
2. a) N'ayez plus confiance en lui.
   b) ne plus avoir confiance en lui.

3. a) Ne te mets jamais debout dans un canot.
   b) ne jamais te mettre debout dans un canot.
4. a) Ne l'annoncez pas tout de suite.

b) ne pas encore l'annoncer / ne pas l'annoncer tout de suite.

5. a) Ne les range nulle part.
   b) ne les ranger nulle part.

Exercice VIIb

1. a) Ne les y inscrivez pas.
   b) ne pas les y inscrire.
2. a) Ne le dis jamais à personne.
   b) ne jamais le dire à personne.

3. a) Ne m'explique plus rien.
   b) ne plus rien m'expliquer.
4. a) Ne les emmenez (plus) jamais nulle part.
   b) ne (plus) jamais les emmener nulle part.

5. a) Ne me les rendez pas maintenant.
   b) ne pas me les rendre maintenant.

Exercice VIII

1. Je suis triste de ne pas l'avoir rencontré. / Je suis triste de ne l'avoir pas rencontré.
2. Vous regretterez de ne pas avoir étudié. / Vous regretterez de n'avoir pas étudié.
3. Je suis heureux de ne plus être réveillé la nuit. / Je suis heureux de n'être plus réveillé la nuit.

4. Il se vante de n'avoir jamais fumé. / Il se vante de ne jamais avoir fumé.
5. Ils sont sûrs de n'y être pas encore allés. / Ils sont sûrs de ne pas encore y être allés.
6. Je suis frustré de ne jamais rien faire.
7. Vous êtes surpris de ne plus y rencontrer personne.

8. Tu t'excuses de n'en avoir rien dit à personne.
9. Nous regrettons de ne vous y avoir encore jamais emmenés.
10. Tu me promets de ne jamais le lui dire.

Exercice IX

1. ne pas être
2. Ne parlez jamais aux inconnus dans la rue.
3. Ne pas avoir d'argent ne vous empêchera pas d'être heureux.
4. Si je ne peux (pas) sortir, tu ne peux (pas) sortir non plus.
5. Ni l'une ni l'autre solution ne me convient.

6. On n'a pas été à la cabane à sucre le printemps dernier.
7. On ne lui a jamais dit qu'elle ressemblait à Geneviève Bujold. / On ne lui a encore jamais dit qu'elle ressemblait à Geneviève Bujold.
8. Il n'y a plus personne qui parle le latin couramment. /

Il n'y a presque plus personne qui parle le latin couramment.
9. Nous n'avons encore annoncé cette nouvelle à personne.
10. Personne ne m'a encore rien dit à ce sujet. / Personne ne m'a jamais rien dit à ce sujet.

Exercice X

1. Non, il n'y a pas de danger à patiner sur le Saint-Laurent en février. / Non, il n'y a aucun danger à patiner sur le Saint-Laurent en février.

2. Non, rien ne me préoccupe.
3. Non, elle ne travaille plus au Bureau de la main-d'œuvre. / Non, elle n'y travaille plus.
4. Moi non plus.

5. Non, je ne vois plus ni Bertrand ni Madeleine. / Non, je ne vois plus Bertrand ni Madeleine. / Non, je ne les vois plus ni l'un ni l'autre.

6. Non, ils ne sont pas encore arrivés.

7. Non, je n'ai envie d'aller nulle part ce soir.

8. Il ne veut faire ce voyage avec personne et il n'a besoin de rien.

9. Non, je n'ai (encore) jamais rien entendu d'aussi stupide.

10. Non, aucun des archéologues de l'expédition n'a encore rien découvert d'intéressant.

Expressions idiomatiques et notes explicatives

Pré-test

Les enquêtes Jolibidon: jeu de mots faisant allusion à une émission de télévision qui fut populaire au Québec et qui s'intitulait *Les enquêtes Jobidon.* (*C'est du bidon:* expression populaire employée en France pour dire *c'est du bluff, ce n'est pas vrai, ce n'est pas sérieux.*)

Au poste: ici, sous-entendu, au poste de police.

Reprendre son sang-froid: retrouver son calme.

Revenons à nos moutons: revenons au sujet qui nous intéresse.

Sur nos ondes: à notre poste (de radio ou de télévision).

Exercice IX

Geneviève Bujold: actrice canadienne française de renommée internationale.

Exercice XI

Payer comptant: payer en argent liquide, par opposition au paiement par chèque ou carte de crédit.

Autres temps, autres mœurs: proverbe qui signifie que les coutumes, les habitudes changent avec chaque époque.

Exercice XII

Avoir le coup de foudre (pour quelqu'un): tomber amoureux dès la première rencontre.

Une blonde: se dit au Québec pour *une petite amie*, même si elle n'est pas blonde.

As-tu déjà été: Es-tu déjà allé en langue familière.

Avoir une longueur d'avance sur quelqu'un: avoir un avantage sur quelqu'un.

Faire la cour: se dit d'un homme qui se montre galant auprès d'une femme pour lui plaire.

Mizzica: au Québec, on dirait: *Wow!*

Darnit: au Québec, on dirait: *Mautadit!*

Exercices de composition

Si vous êtes super... studieux, le chapitre 13 vous portera chance.

Il vous propose des exercices de composition qui vous permettront de revoir certaines structures grammaticales tout en faisant appel à votre créativité. Au début de chaque exercice, il est important de bien lire les textes afin de saisir les nuances de style et de ton qui vous guideront dans le choix de vos propres répliques. Comme il y a plusieurs répliques possibles, nous n'avons inclus aucun corrigé.

Franchissez cette dernière étape: vous verrez que vous êtes bien dans la course et que vous en sortirez gagnant(e).

Révision des pronoms

Exercice I

Après avoir lu et compris les répliques de chacun des dialogues, complétez-les en employant les pronoms appropriés (démonstratifs, personnels et relatifs). Attention: chaque réplique que vous composerez devra tenir compte de celle qui la suit. Faites preuve de créativité tout en respectant la cohérence du texte.

Gourmandise, quand tu nous tiens!

Lise: Mmmm! Quelle belle tarte aux fraises! _____

_____

Josée: Évidemment, qui veux-tu que ce soit? _____

_____

Lise: Non merci, je surveille ma ligne. Mais dis-moi quand même ce que tu as mis sur

les fraises?

Josée: _____

Lise: Comment est-ce que tu prépares ça?

Josée: C'est facile, _____

_____

Lise: C'est vraiment beau et très appétissant!

Josée: Tu es sûre que tu _____

Lise: Bon, bon, puisque tu insistes, mais à condition _____

_____

Josée: Je ne demande pas mieux, j'attendais que tu te décides pour me servir.

Coquetterie, quand tu nous tiens!

Marc: Qu'est-ce que tu vas porter demain soir?

Anne: Je crois que je vais porter mon ensemble noir et blanc, tu sais _____

_____

Marc: Tu oublies que je n'étais pas avec toi ce soir-là, mais est-ce que tu veux parler de

_____

Anne: Mais non, la jupe est au contraire très longue et très ample et le corsage n'est pas

décolleté du tout.

Marc: Alors, je ne m'en souviens plus et je t'ai décrit _____

_____

Anne: Eh bien, si tu veux que tes rêves deviennent réalité, je suggère que nous sortions

magasiner* illico!

Un bon candidat

Claude: À propos, est-ce que tu as interviewé Steven Fishman?

Marie: Oui, je viens tout juste de le faire. C'est d'ailleurs _____

_____

Claude: Ah bon! Je comprends pourquoi c'était toujours occupé quand j'essayais de

t'appeler. Alors, _____

_____

Marie: Il m'a fait bonne impression. Mais dis-moi, _____

_____

Claude: Je l'ai eu comme étudiant il y a deux ans. C'est _____

_____

_____

Marie: Tu crois donc que je devrais _____ ?

Claude: Tu auras du mal à trouver un meilleur moniteur d'anglais. Il saura comment s'y

prendre* avec les étudiants puisqu'il sait ce que c'est qu'apprendre une langue.

Marie: Bon, très bien, je _____

_____

Claude: Je suis sûr que tu ne vas pas le regretter.

Un choix éclairé

Cynthia: Je voudrais suivre le cours de français fonctionnel. J'ai lu la description dans

l'annuaire, mais j'aimerais en savoir plus long* sur ce cours. Pouvez-vous m'aider?

M. Ledoux: Certainement. Il s'agit d'un cours _____

_____

_____

Cynthia: Est-ce qu'on fait de la grammaire?

M. Ledoux: En classe, nous faisons de la grammaire... comment dire, de la grammaire...

appliquée. Vous vous préparez à l'avance en travaillant dans *Vouloir... c'est*

pouvoir.

Cynthia: *Vouloir... c'est pouvoir*, qu'est-ce que c'est au juste?

M. Ledoux: Ah, mais c'est _____

_____

Cynthia: Comme c'est intéressant. Et ce projet que nous devons faire, en quoi est-ce qu'il

consiste exactement?

M. Ledoux: Il s'agit d'une enquête _____

_____

_____

Cynthia: Ça me convient tout à fait. Pouvez-vous m'inscrire?

M. Ledoux: Avec plaisir.

Révision des modes

Exercice II

Après avoir lu et compris les répliques suivantes, complétez chacun des mini-dialogues par une réplique de votre cru, mais dans laquelle vous utiliserez soit un conditionnel, soit une structure de condition avec **si**.

1. — C'était mon anniversaire hier.

    — C'est vrai? _____

    — Il n'est jamais trop tard pour bien faire.

2. — Il neige tout le temps; de plus, il fait un froid de canard*. (*Soupir*.) Je _____

    _____

    — Moi aussi, je rêve de soleil. J'en ai vraiment assez de l'hiver.

3. — Quoi! Il y a un test aujourd'hui? Je n'étais pas au courant.

    — _____ ,

    je l'ai annoncé au moins quatre fois en classe.

    — Vraiment? Je ne me rappelle pas vous avoir entendu annoncer un test.

    — _____ .

    La prochaine fois, vous serez plus attentif, c'est tout.

4. — C'est ton estomac qui crie comme ça?

    — Oui, je meurs de faim! Je _____

5. — Qu'est-ce que tu as à renifler comme ça?

    — J'ai la grippe, ça ne se voit pas? Je souffre terriblement.

    — C'est bien de ta faute; _____

    _____

    — Mais tu sais bien que je déteste ça.

    — Alors, tant pis pour toi!

    — _____

    — Sois tranquille, ça ne m'arrivera pas, à moi. Je prends les moyens qu'il faut pour me

    protéger.

— Touche du bois, _____

6. — Mon fils ne veut jamais s'endormir le soir, je ne sais plus quoi faire.

— _____

— J'ai déjà essayé, mais ça n'a pas marché.

— À ta place, _____

7. — Qu'est-ce qu'on fait ce soir? Je n'ai pas envie de rester à la maison. _____

_____

— Bonne idée! Et après, _____ ,

qu'est-ce que tu en dis?

— Ça me va, à condition de ne pas rentrer trop tard.

8. — As-tu trouvé la solution à ce problème?

— C'était un jeu d'enfant, voyons! Tu n'avais qu'à appliquer la règle de trois.

— Qu'est-ce que je suis bête! _____

9. — Espèce de chauffard! _____

votre permis de conduire!

— Tout ça, c'est de votre faute! _____

_____

— Quel culot!* C'est plutôt vous qui avez reculé dans ma voiture.

10. — _____

— 100 $! Tu me prends pour Crésus!* Je n'ai pas d'argent, et même _____

_____

— Alors, c'est non?

— C'est non.

11. — Qu'est-ce que c'est casse-pieds*, cette soirée!

— À qui le dis-tu*!

— Mais on n'est pas obligé de moisir ici, tu sais!

— Tu as raison. _____

12. — J'en ai marre* de l'université, je pense que je vais laisser tomber mes études.

_____ tomber mes études, je n'aurais plus de recherches à

faire, ça _____ mes problèmes; je serais libre.

_____ et, grâce à cet emploi, _____ .

Si mon salaire était assez élevé, je _____ une voiture et

_____ tous les soirs. Le week-end,

_____ et _____

— Et si tes parents _____ ?

— Je quitterais la maison. Je _____

et _____

— D'un côté, ce serait certainement bien agréable d'être indépendant, mais de l'autre, ne

penses-tu pas que tu aurais de meilleures chances de trouver un emploi si

_____ ?

Exercice III

En respectant la cohérence du texte, complétez les phrases suivantes en employant le subjonctif, l'infinitif ou l'indicatif, selon le cas. Essayez de donner le plus de renseignements possible. L'utilisation du masculin dans le texte implique également le genre féminin.

Instructeur demandé à l'école de conduite Kass-Kou

L'école de conduite Kass-Kou se cherche un instructeur expérimenté.

Bien qu'une longue expérience _____ un atout indispensable, nous cherchons

quelqu'un qui _____ entre 26 et 34 ans. Il est nécessaire _____

votre permis de conduire depuis au moins dix ans. Comme notre clientèle est bilingue, il est

indispensable _____ .

Comme la fumée gêne les clients et empeste nos voitures, il faudrait, si vous êtes fumeur, _____

_____ .

La personnalité d'un instructeur de conduite est extrêmement importante; nous aimerions

donc _____

_____ .

Côté physique, vous aurez à subir un examen médical complet avant _____

_____ .

Si les résultats de cet examen ne sont pas satisfaisants, je crains _____

_____ .

Nous exigeons, en effet, que tous nos instructeurs _____

_____

_____ .

La collaboration avec les collègues est une règle d'or chez nous; c'est pourquoi il est souhaitable

_____

_____ .

Nous n'étudierons pas votre dossier avant _____

_____ .

Et comme nous procéderons à la sélection de nos nouveaux instructeurs au cours du mois

prochain, nous nous attendons _____

_____ .

Quoique _____ ,

nous n'accepterons que les meilleurs candidats. Il est donc inutile de nous envoyer votre

demande à moins que _____

_____ .

Si vous répondez aux critères mentionnés ci-haut, nous serons ravis _____

_____ .

Une réponse parmi tant d'autres

Madame, Monsieur,

Pour faire suite à votre annonce parue dans *La Presse* du 25 courant, j'aimerais _____

_____ .

Depuis que _____ , je n'ai jamais eu d'accident d'automobile.

_____ mon permis de conduire à l'âge de seize ans, après

_____ un cours de conduite intensif. Vous pourrez constater vous-même

_____ quand vous me ferez passer vos propres tests.

J'ai lu avec attention la liste de vos exigences et il me semble _____

_____ .

Côté personnalité, je pense _____

_____ .

Côté physique, je considère _____ .

et je suis certain que votre examen médical _____ .

Peut-être _____ ;

c'est pourquoi il serait préférable de me téléphoner après le 31 mars. J'espère _____

_____ .

En vous remerciant de l'attention que vous accorderez à ma demande, veuillez agréer, Madame,

Monsieur, l'expression de mes meilleurs sentiments.

Exercice IV

Complétez le dialogue suivant en employant l'impératif et les pronoms personnels qui conviennent.

René: Mes deux sœurs vont arriver à Montréal en fin de semaine, mais malheureusement je

n'ai pas le temps de m'occuper d'elles. Peux-tu le faire à ma place?

André: D'accord. Qu'est-ce qu'il faut que je fasse?

René: Écoute, _____ à la gare, et puis

_____ à la maison. Elles pourront déposer leurs bagages.

Après, _____ la voiture et _____ au

centre-ville. _____ visiter le campus de l'université McGill.

Le Vieux-Montréal les intéressera sûrement, _____

ensemble. Samedi, tu n'auras pas besoin de passer la journée avec elles.

_____ comment prendre le métro et

_____ se débrouiller toutes seules. Ça te donnera un peu de

liberté. _____ rendez-vous à 18 heures et

_____ manger au *Caveau*, la cuisine y est toujours

excellente. Il y a un bon film à l'affiche du cinéma *Berri*.

_____ , elles seront ravies. J'irai vous rejoindre à la sortie. Si

je suis en retard, _____ au bistrot *Saint-Denis*.

André: Je vois que tu as pensé à tout. À propos, quel âge ont tes soeurs?

René: Pas encore l'âge de sortir sans chaperon!

Révision de la négation

Exercice V

Après avoir lu et compris les répliques de chacun des mini-dialogues, complétez-les en employant la forme négative. Attention: chaque réplique que vous composerez devra tenir compte de celle qui la suit. Faites preuve de créativité tout en respectant la cohérence du texte.

1. — _____ !

   — Si, si, je l'ai finalement remise à mon prof hier. Il a bien failli _____

   _____ .

   — Tu as eu de la chance! Mon prof est drôlement plus sévère, lui. Il n'accorde jamais de

   prolongation.

   — En tout cas, ça m'a fait réfléchir et j'ai pris une résolution: _____

   _____

2. — J'ai emmené mes étudiants voir un film en français hier.

   — _____

   — Au contraire, ils ont presque tout compris. J'étais très fière d'eux.

3. — Tu aurais dû venir faire du ski de fond avec nous dimanche.

   — _____

   — Pourquoi pas?

   — _____

   — Tu aurais dû me le dire, je t'aurais prêté ceux de ma soeur. Depuis qu'elle fait du ski

   alpin, elle ne s'en sert presque plus.

— _____

   — Eh bien, tu le sauras pour la prochaine fois.

4. — Bonjour Mademoiselle, je voudrais deux billets pour l'exposition de Chagall.

   — _____

   — Quel dommage! Je voulais tellement voir cette exposition.

5. — _____

   — Mais si, rappelle-toi, l'autre soir, en sortant du ciné, tu m'as dit ça mot pour mot.

   — _____

   — Tu as la mémoire courte! Tu as pourtant bien insisté.

   — Peut-être que je plaisantais.

   — _____ , tu étais sérieuse comme un pape!*

6. — Est-ce qu'on peut en parler?

   — _____

   — Pourquoi pas?

   — Divulguer un secret de cette importance serait de la folie furieuse. Il faut que ça reste

     entre vous et moi.

   — Est-ce que je peux en parler au moins à mon avocat?

   — _____ ! Si vous lui en touchiez le moindre mot*, demain toute

     la ville serait au courant!

7. — Vous n'étiez pas censé faire ça comme ça!

   — Je suis désolé, _____

   — Et pourquoi faudrait-il tout vous dire! Servez-vous de votre tête!

8. — Georges! T'es-tu vu la tête? On dirait que tu as passé la nuit sur la corde à linge*!

   — _____

   — Mon pauvre! C'est encore ton travail de français qui te fait passer des nuits blanches*.

     En as-tu encore pour longtemps?

   — _____

9. — Tu sais ce que c'est, toi, une _Maison de la culture_?

   — _____

— Moi _____ , mais on pourrait s'adresser au Service

d'information de la ville de Montréal.

10.   — Marc a complètement disparu de la circulation.

— C'est vrai, _____ . Il doit passer tout son temps chez lui, le nez

dans ses bouquins.

— Et si on l'invitait à dîner?

— _____ , il refuse systématiquement toutes les invitations

depuis le début de la période des examens.

11.   — Alors, vous êtes sûre que c'est sans danger?

— Je vous assure _____

— Mais s'il arrivait quelque chose?

— _____ , c'est moi qui vous le dis. Alors, vous êtes prête?

— _____ , j'hésite encore. Vous savez, moi, la nitroglycérine...

— Alors, qu'est-ce que vous voulez que je vous dise! Si vous ne voulez pas participer à ma

petite expérience inoffensive, _____ .

Expressions idiomatiques et notes explicatives

Exercice I

Magasiner: faire du magasinage ou *magasiner*: canadianisme qui remplace, au Québec, l'anglicisme *faire du shopping* couramment employé en France.

Savoir comment s'y prendre: savoir comment faire pour accomplir une tâche.

En savoir plus long: en savoir davantage.

Exercice II

Il fait un froid de canard: il fait très, très froid.

Quel culot!: expression d'indignation utilisée pour dire que quelqu'un est effronté.

Tu me prends pour Crésus!: Tu t'imagines que je suis fabuleusement riche, comme l'était Crésus, roi de Lydie.

C'est casse-pieds: c'est ennuyeux.

À qui le dis-tu!: je suis bien d'accord avec toi.

En avoir marre: en avoir assez, en avoir par-dessus la tête.

Exercice V

Être sérieux comme un pape!: être très sérieux, comme le serait le pape, considéré ici, à tort ou à raison, comme le sérieux personnifié.

En toucher un mot à quelqu'un: parler brièvement de quelque chose à quelqu'un.

Passer la nuit sur la corde à linge: passer une très mauvaise nuit.

Passer des nuits blanches: passer des nuits sans dormir.

Au propriétaire de cet ouvrage:

Nous aimerions connaître votre appréciation de l'ouvrage suivant: *Vouloir... c'est pouvoir* de Cécile Fay-Baulu, Hélène Poulin-Mignault, et Hélène Riel-Salvatore. Vos commentaires nous sont précieux. Ils nous permettront d'améliorer les prochaines éditions de notre manuel. Nous vous saurions gré de bien vouloir remplir le questionnaire ci-dessous.

1. Vous avez utilisé ce manuel

   pour un cours — à l'université _____   par intérêt personnel _____
                — au collégial _____   pour d'autres raisons (précisez)
                — à l'éducation   _____
                  permanente _____   _____

2. Vous avez utilisé
   le livre au complet _____   plus de la moitié _____

           la moitié _____   moins de la moitié _____

3. Quelle est, selon vous, la qualité principale de cet ouvrage?

4. Avez-vous des suggestions à faire, des points à rajouter ou à supprimer?

5. Autres commentaires:

Pliez ici

_____

(fold here and tape shut)

Heather McWhinney
Publisher, College Division
HARCOURT BRACE & COMPANY, CANADA
55 HORNER AVENUE
TORONTO, ONTARIO
M8Z 9Z9